KB236235

THE PURE

# REAL EYE CREAM FOR FACE

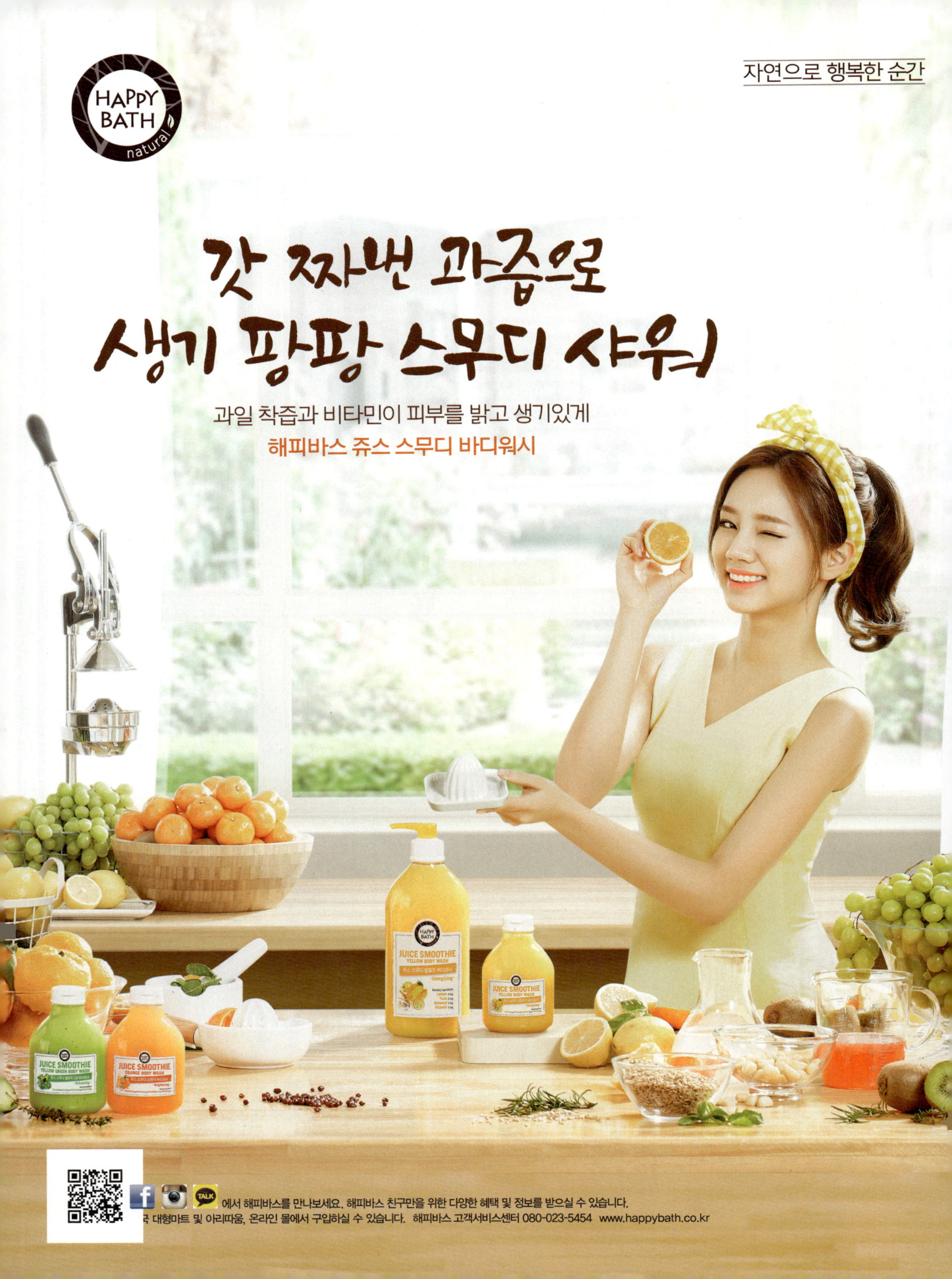

# 갓 짜낸 과즙으로
# 생기 팡팡 스무디 샤워

과일 착즙과 비타민이 피부를 밝고 생기있게
해피바스 쥬스 스무디 바디워시

에서 해피바스를 만나보세요. 해피바스 친구만을 위한 다양한 혜택 및 정보를 받으실 수 있습니다.
전국 대형마트 및 아리따움, 온라인 몰에서 구입하실 수 있습니다.   해피바스 고객서비스센터 080-023-5454   www.happybath.co.kr

수려한
韓方

샘처럼 차오르는
깊은 발효수분의 힘

수려한 효비담 수분샘 크림

청정 수경인삼의 발효성분 속엔 수분을 채워주는 힘이 있어요
순하게 스며들어 샘처럼 솟아나는 속 깊은 촉촉함을 느껴보세요

酵 효비담
수분샘 크림

# " 원조의 피부과학은 다릅니다. "

[ BB크림류 누적 1억개 생산판매 ]

[ TONE UP 크림 월 100만개 생산판매 ]

## 3중 기능성 BB크림의 원조 코스메카코리아가
## 새로운 원천 기술 Bloom Powder를 선보입니다.

Bloom Powder는 피부 결점을 커버하는 데 도움을 주는 티타늄디옥사이드와 피부 광택에 도움을 주는 진주광택안료의 장점만을 결합하여 커버력과 광택감을 동시에 잡은 코스메카코리아만의 특허 출원 원료입니다. 높은 분사성으로 단순 혼합 과정에도 응집 없이 분산되고 피부에 도포시 과도한 광택이나 번들거림 없이 자연스러운 메이크업을 연출해줍니다.

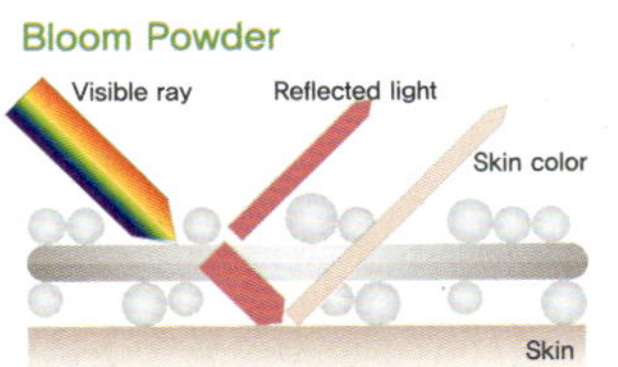


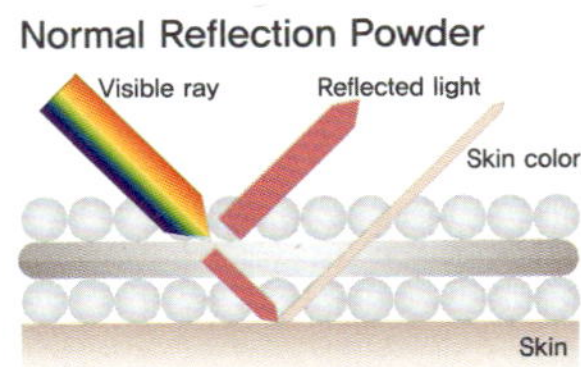


코스메카코리아가 기술에 예술을 더한 화장품 과학 선진화에 앞장서겠습니다. 모방할 수 없는 기술의 가치, 코스메카코리아

CIR Center RMD

〈본사·공장〉 충청북도 음성군 대소면 대금로 196번길 17-9, 17-12, 21  TEL. 043.535.7161
〈CIR 센터〉 경기도 성남시 분당구 대왕판교로 700 코리아바이오파크 A동 7층, B동 502호  TEL. 031.628.5601
〈마케팅사업부〉 경기도 성남시 분당구 대왕판교로 644번길 49 DTC타워 10층 TEL. 031.628.5600
www.cosmecca.com

It's SKIN

백 호 야
내 피 부 를
지 켜 줘

TIGER
CICA
It's SKIN

순하고 건강한
타이거 시카 톤업 쿠션

병풀추출물 33% | 매끈결 화사 톤업 | 100% 무기자차

Mild Tiger Cica Tone-up Cushion for natural skin
やさしくケアして健康を取り戻すタイガーシカトーンアップクッション
又纯又健康的虎牌疤痕亮肤气垫

TIGER CICA
Tone-Up Cushion

| 민감성 피부자극 테스트 완료 |

제품 문의 및 구매
0505-846-1846 / www.snpcos.net

www.englewoodlab.com

*"At Englewood LAB, we specialize in research and development, bringing new innovation to the market."*

**– David C. Chung, Founder & CEO**

**Englewood Lab, Inc.**
88 W Sheffield Ave. Englewood, NJ 07631
Tel:   +1 (201) 567-2267
Fax: +1 (201) 567-2280

**(주)잉글우드랩코리아**
인천시 남동구 남동대로 425번길 18 (21629)
Tel:   +82-32-812-0806
Fax: +82-32-812-1277

www.pumtech.co.kr
앞서가는 제품력과 철저한 품질관리로-
고객을 먼저 생각하는 기업으로 성장하겠습니다
Essence Pump & Spray
Airless Bottle & Dual Bottle, Stick & Cream Jar

펌텍코리아(주)
PUMTECH KOREA CO., LTD.

# APOLLO <sup>+</sup> Beauty

## PACKAGING SYSTEM

아폴로산업은 화장품 포장재 제조사로서 여러분의 가장 믿을 수 있는 비즈니스 파트너입니다
토털 코스메틱 패키징 시스템-아폴로 뷰티

**APOLLO**


경기도 시흥시 경기과기대로 64  (우)15113     64, Gyeonggigwagidae-ro, Siheung-si, Gyeonggi-do, Republic of Korea, 15113
T_ +82 31 496 8790  F_ +82 31 496 8789  www.apolloind.co.kr  E_ sale@apolloind.co.kr  for domestic  /  E_ trade@apolloind.co.kr  for overseas

잘 만들면
잘 팔릴까?

원하는 부분만 쏙쏙 뽑아 보는
사업계획서

잘 나가는 화장품 회사의 창업부터
출구전략까지 모든 디테일을 담았다.

**이런 사람에게 이 책을 추천합니다**

– 화장품을 잘 만들지만 경영은 모르는 사람
– 화장품을 공부하는 대학생 대학원생
– 투자를 받기 원하거나 상장을 준비하는 화장품 회사의 경영진
– 화장품 회사의 기획 및 마케팅 담당자
– 화장품 회사에 투자를 원하는 벤처캐피탈 리스트
– 화장품 관련 정책과 규제를 만들어야 하는 공무원 혹은 공공 기관 근무자들
– 기타 투자나 업무의 필요에 의해 사업계획서를 준비하는 사람

화장품은 잘 알지만 경영이나 마케팅을 잘 모르는 사람들도 쉽게 이해하고 습득할 수 있어 화장품 경영에 도전하는 많은 분들에게 큰 실질적인 도움이 될 것이다.

_ 한국경영학회 차기 회장, 고려대학교 교수  이두희

이 책은 화장품은 잘 만들지만 사업을 잘 알지 못하는 사람들에게 좋은 지침이 될 수 있을 거라 생각한다.

_ 대한 화장품 학회 회장, 서울과학기술대학교 교수  박수남

문    의  **장업신문 출판국** 전화 **02)2636-5727** / Fax **02)2634-7097** / 계좌번호 **신한은행 100-030-539167** 장업신문

**Cosmetic Insight**

# 한국 화장품산업 변화 주도할 지속성장 100대 화장품 기업

# CONTENTS


**발행인**
이관치　Lee Gwan Chi

**대표이사**
김중규　Kim Jung Gyu

**편집국장**
김상은　Kim Sang Eun

**기자**
윤강희　Yun Kang Hee
전진용　Jeon Jin Yong
윤경선　Yun Gyeong Seon

**광고책임**
정일환　Jeong Il Hwan

**디자인**
김효진　Kim Hyo Jin

**중문번역**
유효만　Yu Hyo Man

**독자서비스**
김남진　Kim Nam Jin
임지현　Lim Ji Hyeon


## CH1. 지속성장 100대 화장품 기업은



## CH2. 한국 화장품산업 변화 주도할 기업




2017년한국화장품산업경영백서
**발행처 장업신문 주소 :** 우)150-808 서울시 영등포구 버드나루로 18길5  TEL : (02)2636-5727, FAX : (02)2634-7097  홈페이지 : www.jangup.com **발행일 2017년 8월**

## 발간 发刊_

# 화장품 산업의 글로벌 리더, 신 강자 집중 조명
# 化妆品产业的全球领袖，新强者聚焦

김 중 규
장업신문 대표이사 사장 场业新闻代表理事社长

장업신문은 한국 화장품 산업을 대표하고 글로벌 시장에서 경쟁력 우위요소를 가진 화장품기업과 관련 기업을 한국은 물론 중국 등 해외 시장에 널리 알리기 위해 〈한국 화장품 산업 변화 주도할 지속성장 100대 기업〉을 발간합니다.

〈한국 화장품 산업 변화 주도할 지속성장 100대 기업〉은 국내 화장품 산업을 리딩하고 있는 화장품 기업은 물론 원부자재 회사 등의 최근 3개년간(2014~2016) 재무제표를 근거로 밸류에이션을 실시했습니다. 브랜드의 시장 지배력, 성장성, 수익성, 안전성 등 화장품 산업의 특성을 반영한 C–MPI 지수를 통해 지속성장 가능한 100대 기업을 선정했습니다.

처음으로 시도해 결과물을 내놓는 이번 〈한국 화장품 산업 변화 주도할 지속성장 100대 기업〉은 화장품 산업을 리딩하고 있는 기업의 경영지표를 비롯한 해외 시장 성과 등을 다룸으로써 한국 화장품 산업의 주축기업이 글로벌 스탠더드를 갖추기 위한 경영 아젠다를 제시할 것입니다.

이번 〈한국 화장품 산업 변화 주도할 지속성장 100대 기업〉 선정은 장업신문과 MPI컨설팅, 아르카 인베스트먼트가 공동으로 진행했으며, 신용평가기관과 금융권 애널리스트 등 전문가들이 자문으로 참여했습니다.

또 중국어로 병행 표기해 중화권 최대 뉴스 미디어인 봉황망(www.ifeng.com)에 이번 결과물이 공포되는 것은 물론 네트워크를 통해 확보된 중국 투자기업, 유통기업 등에 배포됩니다. 이는 해외 화장품 시장에 진출하는 기업은 물론 국내 화장품 기업에 대한 투자, M&A에 관심 높은 기업들에게 제대로 검증된 고급 정보를 제공하기 위함입니다.

场业新闻旨在向不仅是韩国，还有中国等海外市场，介绍代表韩国化妆品产业，并在国际市场上具备竞争优势的化妆品企业和相关企业，特别刊行《主导韩国化妆品产业变化的可持续发展100大企业》经营白皮书。

《主导韩国化妆品产业变化的可持续发展100大企业》是以引领韩国化妆品产业的化妆品企业和原辅材料企业等的最近三年间(2014~2016)财务报表为基础而实实行价值评析。通过反映品牌市场支配力、发展性、收益性、安稳性等韩国化妆品产业属性的C-MPI指数，评选了可持续发展100大企业。

作为第一次尝试的成果，本次刊行的《主导韩国化妆品产业变化的可持续发展100大企业》，通过对引领化妆品产业的企业经营指标，和海外成果等的分析，为韩国化妆品产业中心轴企业走向国际化道路提出了经营议程。

本次<主导韩国化妆品产业变化的可持续发展100大企业>的评选，是由 场业新闻和MPI咨询公司共同策划，在信用评价机关和金融圈分析师等对专家们的咨询下进行的。

另外中文版本将会通过中华圈最大新闻媒体凤凰网（www.ifeng.com)的网络渠道，推送到中国投资、流通等相关企业，对于意图进军海外化妆品市场的企业，还有韩国化妆品企业的投资、关注M&A的企业来说，本刊物会提供非常值得信赖的高端信息。

# 경영성과 평가작업을 마치며
## 经营成果评价工作的结语

한국 화장품산업은 어느덧 K-Beauty라는 별칭이 어색하지 않을만큼 대표적인 국가브랜드 한류산업의 첨병으로 기대받고 있습니다. 금융시장의 한국 화장품 기업에 대한 기대 또한 IT 등 미래 유망기대 산업군에 뒤지지 않는 높은 기업가치 평가도 잇따르고 있습니다. 하지만 THADD 사태 등 부분적인 돌발적 변수 돌출만으로도 한국 화장품산업 자체에 대한 미래 명운이 거론될 만큼 취약한 절대역량의 미흡함 또한 부인하기 힘든 현실입니다. 이런 관점에서 MPI와 장업신문은 측정할 수 없는 것은 평가할 수 없다는 명제를 화두로 화장품 소비산업, 화장품 기업 맞춤형 C-MPI 도구를 개발하여 글로벌 시장으로 나아가는 우리나라 화장품 기업의 지속성장가능 경영성과 분석작업을 시작하였습니다. 이를 통해 미력하나마 이제 화장품산업, 화장품기업에 대한 가치평가가 그저 한 때의 유행과도 같은 막연한 기대가 아닌 정당한 평가 척도에 기반한 논의와 검증의 차원으로의 진입에 기여되기를 기대합니다. 한국의 화장품산업이 그저 한류 소비의 파생산업 정도에 머무는 제한성을 벗어나 더 넓은 미래 세계시장으로 힘차게 뻗어 나가기를 기대합니다. 한국의 많은 산업부문이 세계 시장을 호령할 수 있었던 배경에는 올바른 정책당국의 그 산업의 잠재가치에 대한 이하와 산업계 내부 스스로 글로벌 경쟁역량에 대한 확신이 있었기 대문입니다. 지금 한국 화장산업은 중국발 위기론으로 잔뜩 위축되어 안절부절 못하고 있습니다. 하지만 초연결 시대로 나아가는 새로운 글로벌 소비시장에서의 한국 화장품산업의 잠재 기회는 오히려 그 어느 때보다 높은 것으로 판단됩니다. 객관적이고 문제해결 방향이 담긴 화장품산업과 화장품 기업에 대한 가치 좌표를 바탕으로 한국 화장품 기업의 지속성장가능 K-Beauty 비즈니스 모델과 경영역량에 올바른 글로벌 전략 지향점이 도출되기를 기대합니다.

2016년 지속성장가능 한국 화장품 기업 경영성과 작업을 마무리하며 다시 한번 한국 화장품 기업의 강한 경쟁역량 기반과 변화의 기민성을 확인할 수 있었습니다. 한국 화장품 기업의 풍부한 경험과 지식이 담긴 축적의 시간과 토대를 확인할 수 있었습니다. 세계가 가장 수준이 높고 역동적인 화장품 소비시장으로 주목하고 오늘의 K-Beauty 위상을 탄생시킨 우리나라 화장품 기업의 미래에 대한 기대는 더욱 높아질 것이라 확인할 수 있었습니다.

---

不知不觉间，我们韩国化妆品被称为名副其实的K-Beauty，被赋予发展成为国家品牌、韩流产业的领头羊的重任。对于金融市场韩国化妆品企业的期待，还有不亚于IT等未来朝阳产业群的企业价值评价也接踵而至。但是THADD事态等部分突发事件，造成了韩国化妆品事业本身的颓势，这是不可否认的现实。在此基础上，MPI与jangup新闻一起携手，开发出不可测定不可评价的化妆品消费产业、化妆品企业定制C-MPI工具，针对跨向全球市场的韩国化妆品企业，正式开展了可持续发展经营成果分析作业。以此虽然是绵薄之力，但是对韩国化妆品产业、化妆品企业的价值评价不只是昙花一现的流行，期待可以达到以正当的评价尺度经过验证和讨论。韩国的许多产业部门可以在世界市场引领风骚的重要原因在于，正确的当局政策对产业价值的理解，还有产业界内部对自身全球竞争实力的自信。由于中国方面引发的危机论，造成现在韩国化妆产业一定的萎缩，处于坐立不安的局面。但是位于超链接时代的新全球消费市场，韩国化妆品产业的潜在机会反而比任何时候还要更加高。立足于包含客观问题解决方向的化妆品产业和化妆品企业的价格坐标，期待着可以从韩国化妆品企业的可持续发展，K-Beauty商务模式及经营力量中找寻全球战略的指向点。

随着2016年可持续韩国化妆品公司经营成果，这一项作业走向尾声，再次可以确认到韩国化妆品企业的竞争实力强及变化的敏捷性。也可以确认到韩国化妆品企业的丰富经验以及知识厚度。我们坚信一手开创在全世界备受瞩目的K-Beauty地位的韩国化妆品企业，未来前景锦绣光明。

MPI 대표 / MPI 代表
**최 현 호 崔贤豪**

**주요수행프로젝트**

- 자라 한국시장 진입전략
- LG패션 비즈니스 프로세스 혁신 전략
- 세정 인디안 브랜드 리뉴얼 전략 수립 및 실행 Retention
- 치피랑 EFC비즈니스 전략 검증 및 세부 실행매뉴얼
- 전)코오롱그룹 기획조정실 마케팅 전략담당

**홈페이지/이메일**

- www.mpiconsulting.com
- partner@mpiconsulting.com

## MPI CREW

### 작업에 참여하시 분_MPI CREW

| | |
|---|---|
| 최현호 | MPI 대표 |
| 이시찬 | 시니어파트너, 전)베이직하우스 다반 대표이사 |
| 홍종성 | 파트너/박사, 전)팬택 기획조정실 전략담당 |
| 도영우 | 파트너, 현)일 로열코퍼레이션 한국대표 |
| 김동환 | 파트너, 전)엘레강스 총괄본부장 |
| 우하영 | 자문교수/박사, 현)ITAB 아시아 대표 |

**감 수**  Arca DFS 류찬열 대표

### 参与项目的工作人员_MPI CREW

| | |
|---|---|
| 崔贤豪 | MPI 代表 |
| 李施灿 | 常驻合作伙伴, 前)百家好 durban 代表理事 |
| 洪宗性 | 合作伙伴/博士, 前)pantech 企划调整部门战略负责 |
| 都泳佑 | 合作伙伴, 前)[日]Royal Corporation 韩国代表 |
| 金东欢 | 合作伙伴, 前)ELEGANCE 总本部长 |
| 禹夏永 | 咨询教授/博士, 前)APEC 亚洲代表 |

**监 修**  Arca DFS 柳燦烈

## MPI

MPI는 패션/유통/소비자 비즈니스와 관련된 제반 데이터를 기반으로 목표 시장, 유통, 고객, 경쟁여건에 최적화된 고객사의 전략포트폴리오 정립과 이를 구현할 수 있는 핵심 실행역량 배양을 패션산업에 특화된 MPI의 자원과 경험을 바탕으로 고객사 맞춤형 실행 컨설팅 과정을 통해 고객사의 요구 미션에 최적화된 Solution을 제공합니다.

MPI是以时尚商务相关整体数据为基础，围绕目标市场、流通、顾客、竞争条件，向顾客企业提供最佳化战略资产组合的确立和核心施行力的培养，通过在时尚产业中特殊化的MPI资源和经验来确保顾客企业的定制型咨询过程。

업무영역
业务领域

고객사
顾客企业

MORE THAN NUMBERS
Cosmetic Insight

〈2017년 한국 화장품산업 경영백서〉
한국 화장품산업 변화 주도할 지속성장 100대 기업

# CHAPTER 1.
# 지속성장 100대 화장품 기업

# C-MPI 지표 분석 의미와 구조
## C-MPI 指标分析意义和结构

### C-MPI 지표 의미 ; 學而不思則罔, 思而不學則殆

배우기만 하고 스스로 사색하지 않으면 체계가 없고, 사색만 하고 배우지 않으면 위태롭기 마련이다. 한국 화장품 산업은 이제 적어도 외견상으로는 글로벌 Beauty 소비산업의 한 축으로 자리매김될 만큼 상당한 수준에 이르렀다. 초연결 사회로 진화하고 있는 새로운 4차 산업혁명 시대는 결과로 드러난 현상 그 자체를 파악하는 것만으로는 생존을 담보할 수 없다. 새로운 Beauty 산업 4.0 시대 또한 이제는 결과 그 자체보다는 그 결과의 인과들이 어떻게 연결되어 있는지 아는 것이야 말로 보다 확률 높은 지속성장가능 기업의 생존 역량이 된다. 오랜 인류 역사의 과정에서 확인된 제1 으뜸 생존 역량은 다름 아닌 창조 역량이라고 한다. 오늘의 K-Beauty 산업을 가능하게 한 우리 화장품 기업의 지속성장 동력의 원천 역시 창조역량임은 이론의 여지가 없다. 그런데 사실 이제까지 가능했던 언뜻 새로워 보이지만 실제로는 기존의 것과 크게 다르지 않은 무언가를 만들어 내는 가짜 창조역량이(Catch up Creation) 어느 덧 한계에 이르렀다. Beauty 산업만의 경계와 산업내부 기준 시각에서의 구별이 무의미한 새로운 Beauty산업 4.0 시대는 서로 다른 영역의 사실과 아이디어를 연결할 때에서야 발현될 수 있는 진짜 창조력을 요구하고 있다. 지금 시대를 정의하는 4차 산업혁명 시대의 동의어는 한 마디로 네크워크의 시대. 연결의 시대이다. 서로 다른 영역의 아이디어를 연결하여 기존의 영역을 초월하는 무언가를 만들어내는 진짜 창조력의 발현은 지금 우리 화장품 기업의 최우선 과제이자 생존역량이다. 문제를 직접 만들지 못하면 언제나 다른 누군가가 만들어낸 문제에만 매달려야 한다. 그 동안 K-Beauty의 화려한 성장을 향유했던 우리 화장품 기업 또한 스스로 자신의 방식에 대해 모든 면에서 만족한다면 사실 더 이상의 성장이나 도전 과제를 발굴하기는 힘들다. 이런 관점에서 C-MPI Beauty 패션기업 경영성과 지표분석이 지금 현재 모습에 대한 입체적인 진단과 인과 검증 뿐만이 아니라 새로운 차원의 미래로 나아가는 보다 창조적인 변화의 방향성 제공에 도움이 되기를 기대한다. 더불어 우리나라 대표 화장품 기업들의 성과분석 결과 지표를 통해 우리나라 화장품 산업 미래 전략의 근간이 되는 핵심지표의 새로운 기준이 정립돨 수 있기를 희망한다. 유로모니터 등 글로벌 명성만으로 의심없이 수용되고 있는 해외지표에 대한 의존 구조에서 우리나라 화장품 산업의 위상에 걸맞는 진일보한 Beauty산업 데이터 인프라 구축의 계기가 되기를 희망한다.

### C-MPI 지표 구조 ; Number Talks

C- MPI 지표는 화장품산업의 차별적인 핵심 경영성과 요소를 견지하면서도 동시에 금융시장의 표준화된 기업평가 방식과도 상충되지 않게 구성되었다. C-MPI 화장품기업 평가지표는 화장품 소비산업 고유의 비즈니스 경영역량 속성별 성과가 보다 명료하고 객관적으로 검증될 수 있는 소비재 산업 기업 맞춤형 경영성과평가 도구이다. 전체 경영성과의 연동성을 훼손하는 개별 특정 부문만의 왜곡을 최소화 하고자 최종 평가 지표 값은 상대평가 점수 *표준점수 (Standard Score) 법을 채택하였다. 이를 통해 그 동안 서로 다른 성과 영역간 통

### C-MPI 指标意义 ; 学而不思则罔, 思而不学则殆

只是学习而不思索的话无法成体系,只是思索而不学习的话则会陷入危险。目前从外观来看，韩国化妆品产业已经发展到相当程度，成为全球 Beauty 消费产业的一轴。 超连接的社会迎来了新的第四次产业革命时代,但是只从结果表象是无法确保生存的。新 Beauty 产业4.0时代,相比结果本身,只有知道造成结果的元素如何连接,这才是可持续发展企业的生存力量。长久以来人类历史中被认为的第一生存力量,不是别的而是创造力。如今的 Beauty 产业发展成为我们化妆品产业持续增长动力的重要源泉，也是创造力。但是事实上直到现在,表面上看着像新的,实际上却与之前没有大差别,这种虚假创造力 Catch up Creation ) 不知不觉间已达到极限。Beauty 产业的界限

在 Beauty 产业4.0时代中,与其他产业的界限和区分都变得毫无意义,我们需要的是只有与其他领域的事实和创意产生互动，才能发现的真正创造力。 现在定义时代精神的是第四次产业革命时代,而它的同义词是网络的时代,连接的时代。连接与其他不同领域创意,超越以往领域发现真正创造力,这是2017年我们化妆品企业最佳的生存力量。无法直接提出问题的话,那就应该学会利用别人提出的问题。如果说我们化妆品企业，在各方面都满足于之前的 K-Beauty 华丽成就的话,是很难实现创新和发掘问题。以这种观点为基础的 C-MPI Beauty 企业的经营成果和指标分析,不仅仅是对目前问题的三维诊断和因果检测，更是为了迈向新层次的未来,提供创造性变化的方向。同时通过对韩国最具代表性的化妆品企业的成果分析结果指标，希望可以成为韩国化妆品产业未来战略核心指标的新指标。欧睿等全球名家只靠名声就可以让人不假思索的使用指标，相比这样的海外指标，我们期待会成为符合韩国化妆品产业地位，构筑 Beauty 产业数据基本工程的重要契机。

### C-MPI 指标结构 ; Number Talks

C-MPI 指标坚持化妆品企业差别性核心经营成果要素,同时还不违背金融市场标准化企业评价方式。 C-MPI 化妆品企业的评价指数,是化妆品企业固有的商业经营属性成果,获得更加明确和客观评测的定制经营成果分析的工具。 为了最小化损坏整体经营性的联动性,和对个别部门的歪曲,最终评价指数采用的是相对评价指数*标准分数(Standard Score)法。以此来实现不同成果营业间不太可能综合比较的项目，能够被统一标准来进行整理。

C-MPI 指标大致可以分为三部分。第一部分指标 C-M,是市场支配力 (Market Empowerment)。C-M 指标的详细评价项目,将销售规模和3年的市场份额的变动幅度。以及3年 CAGR 要因,核算为指标变数。销售规模本身就是象征市场支配权利的最直接标准。市场份额变化和 CAGR 是继销售规模，决定化妆品企业地位变化的重要指标。

第二个部分是 C-P, 收益实力(profitability)。 C-P 指标的详细评价项目是销售收益率(实销售倍数 X 销售率)、营业利润额、营业利润率要素。销售收益率，是以一定的附加价值能够达到什么程度的销售。这不仅是本

합 비교가 불가능했던 개별 분석평가 항목들을 통일된 하나의 기준으로 수렴될 수 있게 고안되었다.

C-MPI 지표는 크게 세 부분으로 구성된다. 첫 번째 지표 C-M은 시장 지배역량 (Market Empowerment) 이다. C-M 지표의 세부 평가 항목은 매출의 규모와 최근 3개년의 시장점유비 변화 그리고 3개년 CAGR 요인을 변인지표로 산출한다. 매출 규모는 그 자체가 바로 시장지배 권력을 상징하는 가장 직접적인 기준이다. 시장점유율 변화와 CAGR은 마출 규모 이상으로 화장품 기업의 위상 변화를 가늠하게 하는 매우 중요한 척도 지표이다.

두 번째 지표 C-P 는 수익역량(profitability) 이다. C-P 지표의 세부 평가 항목은 판매가득효율(실판매배수 X 판매율), 순이익액, 영업이익율 요인으로 산출한다. 판매가득효율은 어느 정도의 부가가치 수준으로 얼마나 많이 판매 소진 하였는가 하는 뜻으로 이는 당기의 부가가치 획득 수준뿐만 아니라 차기의 부가가치 여력과 부담을 가늠할 수 있는 핵심 지표이다. 최근 3개년 순이익 규모는 당해년도의 가장 직접적인 수익결과 지표로서 뿐만 아니라 미래 잠재투자 여력의 크기라는 점에서 매우 중요하다. 또한 최근 3개년 영업이익율은 소비재 화장품 기업 경영 효율의 견고성의 반증이라는 점에서 반드시 검증해야 하는 평가변인이 된다.

세 번째 지표 C-I 는 제반 경영 위협환경에 대한 면역역량(Immunity) 이다. C-I 지표의 세부 평가 항목은 부채비율, 마켓쉐어, 재고자산 회전율 그리고 영업현금흐름율 요인으로 산출한다. 부채비율은 자본안정성, 마켓쉐어는 규모 안정성, 재고자산회전율과 영업현금흐름율은 투입 자금과 회수 효율성 측면에서 화장품 기업의 건강도를 가늠할 수 있는 평가 변인이 된다.

순이익과 순자산을 중심으로 산출하게 되는 일반적인 비상장/등록 기업의 가치 산정 방식 결과는 브랜드가치, 유통네트워크 가치 그리고 마켓 트렌드와 소비기층의 충성도 등이 더욱 강조되는 우리 화장품 소비재 기업들의 경우에는 종종 체감도에서 상당한 차이가 나타나기도 한다. 하지만 적어도 이제까지의 다수 소비재 기업의 실제 인수사례에서 이들 방법들이 가장 기초적이고 중심적인 산정 기준이 되었음 또한 엄연한 사실이다. 이번에 병기된 일반 기업가치 산정 방식에 의한 우리나라 화장품 기업들의 기업가치 산정 결과도 이런 면에서 현장의 실제 체감도와 다소 차이가 있을 수 있다. 하지만 개별 기업의 가치를 산술적으로 가늠해 볼 수 있는 엄존하는 현실지표로서 이를 C-MPI 지표와 함께 산출 병기하였다.

期获得的附加价值水平，更是估量下期附加价值的空间和负担的重要指标。最近3年营业利润规模，不仅可以掌握今年最直接的收益结果，而且可以推测出未来潜力股投资空间的大小，这一点很重要。另外最近三个月营业利润率反证了生活资料化妆品企业经营效率的稳定性，是一定要评测的变数评价。

第三个部分是C-I，对全体经营危机环境的免疫力(Immunity)。C-I指数的详细评价项目是负债比率、市场份额、库存资产周转率还有营业现金流量变数。负债比率为资本安定性，市场份额为规模稳定性，库存资产周转率和营业现金流量率，在投资资金和回收效率性层面上是估量时尚企业的健康度的评价变数。净收益和净资产为中心的一般非上市/规模上企业的价值选定方式的结果，对于更加强调品牌价值，流通网络价值还有市场趋势和消费层的忠诚度等的化妆品生活消费企业来说，总是能体会到体感上相当程度的差异。但是至少目前为止，从多数生产消费企业的实际收购案例来看，这成为他们方法中最基础最核心的核算基础，这也是不容争辩的。这次一同提出的通过一般企业价值核算方式得到的韩国化妆品企业的企业价值核算结果，在某种程度上仍是与现场的体感多少有差异。但是作为将个别企业的价值以算数来估测的现实指标，我们将它与C-MPI指标一起进行核算。



---

**C-MPI 지표 ● 指标**

**Market Empowerment (50%)**
화장품 기업의 시장 지배력/선도력(Market share & Market leadership)
매출액(70%) + 3개년 마켓쉐어증감(15%) + 3개년 매출액 CAGR(15%)

化妆品企业的市场支配力/领导力 (Market share & Market leadership)
销售额 (70%) + 3年市场份额增减(15%) + 3年销售额CAGR (15%)

**Profitability (30%)**
화장품 기업의 수익역량/수익효율(Profit & Profitability)
판매가득효율(20%) + 3개년 순이익규모(50%) + 3개년 영업이익율(30%)

化妆品企业的收益实力/收益率 (Profit & Profitability)
销售收益率 (20%) + 3年纯利润规模(50%) + 3年营业利润率(30%)

**Immunity (20%)**
화장품 기업의 비즈니스 안정성/Risk관리 역량
부채비율(40%) + 마켓쉐어(40%) + 재고자산회전율(10%) + 영업현금흐름율(10%)

化妆品企业的商业安稳性/Risk管理力
负债比率 (40%) + 市场份额(40%) + 库存资产周转率(10%) + 营业现金流量率(10%)

**주)** 3개년 마켓쉐어 증감 = 2016년 마켓쉐어 - 2014년 마켓쉐어
마켓쉐어 = 해당기업 매출액 / 129개 화장품기업 매출총합
2016년 판매가득효율 = 2016년 ROS X 2016년 판매율
ROS (실판매배수) = 판매액 / COGS
3개년 순이익규모 = (2016년 순이익X3 + 2015년 순이익X2 + 2014년 순이익) / 6
영업이익율 = (2016년 영업이익율X3 + 2015년 영업이익율X2 + 2014년 영업이익율) / 6
부채비율 = 부채총액 / 자기자본
재고자산회전율 = 2016년 매출액 / 2016년 재고자산
영업현금흐름율 = 2016년 영업현금흐름 / 2016년 매출액

**注)** 3年市场份额增减 = 2016年市场份额 - 2014年市场份额
市场份额 = 相当企业销售额 / 120个化妆品企业销售综合
2016年销售收益率 = 2016年 ROS X 2016年 销售率
ROS (实销售倍数) = 销售额 / COGS
3年纯利润规模 = (2016年纯利润 X3 + 2015纯利润 X2 + 2014年 纯利润) / 6
营业利润率 = (2016年 营业利润率X3 + 2015年 营业利润率X2 + 2014年 营业利润率) / 6
负债比率 = 负债总额 / 自身资本
库存资产周转率 = 2016年 销售额 / 2016年 销售资产
营业现金流量率 = 2016年 营业现金流量 / 2016年 销售额

**표준점수 ● 标准分数**

((해당 기업실적)-(모집단실적 평균)) / (모집단실적 표준편차) X 10 +100

((相当企业实绩)-(总体实绩平均)) / (总体实绩标准偏差) X 10 +100

**비상장 기업의 가치산정 ● 非上市企业的价格选定**

상속세 및 증여세법 시행령 제 54조 ; 비상장주식의 평가
기업가치 = (순손익가치 X 3 + 순자산가치 X 2) / 5
순손익가치 = 순손익가중평균/고시이자율(10%)
순손익가중평균 = (당해년순익X3 + 전년도순익X2 + 전전년도손익X1) / 6
순자산가치 = 자산총계 - 부채총계

继承税及赠与税法行政令第54条 ; 非上市股票的评价
企业价值 = (净损益价值 X 3 + 净资产价值 X 2) / 5
净损益价值 = 净损益加权平均数/公告利率(10%)
净损益加权平均 = (当年净利润X3 + 去年净利润X2 + 前年净利润X1) / 6
净资产价值 = 资产总计 - 负债总计

**C-100 종합평가 결과**

단위; %

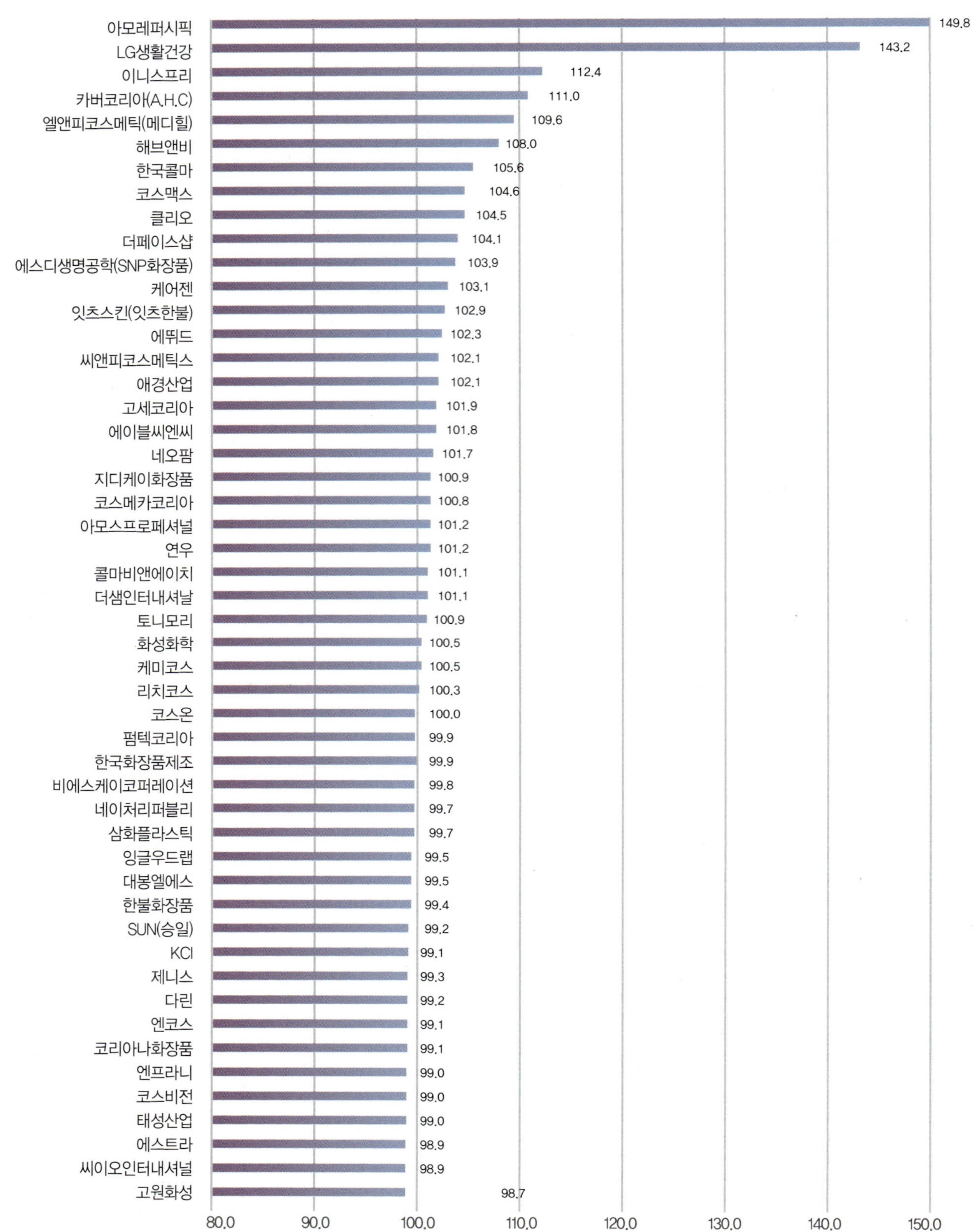

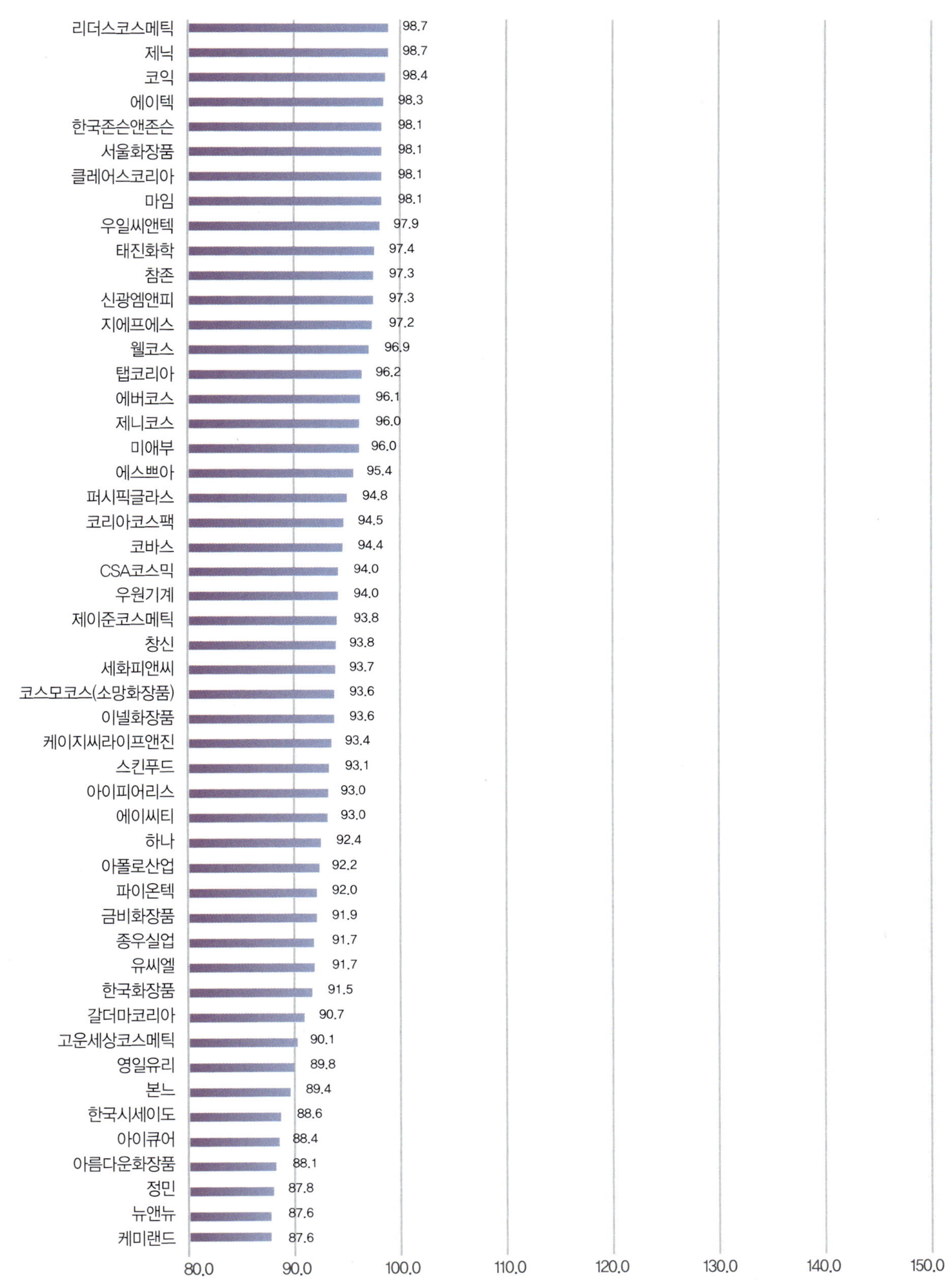

리더스코스메틱 98.7
제닉 98.7
코익 98.4
에이텍 98.3
한국존슨앤존슨 98.1
서울화장품 98.1
클레어스코리아 98.1
마임 98.1
우일씨앤텍 97.9
태진화학 97.4
참존 97.3
신광엠앤피 97.3
지에프에스 97.2
웰코스 96.9
탭코리아 96.2
에버코스 96.1
제니코스 96.0
미애부 96.0
에스쁘아 95.4
퍼시픽글라스 94.8
코리아코스팩 94.5
코바스 94.4
CSA코스믹 94.0
우원기계 94.0
제이준코스메틱 93.8
창신 93.8
세화피앤씨 93.7
코스모코스(소망화장품) 93.6
이넬화장품 93.6
케이지씨라이프앤진 93.4
스킨푸드 93.1
아이피어리스 93.0
에이씨티 93.0
하나 92.4
아폴로산업 92.2
파이온텍 92.0
금비화장품 91.9
종우실업 91.7
유씨엘 91.7
한국화장품 91.5
갈더마코리아 90.7
고운세상코스메틱 90.1
영일유리 89.8
본느 89.4
한국시세이도 88.6
아이큐어 88.4
아름다운화장품 88.1
정민 87.8
뉴앤뉴 87.6
케미랜드 87.6
80.0  90.0  100.0  110.0  120.0  130.0  140.0  150.0

## C_MPI종합평가결과

단위; 표준점수, 억원, %

| 항목<br>개별사 | 종합평가순위<br>F-MPI | Rank | Marketability<br>F-M | Rank | Profitability<br>F-P | Rank | Immunity<br>F-I | Rank | 비상장주식방식 Valuation<br>수익 | 자산 | 기업가치 | 시가총액 | 2016년 핵심 경영성과지표<br>매출액 | 영업이익율 | 부채비율 | 영업현금흐름 |
|---|---|---|---|---|---|---|---|---|---|---|---|---|---|---|---|---|
| 아모레퍼시픽 | 149.8 | 1 | 154.9 | 1 | 150.5 | 1 | 136.0 | 1 | 53,445 | 38,052 | 47,288 | 186,483 | 42,708 | 18% | 21% | 5,718 |
| LG생활건강 | 143.2 | 2 | 152.9 | 2 | 136.0 | 2 | 129.6 | 2 | 39,807 | 18,759 | 31,388 | 153,058 | 36,609 | 18% | 65% | 5,287 |
| 이니스프리 | 112.4 | 3 | 111.6 | 3 | 116.7 | 3 | 108.0 | 3 | 11,578 | 3,698 | 8,426 | | 7,678 | 26% | 26% | 1,383 |
| 카버코리아(A.H.C) | 111.0 | 4 | 111.5 | 4 | 113.8 | 4 | 105.6 | 4 | 7,927 | 1,841 | 5,492 | | 4,295 | 42% | 47% | 1,738 |
| 엘앤피코스메틱(메디힐) | 109.6 | 5 | 111.0 | 5 | 110.2 | 6 | 105.2 | 7 | 6,692 | 2,045 | 4,833 | | 3,958 | 33% | 22% | 734 |
| 해브앤비 | 108.0 | 6 | 108.7 | 6 | 110.0 | 7 | 103.2 | 13 | 3,303 | 830 | 2,314 | | 2,371 | 30% | 33% | 411 |
| 한국콜마 | 105.6 | 7 | 107.4 | 8 | 102.8 | 20 | 105.2 | 5 | 4,535 | 2,607 | 3,764 | 16,142 | 6,195 | 11% | 51% | 326 |
| 코스맥스 | 104.6 | 8 | 108.1 | 7 | 100.4 | 39 | 102.0 | 25 | 2,747 | 2,029 | 2,460 | 12,009 | 5,050 | 9% | 112% | 189 |
| 클리오 | 104.5 | 9 | 106.3 | 9 | 103.9 | 16 | 100.9 | 51 | 1,732 | 1,429 | 1,611 | 6,694 | 1,964 | 14% | 69% | 54 |
| 더페이스샵 | 104.1 | 10 | 102.5 | 14 | 105.8 | 12 | 105.2 | 6 | 3,470 | 2,160 | 2,946 | | 5,638 | 10% | 38% | 465 |
| 에스디생명공학(SNP화장품) | 103.9 | 11 | 102.9 | 13 | 106.5 | 9 | 102.5 | 17 | 1,872 | 555 | 1,345 | 3,188 | 1,020 | 30% | 22% | 152 |
| 케어젠 | 103.1 | 12 | 98.9 | 39 | 109.4 | 8 | 104.0 | 8 | 2,025 | 2,341 | 2,151 | 7,390 | 468 | 56% | 4% | 846 |
| 잇츠스킨(잇츠한불) | 102.9 | 13 | 98.1 | 55 | 110.6 | 5 | 103.5 | 12 | 6,977 | 3,398 | 5,545 | 9,462 | 2,674 | 27% | 9% | 0 |
| 에뛰드 | 102.3 | 14 | 102.3 | 16 | 101.9 | 22 | 103.0 | 15 | 1,127 | 792 | 993 | | 3,166 | 9% | 52% | 356 |
| 씨앤피코스메틱스 | 102.1 | 15 | 99.8 | 27 | 106.3 | 11 | 101.6 | 38 | 498 | 228 | 390 | | 523 | 14% | 27% | 56 |
| 애경산업 | 102.1 | 16 | 103.4 | 12 | 100.7 | 36 | 101.0 | 48 | 1,680 | 868 | 1,355 | | 5,067 | 8% | 150% | 534 |
| 고세코리아 | 101.9 | 17 | 100.4 | 21 | 104.4 | 14 | 101.9 | 29 | 625 | 225 | 465 | | 527 | 26% | 63% | 184 |
| 에이블씨엔씨 | 101.8 | 18 | 101.2 | 17 | 101.5 | 26 | 103.7 | 11 | 1,295 | 1,879 | 1,529 | 4,324 | 3,835 | 6% | 39% | 272 |
| 네오팜 | 101.7 | 19 | 98.7 | 41 | 106.4 | 10 | 102.4 | 19 | 560 | 390 | 492 | 2,380 | 422 | 24% | 20% | 98 |
| 지디케이화장품 | 101.3 | 20 | 100.6 | 20 | 101.5 | 27 | 102.8 | 16 | 1,203 | 301 | 842 | | 855 | 21% | 26% | 131 |
| 코스메카코리아 | 101.3 | 21 | 102.4 | 15 | 98.8 | 64 | 102.2 | 22 | 707 | 1,052 | 845 | 3,738 | 1,521 | 7% | 29% | 55 |
| 아모스프로페셔널 | 101.2 | 22 | 99.0 | 35 | 104.1 | 15 | 102.4 | 20 | 1,205 | 547 | 942 | | 792 | 20% | 16% | 105 |
| 연우 | 101.2 | 23 | 101.1 | 18 | 100.1 | 41 | 103.1 | 14 | 1,695 | 1,792 | 1,734 | 3,918 | 2,350 | 11% | 32% | 248 |
| 콜마비앤에이치 | 101.1 | 24 | 100.2 | 24 | 100.9 | 35 | 103.7 | 9 | 1,778 | 1,249 | 1,567 | 6,426 | 2,559 | 14% | 18% | 209 |
| 더샘인터내셔날 | 101.1 | 25 | 103.8 | 11 | 100.6 | 37 | 95.3 | 104 | 628 | 191 | 453 | | 1,400 | 15% | 237% | 202 |
| 토니모리 | 100.9 | 26 | 99.9 | 26 | 101.6 | 24 | 102.3 | 21 | 1,635 | 1,345 | 1,519 | 3,625 | 2,364 | 10% | 40% | 99 |
| 화성화학 | 100.5 | 27 | 100.1 | 25 | 101.3 | 30 | 100.4 | 63 | 827 | 217 | 583 | | 774 | 19% | 84% | 112 |
| 케미코스 | 100.5 | 28 | 98.6 | 43 | 102.6 | 21 | 102.0 | 24 | 553 | 244 | 430 | | 398 | 20% | 44% | 84 |
| 리치코스 | 100.3 | 29 | 99.1 | 34 | 101.4 | 29 | 101.9 | 28 | 362 | 140 | 273 | | 301 | 19% | 50% | 72 |
| 코스온 | 100.0 | 30 | 100.7 | 19 | 98.8 | 63 | 99.7 | 71 | 548 | 615 | 575 | 2,179 | 772 | 11% | 59% | −109 |
| 펌텍코리아 | 99.9 | 31 | 100.3 | 23 | 99.8 | 44 | 99.1 | 81 | 925 | 330 | 687 | | 1,069 | 12% | 126% | 94 |
| 한국화장품제조 | 99.9 | 32 | 99.6 | 29 | 99.2 | 55 | 101.4 | 40 | 673 | 440 | 580 | 1,348 | 649 | 10% | 51% | 110 |
| 비에스케이코퍼레이션 | 99.8 | 33 | 97.8 | 64 | 101.6 | 25 | 102.4 | 18 | 610 | 978 | 757 | | 929 | 6% | 14% | 108 |
| 네이처리퍼블릭 | 99.7 | 34 | 98.2 | 52 | 101.0 | 33 | 101.6 | 37 | 5 | 925 | 373 | | 2,618 | −4% | 62% | 26 |
| 삼화플라스틱 | 99.7 | 35 | 99.6 | 30 | 99.6 | 50 | 99.9 | 68 | 818 | 270 | 599 | | 932 | 11% | 99% | 76 |
| 잉글우드랩 | 99.5 | 36 | 99.4 | 32 | 98.4 | 70 | 101.3 | 42 | 150 | 619 | 338 | 1,635 | 682 | 9% | 13% | −29 |
| 대봉엘에스 | 99.5 | 37 | 98.5 | 46 | 99.3 | 52 | 102.0 | 27 | 580 | 545 | 566 | 1,419 | 633 | 12% | 15% | 44 |
| 한불화장품 | 99.4 | 38 | 97.2 | 75 | 101.7 | 23 | 101.8 | 34 | 3,907 | 2,158 | 3,207 | | 1,017 | 7% | 48% | 146 |
| SUN(승일) | 99.2 | 39 | 98.9 | 38 | 97.8 | 77 | 102.1 | 23 | 522 | 1,323 | 842 | 773 | 1,384 | 4% | 29% | 75 |
| KCI | 99.1 | 40 | 97.9 | 60 | 99.9 | 43 | 101.0 | 49 | 570 | 470 | 530 | 898 | 443 | 19% | 28% | 11 |
| 제니스 | 99.1 | 41 | 99.6 | 31 | 97.8 | 80 | 100.0 | 67 | 127 | 132 | 129 | | 364 | 4% | 51% | −11 |
| 다린 | 99.1 | 42 | 98.1 | 54 | 99.0 | 58 | 101.8 | 32 | 387 | 262 | 337 | 397 | 484 | 8% | 31% | 57 |
| 엔코스 | 99.1 | 43 | 99.8 | 28 | 98.9 | 61 | 97.5 | 91 | 263 | 131 | 210 | | 452 | 8% | 137% | 18 |
| 코리아나화장품 | 99.1 | 44 | 97.8 | 66 | 99.8 | 47 | 101.2 | 43 | 315 | 816 | 515 | 2,596 | 1,177 | 3% | 43% | 53 |
| 엔프라니 | 99.0 | 45 | 97.9 | 62 | 100.1 | 42 | 100.3 | 64 | 363 | 271 | 326 | | 827 | 3% | 66% | 27 |
| 코스비전 | 99.0 | 46 | 100.4 | 22 | 97.2 | 89 | 98.1 | 88 | 302 | 509 | 385 | | 1,902 | 1% | 162% | 19 |
| 태성산업 | 99.0 | 47 | 98.4 | 48 | 99.6 | 49 | 99.4 | 78 | 543 | 450 | 506 | | 663 | 10% | 96% | 59 |
| 에스트라 | 98.9 | 48 | 98.9 | 37 | 97.1 | 91 | 101.8 | 31 | 313 | 877 | 539 | | 1,033 | 2% | 24% | 43 |

| 항목<br>개별사 | 종합평가순위<br>F-MPI | Rank | Marketability<br>F-M | Rank | Profitability<br>F-P | Rank | Immunity<br>F-I | Rank | 비상장주식방식 Valuation<br>수익 | 자산 | 기업가치 | 시가총액 | 2016년 핵심 경영성과지표<br>매출액 | 영업이익율 | 부채비율 | 영업현금흐름 |
|---|---|---|---|---|---|---|---|---|---|---|---|---|---|---|---|---|
| 씨이오인터내셔널 | 98.9 | 49 | 97.8 | 67 | 99.7 | 48 | 100.6 | 57 | 482 | 271 | 397 | | 554 | 7% | 42% | 17 |
| 고원화성 | 98.7 | 50 | 98.2 | 51 | 98.4 | 69 | 100.5 | 59 | 215 | 125 | 179 | | 330 | 9% | 52% | 22 |
| 리더스코스메틱 | 98.7 | 51 | 96.1 | 79 | 101.5 | 28 | 101.1 | 44 | 1,193 | 878 | 1,067 | 3,157 | 1,141 | 14% | 69% | 218 |
| 제닉 | 98.7 | 52 | 97.5 | 69 | 98.6 | 67 | 101.7 | 36 | 217 | 626 | 380 | 932 | 614 | 7% | 24% | 45 |
| 코익 | 98.4 | 53 | 97.2 | 74 | 98.9 | 62 | 100.9 | 50 | 235 | 176 | 211 | | 353 | 2% | 15% | −5 |
| 에이텍 | 98.3 | 54 | 98.6 | 44 | 97.8 | 78 | 98.1 | 89 | 160 | 268 | 203 | 616 | 639 | 5% | 145% | 56 |
| 한국존슨앤드존슨 | 98.1 | 55 | 98.6 | 45 | 97.1 | 93 | 98.6 | 82 | 327 | 557 | 419 | | 1,402 | 1% | 125% | 79 |
| 서울화장품 | 98.1 | 56 | 98.1 | 57 | 98.2 | 73 | 98.2 | 86 | 248 | 166 | 215 | | 539 | 5% | 118% | 8 |
| 클레어스코리아 | 98.1 | 57 | 94.5 | 80 | 102.9 | 19 | 99.7 | 73 | 2,022 | 667 | 1,480 | | 659 | 3% | 57% | −208 |
| 마임 | 98.1 | 58 | 96.5 | 78 | 99.0 | 57 | 100.4 | 60 | 50 | 442 | 207 | | 375 | −7% | 52% | 31 |
| 우일씨앤텍 | 97.9 | 59 | 97.8 | 63 | 96.9 | 95 | 99.9 | 69 | 40 | 134 | 78 | | 492 | 0% | 70% | 12 |
| 태진화학 | 97.4 | 60 | 98.0 | 58 | 97.3 | 85 | 96.0 | 101 | 102 | 94 | 99 | | 510 | 3% | 199% | 32 |
| 참존 | 97.3 | 61 | 97.1 | 76 | 98.3 | 71 | 96.6 | 99 | 822 | 392 | 650 | | 512 | 0% | 144% | −26 |
| 신광엠앤피 | 97.3 | 62 | 98.4 | 49 | 98.2 | 72 | 93.3 | 108 | 205 | 85 | 157 | | 400 | 9% | 274% | 47 |
| 지에프에스 | 97.2 | 63 | 97.5 | 70 | 97.3 | 86 | 96.3 | 100 | 40 | 96 | 62 | | 355 | 7% | 151% | −13 |
| 웰코스 | 96.9 | 64 | 97.9 | 61 | 97.3 | 87 | 93.9 | 106 | 20 | 111 | 56 | | 484 | 2% | 221% | −9 |
| 탭코리아 | 96.2 | 65 | 98.1 | 53 | 98.0 | 74 | 89.1 | 116 | 103 | 40 | 78 | | 380 | 6% | 397% | 30 |
| 에버코스 | 96.1 | 66 | 98.5 | 47 | 97.4 | 84 | 87.9 | 117 | 228 | 71 | 165 | | 956 | 3% | 417% | −3 |
| 제니코스 | 96.0 | 67 | 97.3 | 72 | 96.7 | 97 | 91.9 | 114 | 22 | 46 | 31 | | 333 | 1% | 278% | −5 |
| 미애부 | 96.0 | 68 | 96.8 | 77 | 103.7 | 17 | 82.4 | 120 | 115 | 57 | 92 | 174 | 596 | 6% | 555% | −62 |
| 에스쁘아 | 95.4 | 69 | 98.6 | 42 | 86.5 | 109 | 100.8 | 53 | −123 | 175 | −4 | | 378 | −2% | 18% | −9 |
| 퍼시픽글라스 | 94.8 | 70 | 97.5 | 71 | 86.6 | 108 | 100.4 | 61 | −400 | 382 | −87 | | 617 | 3% | 57% | 33 |
| 코리아코스팩 | 94.5 | 71 | 88.0 | 87 | 101.1 | 32 | 100.8 | 54 | 235 | 165 | 207 | | 244 | 13% | 60% | 30 |
| 코바스 | 94.4 | 72 | 88.0 | 88 | 100.3 | 40 | 101.6 | 39 | 252 | 180 | 223 | | 225 | 17% | 29% | 24 |
| CSA 코스믹 | 94.0 | 73 | 99.2 | 33 | 81.1 | 119 | 100.4 | 62 | −258 | 315 | −29 | 1,159 | 344 | −13% | 33% | −63 |
| 우원기계 | 94.0 | 74 | 87.9 | 90 | 99.4 | 51 | 101.1 | 45 | 247 | 104 | 190 | | 250 | 11% | 56% | 30 |
| 제이준코스메틱 | 93.8 | 75 | 104.7 | 10 | 70.5 | 129 | 101.8 | 33 | −5 | 872 | 346 | 4,062 | 808 | 17% | 31% | 54 |
| 창신 | 93.8 | 76 | 86.5 | 96 | 100.5 | 38 | 102.0 | 26 | 362 | 152 | 278 | | 214 | 7% | 41% | 43 |
| 세화피앤씨 | 93.7 | 77 | 88.1 | 85 | 99.2 | 54 | 99.6 | 76 | 102 | 143 | 118 | 380 | 292 | 8% | 81% | 33 |
| 코스모코스(소망화장품) | 93.6 | 78 | 98.3 | 50 | 81.2 | 118 | 100.5 | 58 | −598 | 554 | −137 | | 823 | −8% | 38% | −80 |
| 이넬화장품 | 93.6 | 79 | 88.3 | 84 | 98.7 | 65 | 99.1 | 80 | 45 | 126 | 77 | | 237 | 9% | 88% | 24 |
| 케이지씨라이프앤진 | 93.4 | 80 | 97.7 | 68 | 81.7 | 115 | 100.1 | 65 | −292 | 166 | −109 | | 517 | −4% | 46% | −15 |
| 스킨푸드 | 93.1 | 81 | 98.8 | 40 | 83.7 | 113 | 93.0 | 110 | −1,143 | 151 | −626 | | 1,686 | −3% | 294% | −5 |
| 아이피어리스 | 93.0 | 82 | 97.8 | 65 | 80.7 | 121 | 99.6 | 75 | −48 | 194 | 49 | | 655 | −1% | 75% | 2 |
| 에이씨티 | 93.0 | 83 | 87.7 | 91 | 96.2 | 100 | 101.3 | 41 | 78 | 383 | 200 | 578 | 225 | −8% | 18% | 14 |
| 하나 | 92.4 | 84 | 87.1 | 93 | 97.9 | 76 | 97.1 | 95 | 95 | 78 | 88 | | 262 | 6% | 165% | 21 |
| 아폴로산업 | 92.2 | 85 | 87.5 | 92 | 97.6 | 82 | 95.7 | 102 | 32 | 145 | 77 | | 290 | 5% | 192% | 28 |
| 파이온텍 | 92.0 | 86 | 91.0 | 81 | 88.4 | 106 | 99.8 | 70 | −70 | 120 | 6 | | 241 | 14% | 97% | 65 |
| 금비화장품 | 91.9 | 87 | 86.7 | 95 | 96.7 | 96 | 97.7 | 90 | 118 | 156 | 133 | | 242 | 3% | 103% | −1 |
| 종우실업 | 91.7 | 88 | 87.1 | 94 | 97.9 | 75 | 93.9 | 107 | 267 | 107 | 203 | | 208 | 3% | 235% | 9 |
| 유씨엘 | 91.7 | 89 | 88.0 | 86 | 97.2 | 90 | 92.6 | 112 | 42 | 68 | 52 | | 291 | 2% | 282% | 20 |
| 한국화장품 | 91.5 | 90 | 86.2 | 97 | 94.3 | 103 | 100.7 | 56 | 792 | 557 | 698 | 3,125 | 213 | −26% | 17% | −21 |
| 갈더마코리아 | 90.7 | 91 | 97.3 | 73 | 94.7 | 102 | 68.5 | 124 | 2 | 33 | 14 | | 667 | −20% | 2519% | 2 |
| 고운세상코스메틱 | 90.1 | 92 | 88.3 | 83 | 88.4 | 105 | 97.3 | 91 | −10 | 51 | 14 | | 200 | −3% | 116% | −2 |
| 영일유리 | 89.8 | 93 | 77.3 | 104 | 101.3 | 31 | 103.7 | 10 | 280 | 249 | 268 | | 191 | 18% | 13% | 67 |
| 본느 | 89.4 | 94 | 79.0 | 99 | 99.8 | 46 | 100.0 | 66 | 113 | 62 | 93 | 191 | 150 | 16% | 50% | 0 |
| 한국시세이도 | 88.6 | 95 | 99.0 | 36 | 84.2 | 111 | 69.0 | 122 | −152 | 3 | −90 | | 926 | 0% | 12100% | 71 |
| 아이큐어 | 88.4 | 96 | 88.6 | 82 | 81.2 | 117 | 98.6 | 83 | −148 | 189 | −13 | | 274 | −4% | 88% | −46 |
| 아름다운화장품 | 88.1 | 97 | 76.9 | 107 | 99.0 | 59 | 99.6 | 74 | 55 | 83 | 66 | | 136 | 8% | 82% | 17 |

| 항목 | 종합평가순위 | | Marketability | | Profitability | | Immunity | | 비상장주식방식 Valuation | | | 시가총액 | 2016년 핵심 경영성과지표 | | | |
|---|---|---|---|---|---|---|---|---|---|---|---|---|---|---|---|---|
| 개별사 | F–MPI | Rank | F–M | Rank | F–P | Rank | F–I | Rank | 수익 | 자산 | 기업가치 | | 매출액 | 영업이익율 | 부채비율 | 영업현금흐름 |
| 정민 | 87.8 | 98 | 77.0 | 106 | 99.8 | 45 | 96.8 | 97 | 143 | 80 | 118 | | 168 | 12% | 175% | 26 |
| 뉴앤뉴 | 87.6 | 99 | 77.1 | 105 | 97.7 | 81 | 98.5 | 84 | 48 | 134 | 83 | | 116 | −2% | 95% | 4 |
| 케미랜드 | 87.6 | 100 | 77.8 | 100 | 98.6 | 68 | 95.6 | 103 | 88 | 53 | 74 | | 144 | 10% | 185% | 10 |
| 이지코스텍 | 87.4 | 101 | 77.5 | 102 | 97.3 | 88 | 97.4 | 92 | 8 | 91 | 41 | | 120 | 4% | 112% | −1 |
| 하우동천 | 87.3 | 102 | 80.8 | 98 | 89.2 | 104 | 100.8 | 55 | −873 | 69 | −496 | 1,505 | 112 | 4% | 32% | 0 |
| 일진코스메틱 | 87.2 | 103 | 76.1 | 112 | 96.4 | 98 | 101.1 | 46 | 22 | 145 | 71 | | 133 | 0% | 22% | 5 |
| 민진 | 86.2 | 104 | 76.9 | 108 | 97.1 | 92 | 93.2 | 109 | 2 | 63 | 26 | | 169 | 2% | 273% | 17 |
| 엔에스텍(잉글우드랩코리아) | 86.0 | 105 | 76.2 | 111 | 96.9 | 94 | 94.1 | 105 | 12 | 68 | 34 | | 140 | −6% | 218% | −13 |
| 셀랩 | 85.7 | 106 | 76.8 | 109 | 96.3 | 99 | 92.1 | 113 | 10 | 57 | 29 | | 149 | −4% | 265% | −10 |
| 비앤비코리아 | 85.5 | 107 | 73.9 | 113 | 95.7 | 101 | 99.2 | 79 | 545 | 186 | 401 | | 104 | −42% | 57% | −40 |
| 나우코스 | 85.4 | 108 | 87.9 | 89 | 80.9 | 120 | 86.0 | 118 | −107 | 44 | −46 | | 214 | −7% | 445% | −8 |
| 콧데 | 84.1 | 109 | 64.7 | 115 | 104.5 | 13 | 101.9 | 30 | 203 | 118 | 169 | | 99 | 31% | 38% | 29 |
| 유니레버코리아 | 83.4 | 110 | 98.0 | 59 | 76.1 | 127 | 57.9 | 128 | −1,252 | −117 | −798 | | 526 | −30% | 자본잠식 | −223 |
| 인터코스 | 82.7 | 111 | 67.3 | 114 | 98.7 | 66 | 97.1 | 94 | 58 | 81 | 67 | 157 | 82 | 1% | 135% | 0 |
| 썬라이더코리아 | 82.5 | 112 | 63.3 | 122 | 103.0 | 18 | 99.7 | 72 | 135 | 137 | 136 | | 97 | 21% | 86% | 20 |
| 사임당화장품 | 81.9 | 113 | 76.7 | 110 | 80.7 | 122 | 96.8 | 98 | −53 | 131 | 20 | | 136 | −10% | 127% | −11 |
| 라파스 | 81.9 | 114 | 62.8 | 126 | 100.9 | 34 | 101.1 | 47 | 207 | 302 | 245 | | 91 | 1% | 24% | 5 |
| 케비젠 | 81.6 | 115 | 63.3 | 121 | 99.2 | 53 | 100.9 | 52 | 45 | 73 | 56 | | 48 | 8% | 46% | 8 |
| 광신포장 | 80.8 | 116 | 63.3 | 120 | 99.1 | 56 | 96.9 | 96 | 78 | 62 | 72 | | 90 | 9% | 174% | 12 |
| 씨엠에스랩 | 80.1 | 117 | 77.7 | 101 | 84.2 | 112 | 79.9 | 121 | −125 | 7 | −72 | | 101 | −6% | 614% | −6 |
| 우신화장품 | 79.7 | 118 | 63.5 | 119 | 97.8 | 79 | 92.9 | 111 | 30 | 30 | 30 | | 96 | 3% | 262% | 6 |
| 오마샤리프화장품 | 77.4 | 119 | 63.1 | 124 | 87.4 | 107 | 98.2 | 85 | −30 | 66 | 8 | | 90 | 1% | 92% | −3 |
| 리오엘리 | 76.6 | 120 | 77.4 | 103 | 81.3 | 116 | 67.6 | 126 | −33 | 10 | −16 | | 164 | 3% | 1111% | −3 |
| 나투젠 | 74.9 | 121 | 64.0 | 117 | 97.5 | 83 | 68.6 | 123 | 10 | 11 | 10 | | 97 | 4% | 1160% | 10 |
| 유셀 | 74.3 | 122 | 63.6 | 118 | 80.6 | 123 | 91.7 | 115 | −23 | 33 | −1 | | 45 | −2% | 272% | −6 |
| 코나드 | 74.0 | 123 | 62.9 | 125 | 76.5 | 126 | 98.1 | 87 | −40 | 66 | 2 | | 40 | −40% | 86% | −14 |
| 한국코스모 | 73.0 | 124 | 64.2 | 116 | 80.4 | 124 | 83.9 | 119 | −93 | 22 | −47 | | 92 | 1% | 514% | 1 |
| 유쎌 | 71.2 | 125 | 61.9 | 129 | 67.6 | 130 | 99.5 | 77 | −152 | 64 | −65 | 105 | 16 | −119% | 46% | −29 |
| 알바이오 | 69.7 | 126 | 60.7 | 130 | 86.0 | 110 | 67.5 | 127 | 1,543 | 7 | 929 | | 76 | −118% | 7000% | −424 |
| 아마란스 | 68.7 | 127 | 62.3 | 127 | 79.6 | 125 | 68.1 | 125 | −57 | 5 | −32 | | 68 | −10% | 3300% | 3 |
| 백옥생 | 67.2 | 128 | 62.3 | 128 | 81.8 | 114 | 57.5 | 130 | −72 | −11 | −47 | | 38 | −11% | 자본잠식 | −5 |
| 한생화장품 | 65.6 | 129 | 63.2 | 123 | 74.9 | 128 | 57.5 | 129 | −173 | −64 | −130 | | 25 | −40% | 자본잠식 | −10 |

## CM종합평가결과

단위; 표준점수, 억원, %

| 항목 | 매출액 분위 | | 시장점유비 변동 | | 3개년 CAGR | | (단위: 억원, % ,표준점수) | | |
| --- | --- | --- | --- | --- | --- | --- | --- | --- | --- |
| 개별사 | 매출액 | 표준점수 | Change | 표준점수 | CAGR | 표준점수 | F—M Point | F—M Rank | F—MPI 순위 |
| 아모레퍼시픽 | 42,708 | 183.1 | −0.8% | 80.0 | 16% | 98.4 | 154.9 | 1 | 1 |
| LG생활건강 | 36,609 | 170.8 | 0.5% | 123.0 | 21% | 99.4 | 152.9 | 2 | 2 |
| 이니스프리 | 7,678 | 112.5 | 0.4% | 117.4 | 30% | 101.4 | 111.6 | 3 | 3 |
| 카버코리아(A.H.C) | 4,295 | 105.7 | 1.3% | 130.0 | 193% | 120.0 | 111.5 | 4 | 4 |
| 엘앤피코스메틱(메디힐) | 3,958 | 105.0 | 0.8% | 130.0 | 164% | 120.0 | 111.0 | 5 | 5 |
| 해브앤비 | 2,371 | 101.8 | 0.7% | 130.0 | 166% | 120.0 | 108.7 | 6 | 6 |
| 한국콜마 | 6,195 | 109.5 | 0.1% | 105.8 | 19% | 99.0 | 107.4 | 8 | 7 |
| 코스맥스 | 5,050 | 107.2 | 0.3% | 116.3 | 42% | 104.3 | 108.1 | 7 | 8 |
| 클리오 | 1,964 | 101.0 | 0.4% | 117.3 | 115% | 120.5 | 106.3 | 9 | 9 |
| 더페이스샵 | 5,638 | 108.4 | −0.4% | 82.4 | 3% | 95.5 | 102.5 | 14 | 10 |
| 에스디생명공학(SNP화장품) | 1,020 | 99.1 | 0.1% | 103.5 | 226% | 120.0 | 102.9 | 13 | 11 |
| 케어젠 | 468 | 97.9 | 0.0% | 101.0 | 28% | 101.1 | 98.9 | 39 | 12 |
| 잇츠스킨(잇츠한불) | 2,674 | 102.4 | −0.5% | 80.0 | 5% | 96.0 | 98.1 | 55 | 13 |
| 에뛰드 | 3,166 | 103.4 | 0.1% | 103.3 | 6% | 96.2 | 102.3 | 16 | 14 |
| 씨앤피코스메틱스 | 523 | 98.1 | 0.1% | 103.6 | 43% | 104.4 | 99.8 | 27 | 15 |
| 애경산업 | 5,067 | 107.2 | −0.2% | 91.7 | 12% | 97.4 | 103.4 | 12 | 16 |
| 고세코리아 | 527 | 98.1 | 0.1% | 105.1 | 53% | 106.6 | 100.4 | 21 | 17 |
| 에이블씨엔씨 | 3,835 | 104.7 | −0.2% | 91.3 | −2% | 94.4 | 101.2 | 17 | 18 |
| 네오팜 | 422 | 97.9 | 0.0% | 100.0 | 28% | 101.1 | 98.7 | 41 | 19 |
| 지디케이화장품 | 855 | 98.7 | −0.1% | 97.6 | 80% | 112.5 | 100.6 | 20 | 20 |
| 코스메카코리아 | 1,521 | 100.1 | 0.2% | 109.9 | 49% | 105.7 | 102.4 | 15 | 21 |
| 아모스프로페셔널 | 792 | 98.6 | 0.0% | 100.8 | 20% | 99.4 | 99.0 | 35 | 22 |
| 연우 | 2,350 | 101.7 | 0.0% | 100.2 | 18% | 98.8 | 101.1 | 18 | 23 |
| 콜마비앤에이치 | 2,559 | 102.2 | −0.1% | 94.6 | 8% | 96.7 | 100.2 | 24 | 24 |
| 더샘인터내셔날 | 1,400 | 99.8 | 0.3% | 113.6 | 78% | 112.3 | 103.8 | 11 | 25 |
| 토니모리 | 2,364 | 101.8 | −0.1% | 94.5 | 7% | 96.5 | 99.9 | 26 | 26 |
| 화성화학 | 774 | 98.6 | 0.1% | 103.3 | 43% | 104.4 | 100.1 | 25 | 27 |
| 케미코스 | 398 | 97.8 | 0.0% | 100.4 | 26% | 100.5 | 98.6 | 43 | 28 |
| 리치코스 | 301 | 97.6 | 0.0% | 100.7 | 42% | 104.2 | 99.1 | 34 | 29 |
| 코스온 | 772 | 98.6 | 0.0% | 101.1 | 71% | 110.6 | 100.7 | 19 | 30 |
| 펌텍코리아 | 1,069 | 99.2 | 0.0% | 102.3 | 40% | 103.7 | 100.3 | 23 | 31 |
| 한국화장품제조 | 649 | 98.3 | 0.1% | 102.8 | 35% | 102.7 | 99.6 | 29 | 32 |
| 비에스케이코퍼레이션 | 929 | 98.9 | −0.1% | 95.6 | 0% | 94.8 | 97.8 | 64 | 33 |
| 네이처리퍼블릭 | 2,618 | 102.3 | −0.4% | 82.1 | 1% | 95.1 | 98.2 | 52 | 34 |
| 삼화플라스틱 | 932 | 98.9 | 0.0% | 99.6 | 38% | 103.3 | 99.6 | 30 | 35 |
| 잉글우드랩 | 682 | 98.4 | 0.0% | 101.8 | 32% | 101.9 | 99.4 | 32 | 36 |
| 대봉엘에스 | 633 | 98.3 | 0.0% | 100.1 | 15% | 98.2 | 98.5 | 46 | 37 |
| 한불화장품 | 1,017 | 99.1 | −0.2% | 89.5 | 6% | 96.2 | 97.2 | 75 | 38 |
| SUN(승일) | 1,384 | 99.8 | 0.0% | 97.9 | 3% | 95.6 | 98.9 | 38 | 39 |
| KCI | 443 | 97.9 | 0.0% | 99.7 | 6% | 96.3 | 97.9 | 60 | 40 |
| 제니스 | 364 | 97.7 | 0.0% | 101.9 | 49% | 105.8 | 99.6 | 31 | 41 |
| 다린 | 484 | 98.0 | 0.0% | 99.6 | 10% | 97.1 | 98.1 | 54 | 42 |
| 엔코스 | 452 | 97.9 | 0.1% | 102.4 | 50% | 105.9 | 99.8 | 28 | 43 |
| 코리아나화장품 | 1,177 | 99.4 | −0.2% | 90.8 | 11% | 97.2 | 97.8 | 66 | 44 |
| 엔프라니 | 827 | 98.7 | −0.1% | 96.8 | 2% | 95.2 | 97.9 | 62 | 45 |
| 코스비전 | 1,902 | 100.8 | 0.0% | 99.3 | 20% | 99.2 | 100.4 | 22 | 46 |
| 태성산업 | 663 | 98.3 | 0.0% | 99.8 | 11% | 97.3 | 98.4 | 48 | 47 |
| 에스트라 | 1,033 | 99.1 | 0.0% | 98.8 | 14% | 98.0 | 98.9 | 37 | 48 |

| 항목 | 매출액 분위 | | 시장점유비 변동 | | 3개년 CAGR | | (단위: 억원, % ,표준점수) | | |
|---|---|---|---|---|---|---|---|---|---|
| 개별사 | 매출액 | 표준점수 | Change | 표준점수 | CAGR | 표준점수 | F–M Point | F–M Rank | F–MPI 순위 |
| 씨이오인터내셔널 | 554 | 98.1 | 0.0% | 97.7 | 6% | 96.1 | 97.8 | 67 | 49 |
| 고원화성 | 330 | 97.7 | 0.0% | 100.0 | 18% | 98.8 | 98.2 | 51 | 50 |
| 리더스코스메틱 | 1,141 | 99.3 | −0.4% | 82.2 | 2% | 95.3 | 96.1 | 79 | 51 |
| 제닉 | 614 | 98.2 | −0.1% | 96.9 | 0% | 94.8 | 97.5 | 69 | 52 |
| 코익 | 353 | 97.7 | 0.0% | 98.0 | −4% | 94.0 | 97.2 | 74 | 53 |
| 에이텍 | 639 | 98.3 | 0.0% | 101.1 | 12% | 97.6 | 98.6 | 44 | 54 |
| 한국존슨앤드존슨 | 1,402 | 99.8 | −0.1% | 95.4 | 4% | 95.7 | 98.6 | 45 | 55 |
| 서울화장품 | 539 | 98.1 | 0.0% | 100.1 | 4% | 95.8 | 98.1 | 57 | 56 |
| 클레어스코리아 | 659 | 98.3 | −0.7% | 80.0 | −17% | 91.1 | 94.5 | 80 | 57 |
| 마임 | 375 | 97.8 | −0.1% | 95.8 | −15% | 91.5 | 96.5 | 78 | 58 |
| 우일씨앤텍 | 492 | 98.0 | 0.0% | 98.7 | 5% | 96.0 | 97.8 | 63 | 59 |
| 태진화학 | 510 | 98.0 | 0.0% | 99.7 | 7% | 96.4 | 98.0 | 58 | 60 |
| 참존 | 512 | 98.0 | −0.1% | 97.3 | −11% | 92.4 | 97.1 | 76 | 61 |
| 신광엠앤피 | 400 | 97.8 | 0.0% | 101.0 | 17% | 98.5 | 98.4 | 49 | 62 |
| 지에프에스 | 355 | 97.7 | 0.0% | 98.9 | 2% | 95.2 | 97.5 | 70 | 63 |
| 웰코스 | 484 | 98.0 | 0.0% | 98.9 | 8% | 96.6 | 97.9 | 61 | 64 |
| 탭코리아 | 380 | 97.8 | 0.0% | 100.4 | 11% | 97.3 | 98.1 | 53 | 65 |
| 에버코스 | 956 | 98.9 | −0.1% | 96.4 | 18% | 98.8 | 98.5 | 47 | 66 |
| 제니코스 | 333 | 97.7 | −0.1% | 97.2 | 2% | 95.3 | 97.3 | 72 | 67 |
| 미애부 | 596 | 98.2 | −0.1% | 94.3 | −9% | 92.9 | 96.8 | 77 | 68 |
| 에스쁘아 | 378 | 97.8 | 0.0% | 100.6 | 26% | 100.6 | 98.6 | 42 | 69 |
| 퍼시픽글라스 | 617 | 98.2 | −0.1% | 97.2 | −2% | 94.4 | 97.5 | 71 | 70 |
| 코리아코스팩 | 244 | 82.9 | 0.0% | 100.2 | 22% | 99.7 | 88.0 | 87 | 71 |
| 코바스 | 225 | 82.8 | 0.0% | 100.2 | 22% | 99.6 | 88.0 | 88 | 72 |
| CSA 코스믹 | 344 | 97.7 | 0.1% | 102.7 | 36% | 102.8 | 99.2 | 33 | 73 |
| 우원기계 | 250 | 82.9 | 0.0% | 100.0 | 19% | 99.0 | 87.9 | 90 | 74 |
| 제이준코스메틱 | 808 | 98.6 | 0.4% | 117.4 | 237% | 120.0 | 104.7 | 10 | 75 |
| 창신 | 214 | 82.8 | −0.1% | 97.6 | −11% | 92.4 | 86.5 | 96 | 76 |
| 세화피앤씨 | 292 | 83.0 | 0.0% | 100.8 | 21% | 99.5 | 88.1 | 85 | 77 |
| 코스모코스(소망화장품) | 823 | 98.7 | 0.0% | 98.3 | 7% | 96.4 | 98.3 | 50 | 78 |
| 이넬화장품 | 237 | 82.9 | 0.0% | 101.8 | 23% | 100.0 | 88.3 | 84 | 79 |
| 케이지씨라이프앤진 | 517 | 98.0 | −0.1% | 97.6 | 6% | 96.2 | 97.7 | 68 | 80 |
| 스킨푸드 | 1,686 | 100.4 | −0.1% | 94.2 | 6% | 96.1 | 98.8 | 40 | 81 |
| 아이피어리스 | 655 | 98.3 | −0.1% | 97.6 | 2% | 95.3 | 97.8 | 65 | 82 |
| 에이씨티 | 225 | 82.8 | 0.0% | 100.5 | 12% | 97.5 | 87.7 | 91 | 83 |
| 하나 | 262 | 82.9 | 0.0% | 99.2 | 0% | 94.8 | 87.1 | 93 | 84 |
| 아폴로산업 | 290 | 83.0 | 0.0% | 99.5 | 10% | 97.0 | 87.5 | 92 | 85 |
| 파이온텍 | 241 | 82.9 | 0.1% | 103.9 | 96% | 116.1 | 91.0 | 81 | 86 |
| 금비화장품 | 242 | 82.9 | 0.0% | 98.0 | −7% | 93.3 | 86.7 | 95 | 87 |
| 종우실업 | 208 | 82.8 | 0.0% | 99.2 | 1% | 95.0 | 87.1 | 94 | 88 |
| 유씨엘 | 291 | 83.0 | 0.0% | 100.9 | 18% | 98.9 | 88.0 | 86 | 89 |
| 한국화장품 | 213 | 82.8 | −0.1% | 97.3 | −19% | 90.5 | 86.2 | 97 | 90 |
| 갈더마코리아 | 667 | 98.3 | −0.1% | 97.1 | −11% | 92.3 | 97.3 | 73 | 91 |
| 고운세상코스메틱 | 200 | 82.8 | 0.0% | 100.7 | 30% | 101.4 | 88.3 | 83 | 92 |
| 영일유리 | 191 | 68.2 | 0.0% | 99.8 | 10% | 97.1 | 77.3 | 104 | 93 |
| 본느 | 150 | 68.1 | 0.0% | 100.4 | 61% | 108.4 | 79.0 | 99 | 94 |
| 한국시세이도 | 926 | 98.9 | 0.0% | 99.9 | 17% | 98.6 | 99.0 | 36 | 95 |
| 아이큐어 | 274 | 82.9 | 0.0% | 101.3 | 36% | 102.8 | 88.6 | 82 | 96 |
| 아름다운화장품 | 136 | 68.1 | 0.0% | 99.4 | 4% | 95.7 | 76.9 | 107 | 97 |

| 항목 | 매출액 분위 | | 시장점유비 변동 | | 3개년 CAGR | | (단위; 억원, % ,표준점수) | | |
|---|---|---|---|---|---|---|---|---|---|
| 개별사 | 매출액 | 표준점수 | Change | 표준점수 | CAGR | 표준점수 | F–M Point | F–M Rank | F–MPI 순위 |
| 정민 | 168 | 68.1 | 0.0% | 99.5 | 6% | 96.1 | 77.0 | 106 | 98 |
| 뉴앤뉴 | 116 | 68.1 | 0.0% | 99.7 | 9% | 96.8 | 77.1 | 105 | 99 |
| 케미랜드 | 144 | 68.1 | 0.0% | 100.2 | 24% | 100.3 | 77.8 | 100 | 100 |
| 이지코스텍 | 120 | 68.1 | 0.0% | 99.9 | 20% | 99.3 | 77.5 | 102 | 101 |
| 하우동천 | 112 | 68.1 | 0.0% | 101.1 | 149% | 120.0 | 80.8 | 98 | 102 |
| 일진코스메틱 | 133 | 68.1 | 0.0% | 99.1 | −18% | 90.7 | 76.1 | 112 | 103 |
| 민진 | 169 | 68.1 | 0.0% | 98.8 | 6% | 96.1 | 76.9 | 108 | 104 |
| 엔에스텍(잉글우드랩코리아) | 140 | 68.1 | 0.0% | 98.7 | −15% | 91.5 | 76.2 | 111 | 105 |
| 셀랩 | 149 | 68.1 | 0.0% | 98.9 | 2% | 95.3 | 76.8 | 109 | 106 |
| 비앤비코리아 | 104 | 68.1 | −0.3% | 88.0 | −35% | 87.0 | 73.9 | 113 | 107 |
| 나우코스 | 214 | 82.8 | 0.0% | 100.0 | 20% | 99.3 | 87.9 | 89 | 108 |
| 콧데 | 99 | 48.6 | 0.0% | 100.5 | 41% | 103.9 | 64.7 | 115 | 109 |
| 유니레버코리아 | 526 | 98.1 | 0.0% | 98.3 | 12% | 97.4 | 98.0 | 59 | 110 |
| 인터코스 | 82 | 48.6 | 0.0% | 100.3 | 120% | 121.4 | 67.3 | 114 | 111 |
| 썬라이더코리아 | 97 | 48.6 | 0.0% | 99.7 | 3% | 95.6 | 63.3 | 122 | 112 |
| 사임당화장품 | 136 | 68.1 | 0.0% | 99.0 | −2% | 94.4 | 76.7 | 110 | 113 |
| 라파스 | 91 | 48.6 | −0.1% | 97.5 | −1% | 94.6 | 62.8 | 126 | 114 |
| 케비젠 | 48 | 48.6 | 0.0% | 99.9 | 4% | 95.8 | 63.3 | 121 | 115 |
| 광신포장 | 90 | 48.6 | 0.0% | 99.8 | 4% | 95.7 | 63.3 | 120 | 116 |
| 씨엠에스랩 | 101 | 68.0 | 0.0% | 100.2 | 25% | 100.3 | 77.7 | 101 | 117 |
| 우신화장품 | 96 | 48.6 | 0.0% | 99.2 | 12% | 97.4 | 63.5 | 119 | 118 |
| 오마샤리프화장품 | 90 | 48.6 | 0.0% | 99.7 | −2% | 94.4 | 63.1 | 124 | 119 |
| 리오엘리 | 164 | 68.1 | 0.0% | 99.9 | 15% | 98.1 | 77.4 | 103 | 120 |
| 나투젠 | 97 | 48.6 | 0.0% | 100.1 | 21% | 99.6 | 64.0 | 117 | 121 |
| 유셀 | 45 | 48.5 | 0.0% | 99.9 | 13% | 97.6 | 63.6 | 118 | 122 |
| 코나드 | 40 | 48.5 | 0.0% | 98.5 | −4% | 94.0 | 62.9 | 125 | 123 |
| 한국코스모 | 92 | 48.6 | 0.0% | 101.4 | | 100.0 | 64.2 | 116 | 124 |
| 유쎌 | 16 | 48.5 | 0.0% | 99.7 | −36% | 86.8 | 61.9 | 129 | 125 |
| 알바이오 | 76 | 48.6 | −0.1% | 94.2 | −49% | 83.8 | 60.7 | 130 | 126 |
| 아마란스 | 68 | 48.6 | 0.0% | 98.1 | −18% | 90.9 | 62.3 | 127 | 127 |
| 백옥생 | 38 | 48.5 | 0.0% | 99.5 | −24% | 89.5 | 62.3 | 128 | 128 |
| 한생화장품 | 25 | 48.5 | 0.0% | 99.7 | 2% | 95.3 | 63.2 | 123 | 129 |

## C_P종합평가결과

단위; 표준점수, 억원, %

| 항목 | 판매가득효율 분위 | | 3년가중 순이익 분위 | | 3년가중 영업이익율 분위 | | (단위; 지수, 억원, %, 표준점수) | | |
| --- | --- | --- | --- | --- | --- | --- | --- | --- | --- |
| 개별사 | 효율 | 표준점수 | 순이익 | 표준점수 | 영업이익율 | 표준점수 | F–P Point | F–P Rank | F–MPI 순위 |
| 아모레퍼시픽 | 3.0 | 122.6 | 5,345 | 187.5 | 18% | 107.4 | 150.5 | 1 | 1 |
| LG생활건강 | 2.1 | 108.9 | 3,981 | 164.6 | 16% | 106.5 | 136.0 | 2 | 2 |
| 이니스프리 | 3.3 | 125.0 | 1,158 | 117.1 | 23% | 110.4 | 116.7 | 3 | 3 |
| 카버코리아(A.H.C) | 3.0 | 122.0 | 793 | 111.0 | 35% | 113.0 | 113.8 | 4 | 4 |
| 엘앤피코스메틱(메디힐) | 2.1 | 109.4 | 669 | 108.9 | 31% | 113.0 | 110.2 | 6 | 5 |
| 해브앤비 | 3.4 | 125.0 | 330 | 103.2 | 24% | 111.4 | 110.0 | 7 | 6 |
| 한국콜마 | 1.2 | 95.5 | 454 | 105.3 | 11% | 103.5 | 102.8 | 20 | 7 |
| 코스맥스 | 1.0 | 93.4 | 275 | 102.3 | 8% | 101.8 | 100.4 | 39 | 8 |
| 클리오 | 2.1 | 109.7 | 173 | 100.6 | 14% | 105.5 | 103.9 | 16 | 9 |
| 더페이스샵 | 2.4 | 113.9 | 347 | 103.5 | 12% | 104.3 | 105.8 | 12 | 10 |
| 에스디생명공학(SNP화장품) | 2.2 | 111.0 | 187 | 100.8 | 32% | 113.0 | 106.5 | 9 | 11 |
| 케어젠 | 4.1 | 125.0 | 203 | 101.1 | 56% | 113.0 | 109.4 | 8 | 12 |
| 잇츠스킨(잇츠한불) | 2.2 | 110.1 | 698 | 109.4 | 33% | 113.0 | 110.6 | 5 | 13 |
| 에뛰드 | 2.2 | 110.3 | 113 | 99.5 | 6% | 100.4 | 101.9 | 22 | 14 |
| 씨앤피코스메틱스 | 3.6 | 125.0 | 50 | 98.5 | 16% | 106.7 | 106.3 | 11 | 15 |
| 애경산업 | 1.5 | 101.1 | 168 | 100.5 | 6% | 100.7 | 100.7 | 36 | 16 |
| 고세코리아 | 2.5 | 114.3 | 63 | 98.7 | 18% | 107.4 | 104.4 | 14 | 17 |
| 에이블씨엔씨 | 2.1 | 108.6 | 130 | 99.8 | 4% | 99.7 | 101.5 | 26 | 18 |
| 네오팜 | 3.0 | 121.3 | 56 | 98.6 | 21% | 109.3 | 106.4 | 10 | 19 |
| 지디케이화장품 | 1.3 | 96.8 | 120 | 99.7 | 18% | 107.6 | 101.5 | 27 | 20 |
| 코스메카코리아 | 1.1 | 95.1 | 71 | 98.8 | 7% | 101.1 | 98.8 | 64 | 21 |
| 아모스프로페셔널 | 2.0 | 107.7 | 121 | 99.7 | 20% | 109.1 | 104.1 | 15 | 22 |
| 연우 | 1.1 | 95.0 | 170 | 100.5 | 10% | 102.8 | 100.1 | 41 | 23 |
| 콜마비앤에이치 | 1.1 | 95.0 | 172 | 100.5 | 14% | 105.5 | 100.9 | 35 | 24 |
| 더샘인터내셔날 | 1.9 | 106.7 | 63 | 98.7 | 4% | 99.7 | 100.6 | 37 | 25 |
| 토니모리 | 1.7 | 103.4 | 164 | 100.4 | 9% | 102.4 | 101.6 | 24 | 26 |
| 화성화학 | 1.3 | 97.0 | 99 | 99.3 | 18% | 107.5 | 101.3 | 30 | 27 |
| 케미코스 | 1.6 | 102.3 | 55 | 98.6 | 21% | 109.5 | 102.6 | 21 | 28 |
| 리치코스 | 1.4 | 98.8 | 36 | 98.3 | 19% | 108.2 | 101.4 | 29 | 29 |
| 코스온 | 1.0 | 92.7 | 55 | 98.6 | 10% | 103.2 | 98.8 | 63 | 30 |
| 펌텍코리아 | 1.2 | 96.2 | 93 | 99.2 | 11% | 103.3 | 99.8 | 44 | 31 |
| 한국화장품제조 | 1.1 | 95.2 | 67 | 98.8 | 9% | 102.5 | 99.2 | 55 | 32 |
| 비에스케이코퍼레이션 | 2.2 | 109.9 | 61 | 98.7 | 6% | 100.9 | 101.6 | 25 | 33 |
| 네이처리퍼블릭 | 2.4 | 113.8 | 1 | 97.7 | 2% | 98.1 | 101.0 | 33 | 34 |
| 삼화플라스틱 | 1.2 | 96.5 | 82 | 99.0 | 9% | 102.6 | 99.6 | 50 | 35 |
| 잉글우드랩 | 1.0 | 93.3 | 18 | 97.9 | 9% | 102.6 | 98.4 | 70 | 36 |
| 대봉엘에스 | 1.1 | 94.4 | 58 | 98.6 | 11% | 103.8 | 99.3 | 52 | 37 |
| 한불화장품 | 1.1 | 94.7 | 391 | 104.2 | 8% | 102.0 | 101.7 | 23 | 38 |
| SUN(승일) | 1.0 | 92.8 | 52 | 98.5 | 5% | 100.1 | 97.8 | 77 | 39 |
| KCI | 1.0 | 93.2 | 57 | 98.6 | 16% | 106.6 | 99.9 | 43 | 40 |
| 제니스 | 1.0 | 93.1 | 15 | 97.9 | 6% | 100.7 | 97.8 | 80 | 41 |
| 다린 | 1.1 | 95.2 | 39 | 98.3 | 9% | 102.6 | 99.0 | 58 | 42 |
| 엔코스 | 1.2 | 95.7 | 32 | 98.2 | 9% | 102.2 | 98.9 | 61 | 43 |
| 코리아나화장품 | 1.8 | 105.4 | 32 | 98.2 | 3% | 98.7 | 99.8 | 47 | 44 |
| 엔프라니 | 1.8 | 104.9 | 36 | 98.3 | 5% | 99.8 | 100.1 | 42 | 45 |
| 코스비전 | 1.0 | 93.1 | 30 | 98.2 | 2% | 98.4 | 97.2 | 89 | 46 |
| 태성산업 | 1.1 | 95.2 | 54 | 98.6 | 12% | 104.3 | 99.6 | 49 | 47 |
| 에스트라 | 1.1 | 94.3 | 31 | 98.2 | 0% | 97.2 | 97.1 | 91 | 48 |

| 항목 | 판매가득효율 분위 | | 3년가중 순이익 분위 | | 3년가중 영업이익율 분위 | | (단위: 지수, 억원, %, 표준점수) | | |
| --- | --- | --- | --- | --- | --- | --- | --- | --- | --- |
| 개별사 | 효율 | 표준점수 | 순이익 | 표준점수 | 영업이익율 | 표준점수 | F—P Point | F—P Rank | F—MPI 순위 |
| 씨이오인터내셔널 | 1.3 | 97.8 | 48 | 98.5 | 10% | 102.9 | 99.7 | 48 | 49 |
| 고원화성 | 1.1 | 94.2 | 22 | 98.0 | 8% | 102.0 | 98.4 | 69 | 50 |
| 리더스코스메틱 | 1.3 | 97.8 | 119 | 99.7 | 17% | 106.9 | 101.5 | 28 | 51 |
| 제닉 | 1.3 | 97.5 | 22 | 98.0 | 6% | 100.4 | 98.6 | 67 | 52 |
| 코익 | 1.5 | 101.0 | 24 | 98.0 | 3% | 98.9 | 98.9 | 62 | 53 |
| 에이텍 | 1.1 | 94.7 | 16 | 97.9 | 4% | 99.7 | 97.8 | 78 | 54 |
| 한국존슨앤드존슨 | 1.2 | 95.4 | 33 | 98.2 | −1% | 96.3 | 97.1 | 93 | 55 |
| 서울화장품 | 1.1 | 94.1 | 25 | 98.1 | 7% | 101.0 | 98.2 | 73 | 56 |
| 클레어스코리아 | 1.5 | 100.1 | 202 | 101.0 | 19% | 108.0 | 102.9 | 19 | 57 |
| 마임 | 1.8 | 104.3 | 5 | 97.7 | 1% | 97.6 | 99.0 | 57 | 58 |
| 우일씨앤텍 | 1.0 | 93.0 | 4 | 97.7 | 2% | 98.0 | 96.9 | 95 | 59 |
| 태진화학 | 1.0 | 93.9 | 10 | 97.8 | 3% | 98.8 | 97.3 | 85 | 60 |
| 참존 | 1.6 | 102.4 | 82 | 99.0 | −5% | 94.2 | 98.3 | 71 | 61 |
| 신광엠앤피 | 1.1 | 94.3 | 21 | 98.0 | 7% | 101.1 | 98.2 | 72 | 62 |
| 지에프에스 | 1.1 | 94.2 | 4 | 97.7 | 3% | 98.7 | 97.3 | 86 | 63 |
| 웰코스 | 1.2 | 96.1 | 2 | 97.7 | 0% | 97.4 | 97.3 | 87 | 64 |
| 탑코리아 | 1.1 | 95.2 | 10 | 97.8 | 5% | 100.0 | 98.0 | 74 | 65 |
| 에버코스 | 1.0 | 93.8 | 23 | 98.0 | 3% | 98.9 | 97.4 | 84 | 66 |
| 제니코스 | 0.9 | 92.2 | 2 | 97.7 | 2% | 98.0 | 96.7 | 97 | 67 |
| 미애부 | 3.6 | 125.0 | 12 | 97.8 | 4% | 99.2 | 103.7 | 17 | 68 |
| 에스쁘아 | 4.0 | 125.0 | −15 | 77.9 | −5% | 75.2 | 86.5 | 109 | 69 |
| 퍼시픽글라스 | 0.9 | 92.4 | −40 | 77.6 | 1% | 97.7 | 86.6 | 108 | 70 |
| 코리아코스팩 | 1.4 | 98.4 | 28 | 98.1 | 18% | 107.9 | 101.1 | 32 | 71 |
| 코바스 | 1.3 | 98.2 | 25 | 98.1 | 14% | 105.5 | 100.3 | 40 | 72 |
| CSA 코스믹 | 1.4 | 98.7 | −26 | 77.8 | −6% | 74.8 | 81.1 | 119 | 73 |
| 우원기계 | 1.2 | 96.0 | 25 | 98.1 | 11% | 103.8 | 99.4 | 51 | 74 |
| 제이준코스메틱 | 1.4 | 98.9 | −1 | 78.1 | −83% | 39.0 | 70.5 | 129 | 75 |
| 창신 | 1.2 | 95.9 | 36 | 98.3 | 18% | 107.5 | 100.5 | 38 | 76 |
| 세화피앤씨 | 1.5 | 100.6 | 10 | 97.8 | 6% | 100.5 | 99.2 | 54 | 77 |
| 코스모코스(소망화장품) | 1.4 | 99.3 | −60 | 77.3 | −4% | 75.6 | 81.2 | 118 | 78 |
| 이넬화장품 | 1.4 | 99.3 | 5 | 97.7 | 5% | 100.0 | 98.7 | 65 | 79 |
| 케이지씨라이프앤진 | 1.6 | 101.3 | −29 | 77.7 | −5% | 75.3 | 81.7 | 115 | 80 |
| 스킨푸드 | 2.4 | 113.5 | −114 | 76.6 | −5% | 75.6 | 83.7 | 113 | 81 |
| 아이피어리스 | 0.9 | 92.4 | −5 | 78.1 | 0% | 77.5 | 80.7 | 121 | 82 |
| 에이씨티 | 0.6 | 88.2 | 8 | 97.8 | 3% | 98.8 | 96.2 | 100 | 83 |
| 하나 | 1.2 | 95.7 | 10 | 97.8 | 4% | 99.6 | 97.9 | 76 | 84 |
| 아폴로산업 | 1.1 | 94.2 | 3 | 97.7 | 5% | 99.8 | 97.6 | 82 | 85 |
| 파이온텍 | 1.4 | 98.6 | −7 | 78.0 | 3% | 98.8 | 88.4 | 106 | 86 |
| 금비화장품 | 0.8 | 90.6 | 12 | 97.8 | 3% | 99.0 | 96.7 | 96 | 87 |
| 종우실업 | 1.1 | 94.9 | 27 | 98.1 | 5% | 99.8 | 97.9 | 75 | 88 |
| 유씨엘 | 1.1 | 94.0 | 4 | 97.7 | 2% | 98.4 | 97.2 | 90 | 89 |
| 한국화장품 | 1.2 | 96.4 | 79 | 99.0 | −20% | 85.1 | 94.3 | 103 | 90 |
| 갈더마코리아 | 1.1 | 95.2 | 0 | 97.6 | −13% | 89.4 | 94.7 | 102 | 91 |
| 고운세상코스메틱 | 1.5 | 100.7 | −1 | 78.1 | 1% | 97.5 | 88.4 | 105 | 92 |
| 영일유리 | 1.5 | 100.0 | 28 | 98.1 | 18% | 107.6 | 101.3 | 31 | 93 |
| 본느 | 1.3 | 97.3 | 11 | 97.8 | 13% | 104.7 | 99.8 | 46 | 94 |
| 한국시세이도 | 2.3 | 111.7 | −15 | 77.9 | −2% | 76.5 | 84.2 | 111 | 95 |
| 아이큐어 | 1.2 | 95.6 | −15 | 77.9 | −1% | 77.1 | 81.2 | 117 | 96 |
| 아름다운화장품 | 1.3 | 98.2 | 6 | 97.7 | 7% | 101.5 | 99.0 | 59 | 97 |

| 항목 | 판매가득효율 분위 | | 3년가중 순이익 분위 | | 3년가중 영업이익율 분위 | | (단위; 지수, 억원, %, 표준점수) | | |
| --- | --- | --- | --- | --- | --- | --- | --- | --- | --- |
| 개별사 | 효율 | 표준점수 | 순이익 | 표준점수 | 영업이익율 | 표준점수 | F−P Point | F−P Rank | F−MPI 순위 |
| 정민 | 1.3 | 96.9 | 17 | 97.9 | 13% | 105.0 | 99.8 | 45 | 98 |
| 뉴앤뉴 | 1.0 | 92.5 | 5 | 97.7 | 7% | 101.1 | 97.7 | 81 | 99 |
| 케미랜드 | 1.1 | 94.6 | 9 | 97.8 | 9% | 102.6 | 98.6 | 68 | 100 |
| 이지코스텍 | 1.1 | 94.7 | 1 | 97.7 | 2% | 98.3 | 97.3 | 88 | 101 |
| 하우동천 | | 100.0 | −87 | 76.9 | 9% | 102.3 | 89.2 | 104 | 102 |
| 일진코스메틱 | 0.9 | 91.7 | 2 | 97.7 | 1% | 97.5 | 96.4 | 98 | 103 |
| 민진 | 1.1 | 94.2 | 0 | 97.6 | 2% | 98.1 | 97.1 | 92 | 104 |
| 엔에스텍(잉글우드랩코리아) | 1.0 | 93.6 | 1 | 97.7 | 1% | 97.8 | 96.9 | 94 | 105 |
| 셀랩 | 0.9 | 91.3 | 1 | 97.7 | 0% | 97.2 | 96.3 | 99 | 106 |
| 비앤비코리아 | 0.5 | 86.7 | 55 | 98.6 | 0% | 97.0 | 95.7 | 101 | 107 |
| 나우코스 | 1.0 | 93.5 | −11 | 78.0 | −1% | 77.4 | 80.9 | 120 | 108 |
| 콧데 | 2.1 | 108.5 | 20 | 98.0 | 27% | 112.8 | 104.5 | 13 | 109 |
| 유니레버코리아 | 1.0 | 93.0 | −125 | 76.4 | −29% | 64.2 | 76.1 | 127 | 110 |
| 인터코스 | 1.2 | 96.5 | 6 | 97.7 | 8% | 101.6 | 98.7 | 66 | 111 |
| 썬라이더코리아 | 1.7 | 103.8 | 14 | 97.9 | 23% | 110.9 | 103.0 | 18 | 112 |
| 사임당화장품 | 1.0 | 93.6 | −5 | 78.0 | −3% | 76.5 | 80.7 | 122 | 113 |
| 라파스 | 1.5 | 101.0 | 21 | 98.0 | 15% | 105.7 | 100.9 | 34 | 114 |
| 케비젠 | 1.4 | 98.6 | 5 | 97.7 | 8% | 102.1 | 99.2 | 53 | 115 |
| 광신포장 | 1.2 | 96.6 | 8 | 97.8 | 10% | 103.1 | 99.1 | 56 | 116 |
| 씨엠에스랩 | 2.5 | 114.3 | −13 | 77.9 | −7% | 74.4 | 84.2 | 112 | 117 |
| 우신화장품 | 1.1 | 94.9 | 3 | 97.7 | 5% | 99.9 | 97.8 | 79 | 118 |
| 오마사리프화장품 | 1.1 | 94.6 | −3 | 78.1 | 2% | 98.2 | 87.4 | 107 | 119 |
| 리오엘리 | 1.2 | 96.5 | −4 | 78.1 | −2% | 76.7 | 81.3 | 116 | 120 |
| 나투젠 | 1.1 | 94.2 | 1 | 97.7 | 4% | 99.3 | 97.5 | 83 | 121 |
| 유셀 | 0.9 | 91.3 | −3 | 78.1 | 0% | 77.5 | 80.6 | 123 | 122 |
| 코나드 | 0.6 | 87.1 | −4 | 78.1 | −23% | 66.9 | 76.5 | 126 | 123 |
| 한국코스모 | 0.9 | 92.0 | −11 | 78.0 | −2% | 76.7 | 80.4 | 124 | 124 |
| 유쎌 | 0.4 | 84.2 | −15 | 77.9 | −82% | 39.4 | 67.6 | 130 | 125 |
| 알바이오 | 1.0 | 92.9 | 154 | 100.2 | −67% | 57.6 | 86.0 | 110 | 126 |
| 아마란스 | 1.0 | 93.0 | −6 | 78.0 | −9% | 73.4 | 79.6 | 125 | 127 |
| 백옥생 | 1.6 | 101.6 | −7 | 78.0 | −6% | 75.0 | 81.8 | 114 | 128 |
| 한생화장품 | 0.8 | 89.8 | −17 | 77.9 | −37% | 60.2 | 74.9 | 128 | 129 |

## C_l종합평가결과

단위: 표준점수, %

| 항목 | 시장점유율 분위 | | | | 재고자산회전율 분위 | | 영업현금흐름 분위 | | (단위: %, 지수, 표준점수) | | |
|---|---|---|---|---|---|---|---|---|---|---|---|
| 개별사 | 부채비율 | 표준점수 | 마켓쉐어 | 표준점수 | 회전율 | 표준점수 | 흐름율 | 표준점수 | F-I Point | F-I Rank | F-MPI 순위 |
| 아모레퍼시픽 | 21% | 107 | 22,1% | 183 | 4,3 | 97 | 13% | 101 | 136,0 | 1 | 1 |
| LG생활건강 | 65% | 104 | 19,0% | 171 | 5,1 | 97 | 14% | 101 | 129,6 | 2 | 2 |
| 이니스프리 | 26% | 107 | 4,0% | 112 | 8,8 | 99 | 18% | 103 | 108,0 | 3 | 3 |
| 카버코리아(A.H.C) | 47% | 105 | 2,2% | 106 | 4,8 | 97 | 40% | 115 | 105,6 | 4 | 4 |
| 엘앤피코스메틱(메디힐) | 22% | 107 | 2,0% | 105 | 11,2 | 100 | 19% | 103 | 105,2 | 7 | 5 |
| 해브앤비 | 33% | 106 | 1,2% | 102 | 2,1 | 96 | 17% | 103 | 103,2 | 13 | 6 |
| 한국콜마 | 51% | 105 | 3,2% | 109 | 8,4 | 99 | 5% | 97 | 105,2 | 5 | 7 |
| 코스맥스 | 112% | 99 | 2,6% | 107 | 5,7 | 98 | 4% | 96 | 102,0 | 25 | 8 |
| 클리오 | 69% | 103 | 1,0% | 101 | 3,9 | 97 | 3% | 95 | 100,9 | 51 | 9 |
| 더페이스샵 | 38% | 106 | 2,9% | 108 | 4,8 | 97 | 8% | 98 | 105,2 | 6 | 10 |
| 에스디생명공학(SNP화장품) | 22% | 107 | 0,5% | 99 | 6,3 | 98 | 15% | 102 | 102,5 | 17 | 11 |
| 케어젠 | 4% | 109 | 0,2% | 98 | 2,5 | 96 | 181% | 116 | 104,0 | 8 | 12 |
| 잇츠스킨(잇츠한불) | 9% | 108 | 1,4% | 102 | 5,2 | 98 | 0% | 94 | 103,5 | 12 | 13 |
| 에뛰드 | 52% | 105 | 1,6% | 103 | 6,3 | 98 | 11% | 100 | 103,0 | 15 | 14 |
| 씨앤피코스메틱스 | 27% | 107 | 0,3% | 98 | 4,4 | 97 | 11% | 99 | 101,6 | 38 | 15 |
| 애경산업 | 150% | 96 | 2,6% | 107 | 4,3 | 97 | 11% | 99 | 101,0 | 48 | 16 |
| 고세코리아 | 63% | 104 | 0,3% | 98 | 10,9 | 100 | 35% | 112 | 101,9 | 29 | 17 |
| 에이블씨엔씨 | 39% | 106 | 2,0% | 105 | 3,8 | 97 | 7% | 97 | 103,7 | 11 | 18 |
| 네오팜 | 20% | 107 | 0,2% | 98 | 2,7 | 97 | 23% | 106 | 102,4 | 19 | 19 |
| 지디케이화장품 | 26% | 107 | 0,4% | 99 | 19,7 | 103 | 15% | 102 | 102,8 | 16 | 20 |
| 코스메카코리아 | 29% | 107 | 0,8% | 100 | 9,8 | 99 | 4% | 96 | 102,2 | 22 | 21 |
| 아모스프로페셔널 | 16% | 108 | 0,4% | 99 | 4,9 | 97 | 13% | 101 | 102,4 | 20 | 22 |
| 연우 | 32% | 106 | 1,2% | 102 | 9,7 | 99 | 11% | 99 | 103,1 | 14 | 23 |
| 콜마비앤에이치 | 18% | 108 | 1,3% | 102 | 12,4 | 100 | 8% | 98 | 103,7 | 9 | 24 |
| 더샘인터내셔날 | 237% | 89 | 0,7% | 100 | 5,2 | 98 | 14% | 101 | 95,3 | 104 | 25 |
| 토니모리 | 40% | 106 | 1,2% | 102 | 4,3 | 97 | 4% | 96 | 102,3 | 21 | 26 |
| 화성화학 | 84% | 102 | 0,4% | 99 | 13,6 | 101 | 14% | 101 | 100,4 | 63 | 27 |
| 케미코스 | 44% | 105 | 0,2% | 98 | 26,1 | 103 | 21% | 105 | 102,0 | 24 | 28 |
| 리치코스 | 50% | 105 | 0,2% | 98 | 216,0 | 103 | 24% | 106 | 101,9 | 28 | 29 |
| 코스온 | 59% | 104 | 0,4% | 99 | 2,6 | 97 | minus | 90 | 99,7 | 71 | 30 |
| 펌텍코리아 | 126% | 98 | 0,6% | 99 | 97,3 | 103 | 9% | 98 | 99,1 | 81 | 31 |
| 한국화장품제조 | 51% | 105 | 0,3% | 98 | 9,2 | 99 | 17% | 103 | 101,4 | 40 | 32 |
| 비에스케이코퍼레이션 | 14% | 108 | 0,5% | 99 | 2,2 | 96 | 12% | 100 | 102,4 | 18 | 33 |
| 네이처리퍼블릭 | 62% | 104 | 1,4% | 102 | 5,7 | 98 | 1% | 94 | 101,6 | 37 | 34 |
| 삼화플라스틱 | 99% | 101 | 0,5% | 99 | 107,6 | 103 | 8% | 98 | 99,9 | 68 | 35 |
| 잉글우드랩 | 13% | 108 | 0,4% | 98 | 3,0 | 97 | minus | 90 | 101,3 | 42 | 36 |
| 대봉엘에스 | 15% | 108 | 0,3% | 98 | 4,9 | 97 | 7% | 97 | 102,0 | 27 | 37 |
| 한불화장품 | 48% | 105 | 0,5% | 99 | 12,2 | 100 | 14% | 101 | 101,8 | 34 | 38 |
| SUN(승일) | 29% | 107 | 0,7% | 100 | 7,0 | 98 | 5% | 97 | 102,1 | 23 | 39 |
| KCI | 28% | 107 | 0,2% | 98 | 1,8 | 96 | 2% | 95 | 101,0 | 49 | 40 |
| 제니스 | 51% | 105 | 0,2% | 98 | 12,1 | 100 | minus | 90 | 100,0 | 67 | 41 |
| 다린 | 31% | 107 | 0,3% | 98 | 12,3 | 100 | 12% | 100 | 101,8 | 32 | 42 |
| 엔코스 | 137% | 97 | 0,2% | 98 | 7,6 | 98 | 4% | 96 | 97,5 | 91 | 43 |
| 코리아나화장품 | 43% | 105 | 0,6% | 99 | 3,8 | 97 | 5% | 96 | 101,2 | 43 | 44 |
| 엔프라니 | 66% | 103 | 0,4% | 99 | 8,3 | 99 | 3% | 95 | 100,3 | 64 | 45 |
| 코스비전 | 162% | 95 | 1,0% | 101 | 21,4 | 103 | 1% | 94 | 98,1 | 88 | 46 |
| 태성산업 | 96% | 101 | 0,3% | 98 | 8,4 | 99 | 9% | 98 | 99,4 | 78 | 47 |
| 에스트라 | 24% | 107 | 0,5% | 99 | 5,4 | 98 | 4% | 96 | 101,8 | 31 | 48 |

| 항목 | 시장점유율 분위 | | | | 재고자산회전율 분위 | | 영업현금흐름 분위 | | (단위: %, 지수, 표준점수) | | |
|---|---|---|---|---|---|---|---|---|---|---|---|
| 개별사 | 부채비율 | 표준점수 | 마켓쉐어 | 표준점수 | 회전율 | 표준점수 | 흐름율 | 표준점수 | F-I Point | F-I Rank | F-MPI 순위 |
| 씨이오인터내셔널 | 42% | 106 | 0.3% | 98 | 1.5 | 96 | 3% | 95 | 100.6 | 57 | 49 |
| 고원화성 | 52% | 105 | 0.2% | 98 | 8.1 | 99 | 7% | 97 | 100.5 | 59 | 50 |
| 리더스코스메틱 | 69% | 103 | 0.6% | 99 | 3.7 | 97 | 19% | 104 | 101.1 | 44 | 51 |
| 제닉 | 24% | 107 | 0.3% | 98 | 5.6 | 98 | 7% | 98 | 101.7 | 36 | 52 |
| 코익 | 15% | 108 | 0.2% | 98 | 3.2 | 97 | minus | 90 | 100.9 | 50 | 53 |
| 에이텍 | 145% | 97 | 0.3% | 98 | 22.2 | 103 | 9% | 98 | 98.1 | 89 | 54 |
| 한국존슨앤드존슨 | 125% | 98 | 0.7% | 100 | 3.1 | 97 | 6% | 97 | 98.6 | 82 | 55 |
| 서울화장품 | 118% | 99 | 0.3% | 98 | 9.6 | 99 | 1% | 95 | 98.2 | 86 | 56 |
| 클레어스코리아 | 57% | 104 | 0.3% | 98 | 2.2 | 96 | minus | 90 | 99.7 | 73 | 57 |
| 마임 | 52% | 105 | 0.2% | 98 | 2.7 | 97 | 8% | 98 | 100.4 | 60 | 58 |
| 우일씨앤텍 | 70% | 103 | 0.3% | 98 | 9.7 | 99 | 2% | 95 | 99.9 | 69 | 59 |
| 태진화학 | 199% | 92 | 0.3% | 98 | 19.3 | 103 | 6% | 97 | 96.0 | 101 | 60 |
| 참존 | 144% | 97 | 0.3% | 98 | 2.8 | 97 | minus | 90 | 96.6 | 99 | 61 |
| 신광엠앤피 | 274% | 85 | 0.2% | 98 | 11.0 | 100 | 12% | 100 | 93.3 | 108 | 62 |
| 지에프에스 | 151% | 96 | 0.2% | 98 | 5.7 | 98 | minus | 90 | 96.3 | 100 | 63 |
| 웰코스 | 221% | 90 | 0.3% | 98 | 4.5 | 97 | minus | 90 | 93.9 | 106 | 64 |
| 탑코리아 | 397% | 75 | 0.2% | 98 | 21.3 | 103 | 8% | 98 | 89.1 | 116 | 65 |
| 에버코스 | 417% | 73 | 0.5% | 99 | 14.3 | 101 | minus | 90 | 87.9 | 117 | 66 |
| 제니코스 | 278% | 85 | 0.2% | 98 | 5.6 | 98 | minus | 90 | 91.9 | 114 | 67 |
| 미애부 | 555% | 61 | 0.3% | 98 | 2.8 | 97 | minus | 90 | 82.4 | 120 | 68 |
| 에스쁘아 | 18% | 108 | 0.2% | 98 | 2.4 | 96 | minus | 90 | 100.8 | 53 | 69 |
| 퍼시픽글라스 | 57% | 104 | 0.3% | 98 | 5.4 | 98 | 5% | 97 | 100.4 | 61 | 70 |
| 코리아코스팩 | 60% | 104 | 0.1% | 97 | 17.0 | 102 | 12% | 100 | 100.8 | 54 | 71 |
| 코바스 | 29% | 107 | 0.1% | 97 | 10.9 | 100 | 11% | 99 | 101.6 | 39 | 72 |
| CSA 코스믹 | 33% | 106 | 0.2% | 98 | 5.3 | 98 | minus | 90 | 100.4 | 62 | 73 |
| 우원기계 | 56% | 104 | 0.1% | 98 | 29.0 | 103 | 12% | 100 | 101.1 | 45 | 74 |
| 제이준코스메틱 | 31% | 106 | 0.4% | 99 | 12.5 | 100 | 7% | 97 | 101.8 | 33 | 75 |
| 창신 | 41% | 106 | 0.1% | 97 | 180.0 | 103 | 20% | 104 | 102.0 | 26 | 76 |
| 세화피앤씨 | 81% | 102 | 0.2% | 98 | 3.7 | 97 | 11% | 100 | 99.6 | 76 | 77 |
| 코스모코스(소망화장품) | 38% | 106 | 0.4% | 99 | 4.3 | 97 | minus | 90 | 100.5 | 58 | 78 |
| 이넬화장품 | 88% | 102 | 0.1% | 97 | 1.6 | 96 | 10% | 99 | 99.1 | 80 | 79 |
| 케이지씨라이프앤진 | 46% | 105 | 0.3% | 98 | 5.9 | 98 | minus | 90 | 100.1 | 65 | 80 |
| 스킨푸드 | 294% | 84 | 0.9% | 100 | 12.7 | 100 | 0% | 94 | 93.0 | 110 | 81 |
| 아이피어리스 | 75% | 103 | 0.3% | 98 | 6.1 | 98 | 0% | 94 | 99.6 | 75 | 82 |
| 에이씨티 | 18% | 108 | 0.1% | 97 | 1.1 | 96 | 6% | 97 | 101.3 | 41 | 83 |
| 하나 | 165% | 95 | 0.1% | 98 | 27.0 | 103 | 8% | 98 | 97.1 | 95 | 84 |
| 아폴로산업 | 192% | 93 | 0.2% | 98 | 6.2 | 98 | 10% | 99 | 95.7 | 102 | 85 |
| 파이온텍 | 97% | 101 | 0.1% | 97 | 4.7 | 97 | 27% | 108 | 99.8 | 70 | 86 |
| 금비화장품 | 103% | 100 | 0.1% | 97 | 0.7 | 96 | minus | 90 | 97.7 | 90 | 87 |
| 종우실업 | 235% | 89 | 0.1% | 97 | 6.5 | 98 | 4% | 96 | 93.9 | 107 | 88 |
| 유씨엘 | 282% | 85 | 0.2% | 98 | 11.0 | 100 | 7% | 97 | 92.6 | 112 | 89 |
| 한국화장품 | 17% | 108 | 0.1% | 97 | 1.7 | 96 | minus | 90 | 100.7 | 56 | 90 |
| 갈더마코리아 | 2519% | 25 | 0.3% | 98 | 4.7 | 97 | 0% | 94 | 68.5 | 124 | 91 |
| 고운세상코스메틱 | 116% | 99 | 0.1% | 97 | 2.6 | 97 | minus | 90 | 97.3 | 93 | 92 |
| 영일유리 | 13% | 108 | 0.1% | 97 | 31.5 | 103 | 35% | 112 | 103.7 | 10 | 93 |
| 본느 | 50% | 105 | 0.1% | 97 | 5.9 | 98 | 0% | 94 | 100.0 | 66 | 94 |
| 한국시세이도 | 12100% | 25 | 0.5% | 99 | 2.4 | 96 | 8% | 98 | 69.0 | 122 | 95 |
| 아이큐어 | 88% | 102 | 0.1% | 98 | 10.8 | 100 | minus | 90 | 98.6 | 83 | 96 |
| 아름다운화장품 | 82% | 102 | 0.1% | 97 | 6.8 | 98 | 13% | 100 | 99.6 | 74 | 97 |

| 항목 | 시장점유율 분위 | | | | 재고자산회전율 분위 | | 영업현금흐름 분위 | | (단위: %, 지수, 표준점수) | | |
|---|---|---|---|---|---|---|---|---|---|---|---|
| 개별사 | 부채비율 | 표준점수 | 마켓쉐어 | 표준점수 | 회전율 | 표준점수 | 흐름율 | 표준점수 | F-I Point | F-I Rank | F-MPI 순위 |
| 정민 | 175% | 94 | 0.1% | 97 | 13.9 | 101 | 15% | 102 | 96.8 | 97 | 98 |
| 뉴앤뉴 | 95% | 101 | 0.1% | 97 | 3.5 | 97 | 3% | 96 | 98.5 | 84 | 99 |
| 케미랜드 | 185% | 93 | 0.1% | 97 | 2.9 | 97 | 7% | 97 | 95.6 | 103 | 100 |
| 이지코스텍 | 112% | 99 | 0.1% | 97 | 3.4 | 97 | minus | 90 | 97.4 | 92 | 101 |
| 하우동천 | 32% | 106 | 0.1% | 97 | 10.0 | 99 | 0% | 94 | 100.8 | 55 | 102 |
| 일진코스메틱 | 22% | 107 | 0.1% | 97 | 2.0 | 96 | 4% | 96 | 101.1 | 46 | 103 |
| 민진 | 273% | 86 | 0.1% | 97 | 14.8 | 101 | 10% | 99 | 93.2 | 109 | 104 |
| 엔에스텍(잉글우드랩코리아) | 218% | 90 | 0.1% | 97 | 12.7 | 100 | minus | 90 | 94.1 | 105 | 105 |
| 셀랩 | 265% | 86 | 0.1% | 97 | 4.2 | 97 | minus | 90 | 92.1 | 113 | 106 |
| 비앤비코리아 | 57% | 104 | 0.1% | 97 | 1.4 | 96 | minus | 90 | 99.2 | 79 | 107 |
| 나우코스 | 445% | 71 | 0.1% | 97 | 7.1 | 98 | minus | 90 | 86.0 | 118 | 108 |
| 콧데 | 38% | 106 | 0.1% | 97 | 4.3 | 97 | 29% | 109 | 101.9 | 30 | 109 |
| 유니레버코리아 | −383% | 0 | 0.3% | 98 | 3.7 | 97 | minus | 90 | 57.9 | 128 | 110 |
| 인터코스 | 135% | 97 | 0.0% | 97 | 8.6 | 99 | 0% | 94 | 97.1 | 94 | 111 |
| 썬라이더코리아 | 86% | 102 | 0.1% | 97 | 2.3 | 96 | 21% | 105 | 99.7 | 72 | 112 |
| 사임당화장품 | 127% | 98 | 0.1% | 97 | 1.8 | 96 | minus | 90 | 96.8 | 98 | 113 |
| 라파스 | 24% | 107 | 0.0% | 97 | 2.7 | 97 | 5% | 97 | 101.1 | 47 | 114 |
| 케비젠 | 46% | 105 | 0.0% | 97 | 3.4 | 97 | 17% | 102 | 100.9 | 52 | 115 |
| 광신포장 | 174% | 94 | 0.0% | 97 | 72.0 | 103 | 13% | 101 | 96.9 | 96 | 116 |
| 씨엠에스랩 | 614% | 56 | 0.1% | 97 | 2.2 | 96 | minus | 90 | 79.9 | 121 | 117 |
| 우신화장품 | 262% | 86 | 0.0% | 97 | 5.6 | 98 | 6% | 97 | 92.9 | 111 | 118 |
| 오마샤리프화장품 | 92% | 101 | 0.0% | 97 | 8.1 | 99 | minus | 90 | 98.2 | 85 | 119 |
| 리오엘리 | 1111% | 25 | 0.1% | 97 | 2.0 | 96 | minus | 90 | 67.6 | 126 | 120 |
| 나투젠 | 1160% | 25 | 0.1% | 97 | 6.0 | 98 | 10% | 99 | 68.6 | 123 | 121 |
| 유쎌 | 272% | 86 | 0.0% | 97 | 2.3 | 96 | minus | 90 | 91.7 | 115 | 122 |
| 코나드 | 86% | 102 | 0.0% | 97 | 0.7 | 96 | minus | 90 | 98.1 | 87 | 123 |
| 한국코스모 | 514% | 65 | 0.0% | 97 | 3.6 | 97 | 1% | 94 | 83.9 | 119 | 124 |
| 유쎌 | 46% | 105 | 0.0% | 97 | 0.7 | 96 | minus | 90 | 99.5 | 77 | 125 |
| 알바이오 | 7000% | 25 | 0.0% | 97 | 2.9 | 97 | minus | 90 | 67.5 | 127 | 126 |
| 아마란스 | 3300% | 25 | 0.0% | 97 | 2.1 | 96 | 4% | 96 | 68.1 | 125 | 127 |
| 백옥생 | −1070% | 0 | 0.0% | 97 | 2.0 | 96 | minus | 90 | 57.5 | 130 | 128 |
| 한생화장품 | −236% | 0 | 0.0% | 97 | 2.7 | 97 | minus | 90 | 57.5 | 129 | 129 |

# 한국화장품 소비시장 outLook
## 韩国化妆品消费市场 outlook

모든 소비산업 가치사슬의 메카니즘은 수요와 공급이라는 두 축을 근간으로 한다. 일반적으로 소비재 산업부문의 현재 가치나 미래 성장의 견고성 등의 전제는 공급단의 중심이 되는 제조의 측면보다는 수요단의 중심이 되는 소비측면에 더욱 힘이 실리게 된다. 그런데 우리나라 화장품 산업의 주요 기관 등에서 생산되고 있는 대표 핵심지표의 대부분은 아쉽게도 거의 제조 orieinted 관점에서 타진되고 생성된 것으로 판단된다. 주지하듯 이미 대부분 소비재 산업의 경우 변화의 핵심동인이 소비자, 유통, 브랜드, 제조의 행렬 구조로 재편되고 있는데 이러한 변화의 중심축 이동은 화장품 산업부문 또한 예외가 아니다. 이러한 관점에서 이번 한국 화장품 기업 성과지표 분석 과정에서 추론된 한국 화장품 산업 연계 지표와 소비시장 규모 지표는 시장 소비수요의 관점에서 추출된 보다 소비시장 친화적인 지표로 추천된다.

### 한국 화장품 소비시장 규모 프로파일링
*Nobody knows!*

통계청 도소매판매 자료에 의하면 2016년 한국의 화장품 도소매판매액은 약 20조에 다다른 것으로 나타나고 있다. (표–1) 하지만 한편 동일한 통계청의 자료임에도 가구당 소비통계 자료에 의하면 한국민의 화장품 소비규모는 약 9조에 그치고 있는 것으로 추론된다.(표–2) 어찌된 영문일까? 이 때문인지 몰라도 수십여개에 달하는 우리나라 주요 화장품 상장등록 기업들 중 그 어느 누구도 이들 국가 통계를 시장의 준거기준으로 채택하고 있지 않다. 이 뿐만이 아니다. 금융권에서 가장 많이 인용하는 자료 중 하나인 우리나라 화장품 산업계의 대표 기관 대한화장품협회의 2015년 기준 9조원에 머무르고 있는 한국 화장품 소비시장 규모산정 방식 또한 아쉽기는 마찬가지이다. 생산금액–수출금액+수입금액이라는 규모산출 산식의 각주는 소비재산업의 시장규모 표준산정 기준과는 너무나 동떨어져 있다. 한편 세계적 기관이 갖는 지위의 명성으로 주요 화장품 기업들이 가장 많이 인용하고 있는 Euromonitor 등 세계 화장품시장 규모 자료에 따르면 우리나라 화장품 소비시장 규모는 대체로 약 12조원(USD 107억) 정도로 보고되고 있다. 세계 화장품산업의 새로운 리더쉽을 꿈꾸고 있는 한국 화장품 산업계가 가장 기본적인 우리나라 준거시장의 수요라는 가장 기본적인 지표에 대한 컨센서스의 부재에 머물고 있음은 과연 당연한 것일까?

2016년 기준 한국화장품 소비시장규모 14,7 조원!

소비시장 규모의 기준은 다름아닌 소비자가 구매시 지불한 금액가치의 규모이다. 130개 주요 화장품기업 성과지표 분석에 따르면 2016년 B2B형 기업거래가 근간이 되는 ODM제조사와 용기용품 관련기업을 제외한 최종 고객소비 구매와 직결되는 對소비자 화장품 판매기업의 매출액 총합은 약 15조원에 이른다. 이 중 아모레퍼시픽, LG생활건강 등 대형 주요기업의 비화장품 부문 매출과 수출 및 해외지역 판매 금액을 제외한 순수 국내판매 매출액 규모는 약 11조 원에 이른 것으로 계상된다. 이를 부가세가 포함되는 전술된 소비자지불 금액기준으로 환산하면 우리나라 화장품기업 제품의 국내소비시장 규모는 약 12조 2천억원 규

所有消费产业的价值链体系都是由需求和供应两个构成组成的。一般来说消费资料产业部门的当前价值或未来发展的稳定性等，相比以制造为中心的供应，取决于以需求端为核心的消费。但是韩国化妆品产业的主要部门产生的核心指标，大部分都是以制造orieinted为主进行生产。众所周知大部分消费资料产业的情况，已经重组为核心变因-消费者、流通、品牌、制造的行列结构。而这样的变化，对于化妆品部门来说自然是不例外。因此本次通过对韩国化妆品企业成果指标的分析，得出的韩国化妆品产业联结指标和消费市场规模指标，是源自市消费需求的消费市场环保指标。

### 韩国化妆品消费市场规模性能分析
*Nobody knows!*

据统计厅的批发零售资料显示，2016年韩国化妆品批发零售额约20兆韩元。（表-1）另一方面同一统计厅的平均消费统计资料小时，韩国的化妆品消费规模大概只是停留为9兆韩元左右。（表-2）这是问什么呢？不知道是为什么，韩国的几十家主要化妆品上市规模以上企业中，没有一家选用国家的统计为遵循标准。不止这些，金融圈最常使用的资料之一，韩国化妆品产业的代表机关-大韩化妆品协会的2015年基准达到9兆韩元，不过韩国化妆品消费市场规模核定方式也也是非常遗憾。生产额-出口额+进口额，这样的规模核算方式，与消费资料生产的市场规模标准核定基准，实在是有太大差异。（表-3）另一方面，根据具有世界级机构的地位名声，主要化妆品公司最常用的 Euromonitor等，关于世界化妆品市场规模资料显示，韩国化妆品消费市场规模大致可达12兆韩元（USD 107亿）。（表-4）立志成为世界化妆品产业新的领导者，韩国化妆品产业界的基础-韩国基准市场需求，未能达成最基础的指标共识，这果然是一件理所当然的事情吗？

2016年基准韩国化妆品消费市场规模 14.7兆韩元!

消费市场规模的基准，就是消费者购买时支付的金额价值规模。根据对130家主要化妆品公司的成果指标分析，2016年B2B型企业交易，除了ODM制造商和容器用品尖联企业，最终与顾客消费购买直接相对的消费者化妆品企业的销售总额，约15兆韩元。其中爱茉莉太平洋、LG生活健康等大型主要企业，剔除非化妆品部门销售和出口及海外销售金额的纯粹国内销售额规模是11兆韩元左右。换算为包括增值税的上述消费者支付金额基准，韩国化妆品企业产品的国内消费市场规模大概是12兆2千亿韩元。事实上以欧莱雅为首的多数国际化妆品企业的经营成果，以他们采用的战略性股份公司构成，不太可能确保当前准确的成果指标，并且推测出以此为基准的韩国市场化妆品销售规模。但是从韩国化妆品进口规模，可以推测出他们进口产品的消费规模约莫为2兆韩元，并以此为前提可以核算出2016年韩国整体化妆品消费市场规模为14兆2千亿韩元。

모로 산정된다. 사실 로레알을 위시한 다수 글로벌 화장품 기업의 경영성과는 이들의 채택한 전략적인 유한회사의 구조로 현재시점 정확한 성과지표 확보와 이를 근거로 한 한국시장에서의 화장품 판매규모 추정이 불가능하다. 다만 우리나라 화장품 수입 규모를 기초로 추론된 이들 수입 제품의 소비규모 약 2조원을 전제하면 2016년 우리나라 전체 화장품 소비시장 규모는 14조 2천억원으로 산정된다.

## 한국 화장품기업 공급사슬 영역별 성과지표 비교

한국의 화장품 기업은 핵심제품 및 공급사슬 속성을 기준으로 대별해 보면 화장품제품 제조판매기업, 화장품제품 ODM·OEM기업, 그리고 용기 등 화장품 관련 부자재 기업으로 나눌 수 있다. 전체적으로는 하나의 공급사슬에 이어져 있으나 각각의 영역 간 주요 지표 변화를 살펴보면 전체 화장품 산업의 보다 구체적인 변화추이 파악이 가능하다. 우리나라 화장품기업의 구성은 매출액기준 화장품 제조판매기업이 약 79%, 화장품ODM·OEM 제조기업이 약 15% 그리고 용기용품 등 화장품 부자재 기업이 약 6%를 차지하고 있다. 이들 영역 기업의 최근 3개년 CAGR은 화장품제조판매기업 19%, 화장품ODM·OEM 제조기업 28%, 그리고 화장품 부자재기업 14%이다. 적지 않은 최근 악재에도 불구하고 이처럼 화장품 산업 전반의 성장세는 여전히 상당히 높은 것으로 나타나 K-Beauty의 강세가 결코 허언이 아님을 반증하고 있다. 2016년 매출이익율을 비교해 보면 화장품 제조판매기업 63%, 화장품ODM·OEM 제조기업 19%, 그리고 화장품 부자재기업 18%이다. 이들 지표를 보면 화장품 ODM·OEM 제조기업과 화장품 부자재기업과 확연히 다른 매출이익율을 보여주는 화장품 제조판매 기업 지표속성은 이들 판매기업을 유통코스트가 매출이익율에 포함된 유통판매 기업으로 분석하고 차별적으로 접근 분석해야 함을 다시 한 번 확인할 수 있다. 비즈니스 성과 평가의 핵심이 되는 영업이익율을 살펴보면 2016년 기준 화장품제조판매기업 16%, 화장품ODM·OEM 제조기업 8%, 그리고 화장품 부자재기업 9%이다. 이를 보면 화장품제조판매 기업들이 상향압박이 가중되고 있는 유통코스트를 아직은 잘 감당해내고 있어 비교적 건전한 성장잠재 자원을 확보해 나가고 있음을 확인하게 된다. 지난 해 THADD 등 일련의 악재로 상당한 화장품기업의 시총하락에도 여전한 일각의 화장품기업에 대한 지나친 고평가 거품 우려는 적어도 이들 화장품 기업의 전반적으로 양호한 영업이익율 지표 앞에선 당분간 호응을 얻기가 힘들 것으로 판단된다. 화장품산업의 제품 속성상 제조의 중요성이 결코 간과되어선 아니되겠지만, 이미 80%를 상회하고 있는 화장품 제조판매기업의 구성 구조를 감안하면 K-Beauty 산업 정책이나 화장품 기업의 전략 구심점은 보다 유통친화적이고 고객지향적으로 일신될 필요가 있다. 모든 소비산업이 라이프스타일 소비로 연계되고 융합되고 있는 고객과 소비가 중심이 4.0 소비산업 변화 Dynamics에 최적화된 기업경영체제 변화의 실기는 새로운 차원의 황금기를 기대하고 있는 우리 K-Beauty산업의 경쟁력 상실로 귀결될 것임은 자명하다.

## 한국 화장품 소비 트렌드

똑똑한 소비자의(Smart Consumer) 등장과 함께 모든 소비재 산업의 화두는 한 마디로 Customer Driven이란 키워드로 수렴되고 있다. 우리 화장품 산업세계와 비교적 가까운 소비지대에 준거하는 패션산업 부문에서 일어나고 있는 범세계적인 SPA 광풍은 결코 이웃집만의 열풍이 아니다. 가성비.이미 우리 화장품 소비시장에서도 날이 갈수록 위세를 더하는 가성비(Value for Momey)의 중요성은 더더욱 높아질 것이다. 패션. 고전적인 의미에서 브랜드 소비제품의 선택기준 진 화과정은 PFF 궤적으로 자주 표현된다. 가격(Price)이 구매선택의 첫 번째 덕목인 단계에서. 기능(Function)이 구매선택의 강력한 준거기준 단계로 그 다음이 모든 가격과 기능의 상향평준화 이루어진 성숙 소비시장 단계에서는 소비제

## 韩国化妆品公司供应链·营业成果指标的比较

如果按照核心产品及供应链属性进行区分的话，韩国化妆品企业可以分为化妆品产品制造销售企业、化妆品产品ODM、OEM企业，还有容器等化妆品相关辅料企业。虽然整体都是由一条供应链进行连接，但是仔细观察各领域间主要指标变化的话，可以掌握化妆品整体产业更加具体的变化趋势。韩国化妆品企业的结构为销售额基准化妆品制造销售企业大约为79%、化妆品产品ODM、OEM企业为15%，还有容器用品等化妆品辅料企业占据6%左右。对于这些领域企业的最近三个月CAGR，化妆品制造销售企业大约为19%、化妆品产品ODM、OEM企业为28%，还有化妆品辅料企业占据14%左右。即使最近不乏有很多不利因素，化妆品产业整体仍然呈现出相当高的增长势头，验证了K-Beauty的强势绝非是虚言。而从2016年销售利润率来看，化妆品制造销售企业大约为63%、化妆品产品ODM、OEM企业为19%，还有化妆品辅料企业占据18%左右。从这些指标再次可以确认到，与化妆品产品ODM、OEM企业和化妆品辅料公司相比，销售利润率大不相同的化妆品制造销售企业指标属性，必须将销售企业看做是包含流通费用的流通销售公司进行分析。考察商务成果评价的核心-营业利益率，2016年基准化妆品制造销售企业16%、化妆品ODM、OEM企业为为8%，还有化妆品辅料企业为9%。从这可以看出化妆品制造销售企业，对于不断加重的流通费用还尚可承担，可以确保比较健康的发展潜在资源。去年THADD等一系列不利因素，造成了相当程度的化妆品企业市值缩减，而且对部分化妆品企业戴高帽的高评价背后，对这些企业的整体良好的营业利率短时间内很难得到积极响应。从化妆品产业的产品属性上，虽然制造的重要性绝对不可以忽视，考虑到已经超过80%的化妆品制造销售企业的构成结构，K-Beauty的产业政策或者化妆品企业的战略中心，需要改革为更加环保流通、顾客指向型。所有消费产业都与生活方式消费进行连接和融合，使得以顾客与消费为中心的4.0消费产业变化记录Dynamics最佳化的企业经营体制变化，也显示出可以归结于等待新黄金时期的韩国K-Beauty产业出现了竞争力丧失。

## 韩国化妆品消费趋势

随着聪明消费者(Smart Consumer)的登场，所有消费资料产业的话题都可以归纳为一个关键词-Customer Driven。与化妆品产业世界相邻的时尚产业部门兴起的泛世界SPA热潮，绝不仅仅属于邻居家的。性价比(Value for Momey)渐渐也在我们化妆品市场成为重要部分。时尚，传统意义上品牌消费产品的选择基准进化过程，经常被表现为PFF轨迹。价格(Price)是购买选择的第一个关键阶段，功能(Function)是购买选择的强有力依据标准阶段，接下来是在所有价格及功能相对平均化的成熟消费市场阶段，追求消费产品的基本价值以上的购买追加优惠，这样才能成为差别化时尚(Fashion)。至少以韩国化妆品品牌的广告信息为依据，可以判断出韩国化妆品消费市场中心仍然停留在价格和功能阶段。不管何时一想到消费者的脚步比我们预想要快的这一点，我们需要适合新生活方式消费时代最佳的进化时尚DNA。不久前名列世界第七的爱茉莉太平洋的新闻，成为K-Beauty相关的最高热门新闻。这个热门是来源于发表化妆品全球TOP 100的机构-名为WWD的美国代表时尚杂志，琢磨'为什么时尚DNA也被要求在化妆品消费形式，现在可以理解。化妆男、草食男等这类被讥讽男性越来越女性化的消费形态，造就了从metrosexual到最近的 crosssexual这类新造词的出现。消费的扩张不只是造成男性化妆品市场发展的动因。男性化妆品市场领域的消费范围扩张是男性化妆品消费市场发展的核心动力。男性化妆品消费的范围，跨越护理(Care)朝向化妆(make-up)阶段。流通，流通的地图转换为化妆品消费体系。( Retail transforms Cosmetics) 化妆品消费网上流通的扩张更加灵敏。现在化妆品消费的网上和实体的区分成为无意义话题，

품의 기본 가치 이상의 구매추구혜택을 요구하는 차별적 변별점이 녹아있는 패션(Fashion)이 된다는 이론이다. 적어도 우리나라 화장품 브랜드들의 광고 메시지를 근거로 판단해 보면 우리의 화장품 소비시장의 중심은 가격과 기능 단계에 머무르고 있는 듯 보인다. 언제나 소비자의 발걸음은 우리의 예상보다 빠르다는 점을 상기하면 새로운 라이프스타일 소비 시대에 최적화 되기 위해서는 보다 진화된 패션코드가 담긴 DNA가 필요하다는 것이다. 얼마전 당당히 세계 7위로 자리매김된 아모레퍼시픽의 뉴스는 K–Beauty관련 최고의 빅뉴스로 큰 관심을 모았다. 이 이슈의 근원이 된 화장품기업 글로벌 TOP 100 를 발표하고 있는 기관이 다름아닌 WWD라는 미국의 대표 패션 매거진임을 반추하면 왜 패션 DNA가 화장품 소비코드로서 요청되고 있는지 납득이 가능할 것이다. 메이크업 맨. 초식남이란 비아냥에 가까운 남성의 여성친화적 소비행태는 메트로섹슈얼을 지나 최근 크로스섹슈얼이란 조어까지 등장하기에 이르렀다. 치장하는 남성 Grooming 소비자의 확산은 이제 거의 보편화 단계를 지나 일반화 수준에 이르고 있다. 소비 저변의 확장만이 남성화장품 시장 성장의 동인이 아니다. 남성 화장품 시장 영역에서 소비 범위의 확대가 남성 화장품 소비시장 성장의 핵심 동력이다. 남성 화장품 소비의 범주가 케어(Care)를 넘어 메이크업(make–up) 단계로 넘어가고 있다. 유통. 유통의 지도가 화장품 소비 패러다임을 바꾸고 있다.(Retail transforms Cosmetics) 화장품 소비에서 온라인 유통의 확장은 더욱 기민하다. 이미 화장품 소비에서 온라인과 오프라인의 구별은 점점 무의미해질만큼 O2O의 융복합도 다양하고 빠르게 진행되고 있다. 라이프스타일을 키워드로 소비 제품 영역의 구별이나 경계가 사라지고 있는 화장품 구매 소비채널의 다양성은 미래 화장품산업 변화의 가장 중요한 변인이 되고 있음을 간과해선 안된다. 우리 화장품 산업 내부 시각에만 매몰된 몰입적 제품기반 전략만이 아닌 인접 소비가치의 융복합이 가능한 보다 유통 지향적이고 고객가치 지향적인 전략의 개발과 실행이 요구된다.

O2O的融合也多样快速进行中。我们不能忽视的一点是，以生活方式为关键词的消费产品领域区分或界限慢慢模糊，化妆品购买消费渠道的多样性，成为未来化妆品产业变化的最重要变因。不能是只局限于韩国化妆品产业内部视角的投入型产品基础战略，而是采用交叉消费价值的融合，要求更加流通指向型和顾客价值指向型战略的开发及施行。

标。最近3年营业利润规模，不仅可以掌握今年最直接的收益结果，而且可以推测出未来潜力股投资空间的大小，这一点很重要。另外最近三个月营业利润率反证了生活资料化妆品企业经营效率的稳定性，是一定要评测的变数评价。

第三个部分是C–I，对全体经营危机环境的免疫力(Immunity)。C–I指数的详细评价项目是负债比率、市场份额、库存资产周转率还有营业现金流量变数。负债比率为资本安定性，市场份额为规模稳定性，库存资产周转率和营业现金流量率，在投资资金和回收效率性层面上是估量时尚企业的健康度的评价变数。净收益和净资产为中心的一般非上市/规模上企业的价值选定方式的结果，对于更加强调品牌价值，流通网络价值还有市场趋势和消费层的忠诚度等的化妆品生活消费企业来说，总是能体会到体感上相当程度的差异。但是至少目前为止，从多数生产消费企业的实际收购案例来看，这成为他们方法中最基础最核心的核算基础，这也是不容争辩的。这次一同提出的通过一般企业价值核算方式得到的韩国化妆品企业的企业价值核算结果，在某种程度上仍是与现场的体感多少有差异。但是作为将个别企业的价值以算数来估测的现实指标，我们将它与C–MPI指标一起进行核算。

## 한국 화장품 산업시장 규모 및 소비시장 규모

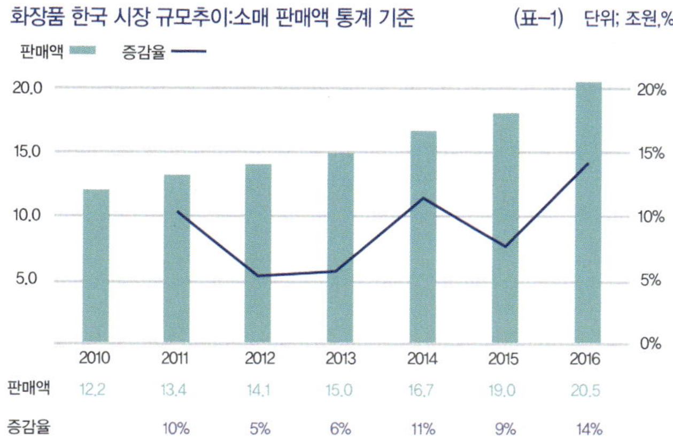

**화장품 한국 시장 규모추이:소매 판매액 통계 기준**　(표-1)　단위; 조원,%



| 판매액 | 12,2 | 13,4 | 14,1 | 15,0 | 16,7 | 19,0 | 20,5 |
| 증감율 | | 10% | 5% | 6% | 11% | 9% | 14% |

source 통계청 도소매통계

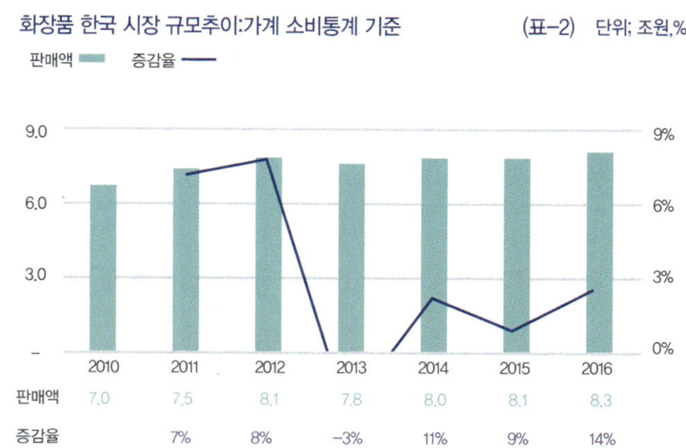

**화장품 한국 시장 규모추이:가계 소비통계 기준**　(표-2)　단위; 조원,%



| 판매액 | 7,0 | 7,5 | 8,1 | 7,8 | 8,0 | 8,1 | 8,3 |
| 증감율 | | 7% | 8% | −3% | 11% | 9% | 14% |

source 통계청 가계소비통계 : 월평균 가구당 위생및이미용용품 X 총가구수

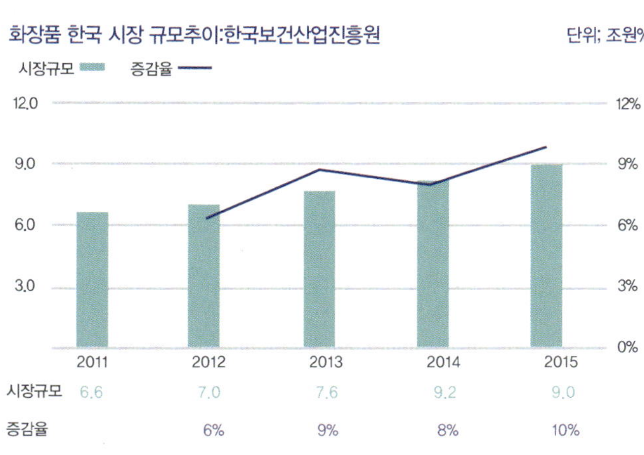

**화장품 한국 시장 규모추이:한국보건산업진흥원**　단위; 조원%



| 시장규모 | 6,6 | 7,0 | 7,6 | 9,2 | 9,0 |
| 증감율 | | 6% | 9% | 8% | 10% |

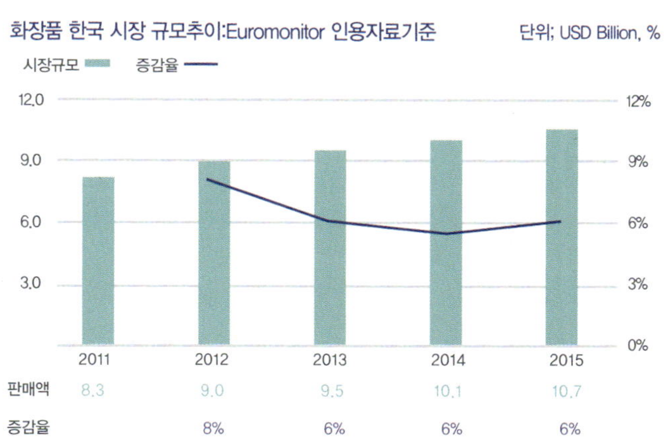

**화장품 한국 시장 규모추이:Euromonitor 인용자료기준**　단위; USD Billion, %



| 판매액 | 8,3 | 9,0 | 9,5 | 10,1 | 10,7 |
| 증감율 | | 8% | 6% | 6% | 6% |

source Euromonitor International, 2016(Nov)

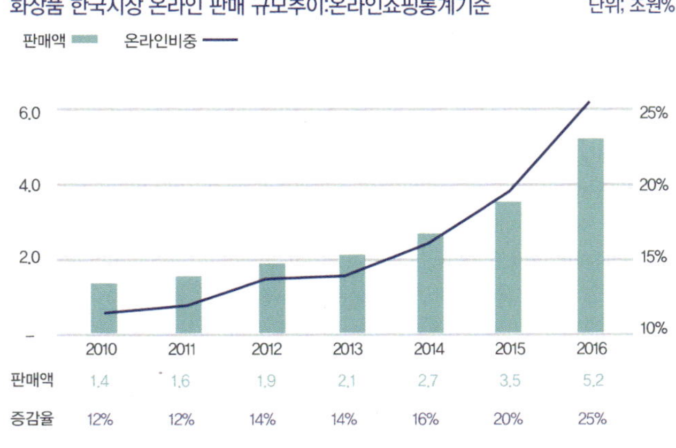

**화장품 한국시장 온라인 판매 규모추이:온라인쇼핑통계기준**　단위; 조원%



| 판매액 | 1,4 | 1,6 | 1,9 | 2,1 | 2,7 | 3,5 | 5,2 |
| 증감율 | 12% | 12% | 14% | 14% | 16% | 20% | 25% |

source 통계청 도소매통계 온라인비중 = 온라인판매액 / 소매판매액총액

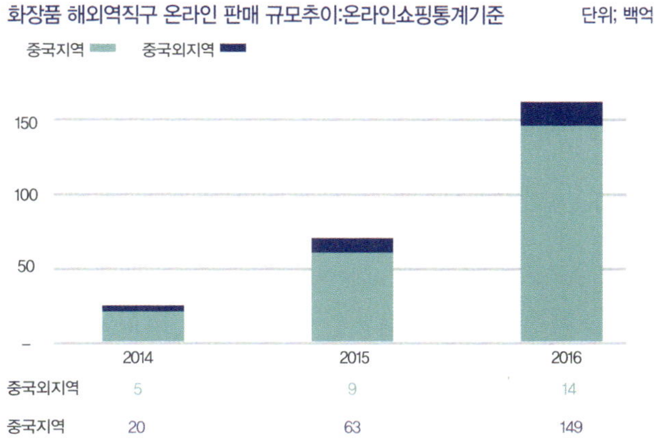

**화장품 해외역직구 온라인 판매 규모추이:온라인쇼핑통계기준**　단위; 백억원



| 중국외지역 | 5 | 9 | 14 |
| 중국지역 | 20 | 63 | 149 |

# 한국 화장품기업 평균 프로파일
## 韩国化妆品企业平均档案

2016년 조사대상 한국 화장품기업 130개사 경영성과 분석결과에 따르면 2016년 매출액 기준 비즈니스 영역 속성별 화장품산업 구성 구조는 화장품제품 판매를 근간으로 하는 화장품 제조판매 기업군이 78.5%, 화장품 ODM·OEM 제조를 근간으로 하는 화장품 제품제조 기업군이 15.2%, 그리고 화장품용기 등 제반 화장품 원부자재제조 기업군이 6.3% 로 나타나고 있다. 이 구성 구조로만 보면 현재 한국의 화장품 산업의 속성 중심축은 만드는 산업보다는 파는 산업에 훨씬 가깝다는 것을 확인할 수 있다. 모든 소비재 산업의 성숙화 단계 결과가 그러하듯 우리나라 화장품 산업의 구조 역시 이제는 단연 유통과 고객이 지배하는 소비산업 패러다임으로 전환되었음을 알 수 있다. (화장품산업 파워시프트, Mill to Retail & Product to Consumer) 이렇듯 소비축을 중심으로 빠르게 전환되고 있는 한국의 화장품 산업에 준거하는 다양한 속성의 화장품 기업들을 예전처럼 하나의 속성 범주로 비교 분석하는 접근은 더 이상 유효하기 힘들다. 이런 관점에서 본 작업에서는 우리나라 화장품 기업을 전술되었듯 크게 제조판매, 제조, 원부자재 기업군으로 대별하여 평균지표를 추출, 유효한 비즈니스 영역별 경영 핵심지표 준거기준을 확인하고자 하였다. 올바른 변화의 출발은 지금 현재 위치에 대한 올바른 인지가 전제될 때 비로소 가능하다. 지금 어느 위치에 어떤 상태로 있으며 따라서 앞으로 어디로 어떻게 나아가야 하는가 하는 미래 경영전략 아젠다가 기업의 궁극적인 목표인 지속성장가능 진화의 핵심이라는 점에서 본서의 각 비즈니스 속성 영역별 평균 프로파일이 우리나라 화장품 기업들에게 유용한 기준좌표가 되기를 희망한다. 덧붙여 각 비즈니스 영역별 예외없이 확인되는 과점 구조의 왜곡을 최소화 하고자 절대과점 기업을 제외한 평균 프로파일도 추출, 비교지표로 병기하였다. 어느 한면 소수 과점 대기업군을 제외한 다수 화장품 전문기업의 입장에서는 오히려 과점 기업을 제외한 평균 프로파일의 결과값이 더욱 현실적인 준거기준 좌표(reference)가 될 것으로 판단 추천된다.

### 화장품기업 전체범주

한국의 화장품 산업 전체기업 단위당 평균 매출액은 2016년 기준 1,485억원, 3개년 CAGR 15%이다. 전술했듯 메이저 과점기업을(아모레퍼시픽, LG생활건강, 한국콜마, 코스맥스, 연우, 펌텍코리아, SUN) 제외한 결과는 2016년 기준 매출액 795억원, , 3개년 CAGR 16%이다. 좀처럼 끝이 보이지 않는 한국의 저성장 소비경제 지표나 더욱 악화되고 있는 체감경기의 흐름과는 달리 2016년 현재 시점 우리나라 화장품 기업의 두 자리수 고성장세는 여전히 진행형이다.
특히 메이저 과점기업을 제외한 전문기업들만으로도 16%에 달하는 최근 3개년 CAGR의 결과는 매우 고무적이다. 물론 2015년 전년대비 증감율 34%에 비해 상대적으로 비교적 큰 폭의 하락치인 2016년 증감율 18%에 대한 근자의 체감 위기와 우려 또한 만만치 않음도 사실이다. 기업 성장전략의 가장 흔한 조어는 물들어올 때 노를 저어라 이기는 하나, 지금 현시점은 근접미래 수요에 대한 정교한

根据2016年调查对象的130家韩国化妆品企业经营成果分析，2016年销售额基准商务领域的各化妆品产业构成结构如下，以化妆品销售为主的化妆品制造销售企业群占据78.5%，以化妆品ODM与OEM为主的化妆品产品制造企业群为15.2%, 还有化妆品容器等化妆品辅料企业群占比6.3%。从这样的构成可以看出，现在韩国化妆品产业属性的中心轴，相比制造产业更加接近销售产业。就像所有消费资料成熟期阶段一样,韩国化妆品产业结构果不其然开始向由流通和顾客支配的消费产业模式。(化妆品产业power shift, Mill to Retail & Product to Consumer)韩国化妆品产业快速转型为以消费轴为中心，而具有多样属性的化妆品企业不再像过去，从单一属性范畴来进行比较的方法已经失效。因此将上述韩国化妆品企业大致分为制造销售、制造、辅料企业群，确定他们的平均指标出口、有效商务领域经营核心指标依据基准。正确变化的出发点，是以对现在位置有着正确认知为前提的。现在处于什么样的位置什么状态，将来要去哪里，未来经营战略议程是企业终极目标-可持续发展的核心。本书以此为信条整理出各商务属性营业的平均档案，期待可以成为韩国化妆品企业实用的基础坐标。另外为了将歪曲商务领域垄断结构最小化，也将会同时列出不包括绝对垄断企业的出口、比较指标的平均档案。不管怎样不包括少数垄断大企业群的平均指数，对于多数化妆品专业公司来说可能是更加现实的基准坐标(reference)。

### 化妆品企业整体范畴

韩国化妆品产业整体企业各单位平均销售额，2016年基准为1,485亿韩元,3年CAGR15%。如上所述不包括主要垄断企业(爱茉莉太平洋、LG生活健康、韩国科玛, 科丝美诗, Yonwoo, pum-tech korea, SUN) 的结果，2016年基准销售额为795亿韩元，3年CAGR为16%左右。望不见尽头的韩国低增长消费经济指标或者是更加恶化的经济趋势，在此背景下2016年韩国化妆品企业仍持有两位数的高增长趋势。就算去除主要垄断企业，只是专业企业的增长率就高达16%，最近3年CAGR的结果非常令人鼓舞。2016年18%增长率与2015年的同比增长率34%相比，很大程度下降的事实无需质疑，近来的体感危机和担心也不在少数。企业发展战略最常见用语是 '有水的时候赶紧划桨'，现在这个时刻对于不久未来没有精准的剧本，一味扩大规模的话是非常危险的。包含垄断企业2016年平均销售额的标准偏差为333%，不包括垄断企业标准偏差率为149%，这意味着韩国化妆品企业的销售规模还是存在很大的偏差。不仅出现相当大规模的偏差，两极化销售的增长标准偏差率也高达250%左右，考虑到这一点中小规模单位企业的大肆扩张应该要稍微控制下。从企业经营的第一收益指标-营业收益部门趋势，可以感受到韩国化妆品企业的危机论是真实存在的。2016年整体平均单位企业的销售规模增加19%，但是单位企业的营业收益规模增减率为0%，等于是原地踏步。去除垄断主要企业之后，营业收益的规模反而降低了2%，略微后退的局面。

시나리오가 전제되지 않은 일방적인 외형키우기는 매우 위험한 시기라는 것은 분명하다. 과점기업 포함 단위기업 2016년 평균 매출액의 표준편차율 333%, 과점기업 제외 표준편차율 149%는 아직 우리나라 화장품 기업의 매출 규모에서의 상당한 편차의 엄존을 의미한다. 이 같은 상당한 규모의 편차 뿐만이 아니라 250% 내외에 달하는 양극형 매출증감 표준편차율을 감안하면 중소 규모 단위 기업의 무분별한 몸집불리기는 자제되어야 할 것으로 판단된다.

기업경영의 으뜸 수익지표가 되는 영업이익 부문의 추이에서 최근 깊어가는 우리나라 화장품 기업들의 위기설이 감지되고 있다. 2016년 전체 평균 단위기업 매출 규모은 19% 늘었지만. 단위기업 영업이익 규모 증감율은 0%로 제자리 걸음이다. 과점 메이저 기업을 제외한 경우 영업이익 규모는 오히려 –2%로 뒷걸음질 치고 있는 형국이다. 이는 곧 2015년 영업이익율 6.4%에서 2016년 영업이익율 4.1% (과점 제외 기준 2015년 6.2%, 2016년 3.7%) 라는 수익효율의 악화라는 뚜렷한 결과로 정리된다. 기업 미래 성장자원의 근원이 되는 수익 성과의 극단적인 양극화 편차는 제한적인 범주의 소수 우량 화장품 기업을 제외한 다수 화장품 기업의 허약한 경영체질을 반증하고 있다. 2016년 기준 전체 평균 단위기업 영업이익율 4.1%를 상회하는 순이익율 5.7%의 이례적 결과는 주로 실질 적자 기업 다수의 자산매각이익 반영의 결과로 이를 경영성과 측면 의미있는 수익지표로 해석해서는 곤란하다. 여타 산업군에서 보기드문 예외적인 적극적 순익지표 관리 조치는 산업의 전체 규모나 단위 기업의 규모 분포 대비 비교적 높은 기업공개율과 이를 전제로한 다수 잠재 IPO지향 기업들의 PER지수 관리 목적 또한 이 같은 결과와 무관하지 않은 것으로 추론된다.

소비재산업 부문에서 자주 기업 안정성의 발목을 잡는 지뢰가 되는 재고 문제가 우리나라 화장품 산업군에서는 비교적 양호한 상태로 관리되고 있다. 직접 판매 기업의 비중이 전체 화장품 조사범위 기업의 80%를 차지하고 있음에도 7.3 내외 순재고회전율의 수준은 흔히 고도 성장기에서 드러나기 쉬운 재고폭증 위험과는 거리가 먼 안전수준으로 판단해도 무방한 것으로 판단된다. 반면 전체기업 평균 300%를 넘는 부채비율의 과중은 상당한 부담요인이다. 물론 기업의 성장 단계에서 타인자본의 활용은 자본재화의 레버리지 효율 측면 유효한 성장 전략의 관건이기도 하지만 동시에 과도한 부채율의 현실은 자주 성장 추이의 급락 등 돌변 리스크에 대한 면역력 저하로 이어진다는 점을 간과해선 아니된다. 지금까지의 비교적 높은 두 자리 수 성장세가 아닌 5% 내외의 일반 소비 성장율을 가정한 화장품 기업에 대한 스트레스 테스트의 경우 대다수 화장품 기업의 현재 부채비율은 상당한 위험수준에 있다는 것이다.

### 화장품 제조판매기업 범주

한국의 화장품 산업 제조판매기업 단위당 평균 매출액은 2016년 기준 2,228억원, 3개년 CAGR 16%이다. 메이저 과점기업 (아모레퍼시픽, LG생활건강)을 제외한 결과는 2016년 기준 매출액 1,094억원, . 3개년 CAGR 16%이다. THADD사태로 웅변되는 중국발 RISK로 화장품관련 주시시장의 시총은 2016년 약 25%내외 하락세를 면하지 못하였다. 이러한 불편한 경영환경을 감안하면 2016년 우리나라 화장품 제조판매 기업의 여전한 두 자리수 성장세는 상당한 선전으로 평가된다. 다만 2015년 전년대비 증감율 41% 대비 2016년 16%의 성장율 하락세는 이미 중국 소비시장 의존도가 높은 한국 화장품 제조판매 기업의 가까운 미래 현실이 결코 녹록하지 않음을 예견하게 한다. 중국 소비시장의 선점 확대가 이제까지의 우리나라 화장품 제조판매 기업의 가장 효과적인 성장 전략이었음은 자명하나. 지금 현시점은 중국 소비장에서의 정교한 위험회피(Hedging) 시나리오가 전제되지 않은 일방적인 기대나 투기적 투자는 신기루로 그칠 가능성이 매우 높다. 더구나 과점기업 포함 및 제외 경우 모두에서 보여지는 매출증감율 편차의 확대는 규모의 부익부 빈익빈 양극화 현상이 더욱 지속적으로 심화되고 있음을 반증

从2015年营业收益率6.4%到2016年的4.1%（不包含垄断基准2015年为6.2%，2016年为3.7%），收益率出现了明显的恶化。企业未来成长源泉的收益成果出现极端化偏差，显示出除去有限领域的少数优秀化妆品企业，多数化妆品企业的经营体质虚弱。2016年基准整体平均单位企业的经营收益率为4.1%净收益率为5.7%，这样例外的结果反映出主要实质逆差企业的多数资产出售利润的结果，将它看做经营成果层面的有意义收益指标是不可取的。其他产业群非常少见的例外积极收益指标管理措施，与产业整体规模或单位企业规模分布对比较高的企业公开率，和以此为前提的多数潜在IPO指向企业的PER指数管理目标不毫无关联。

在消费资料产业部门，库存问题成为经常影响企业安稳性的地雷区，而在韩国化妆品产业群方面处于相对良好状态。直接销售企业的比重，占据整体调查对象的80%，因为纯库存周转率为7.3左右，可以判定为与库存暴增危险还是有些距离，处于安全水平。与之相反，整体企业平均超过300%的负债率的过重才是主要负担因素。自然在企业的成长极端，利用他人的资本是资本财货的杠杆效率的有效成长战略，但是过度的负债率也会导致增长势头骤降等突发风险的免疫力低下，这一点决不能不能忽视。到目前为止不是比较高的两位数增长趋势，而是假定为5%左右的一般消费增长率对化妆品企业的负担测试情况显示，绝大多是化妆品企业的现在负债率都处于相当危险的境地。

### 化妆品制造销售企业范畴

韩国化妆品产业制造销售企业单位平均销售额，2016年基准2,228亿韩元，3年CAGR 16%。除去主要垄断企业(爱茉莉太平洋, LG生活健康)的结果是，2016年基准销售额为1,094亿韩元, 3年CAGR 16%。因THADD事态引发的中韩RISK，导致化妆品相关股市的市值在2016年缩减了25%左右。在这样不利的经营背景下，韩国化妆品制造销售企业的增长趋势仍是保持在两位数。但是与2015年同比增长率的41%相比，2016的16%处于下滑，可以预见对中国消费市场依赖度高的韩国化妆品制造销售企业，未来和现在都将不会轻松。在此之前先占中国消费市场成为韩国化妆品销售生产企业最有效的发展策略，但是目前中国消费市场的精准危险回避(Hedging)无法预测，一般性期待或投机性投资成为海市蜃楼的可能性极大。另外包含垄断企业及不包含的情况，都显示出销售增减率的偏差增大，规模的富越富穷越穷的两极化现象持续深化，而规模经济层面存在的多数专务企业的竞争力劣势更加明显。

从熟悉制造企业属性的观点出发，化妆品制造销售企业单位平均2016年销售利润率达50%，区别于最突出的以制造为中心的企业指标。这也是化妆品销售商务之所以不同于制造领域收益率，被误认为是黄金蛋的重要部分。销售领域销售利润率超越50%，不要忘了这是包括流通费用的。因此将该销售利润率与不包括流通费用的制造企业的20%左右相比较是毫无意义的。即使销售规模增加，营业利益规模的减少，证明了化妆品制造销售企业的收益果然是减少的。2016化妆品制造销售领域单位企业的平均营业收益率为4.5%(除去垄断主要企业是4.0%)，从中我们可以再次确认一个事实，销售领域的扩张不意味着收益率的改善。不包括垄断主要企业的单位企业平均2016年净利润率为1.7%。只是以这个指标来表示的话，2016年韩国化妆品制造销售企业的经营成果，用一个词语来概括是'外华内实'，收益就是决定可持续发展企业平均净利润率的第一动力。考虑到2016年不及期待未满2%的化妆品制造销售单位企业平均净收益率，资本市场谈论的韩国化妆品企业价值的泡沫论、高评价意见也绝非荒谬。

化妆品制造销售单位企业的库存周转率指标相对管理良好，可以推测出最近急剧扩张的品种及SKU，仍然是处在可以控制的范围内。化妆品的主要属性，相当成分是与trendy流行性密切相关的，但是在销售结构上，实际上少数Steady seller品种品目占据绝大部分的比重和贡献度。

하는 것으로 규모의 경제 측면 엄존하는 다수 전무기업의 경쟁력 열세를 고려하면 더욱 그러하다.

제조 기업속성에 익숙한 관점에서 보면 화장품 제조판매 기업 단위평균 2016년 매출이익율 50%는 가장 두드러지는 제조중심 영역 기업지표와의 변별점이다. 이는 화장품 판매 비즈니스 영역이 제조의 영역과는 차원이 다른 높은 수익율을 가능하게 하는 마치 황금알을 낳는 거위인양 자주 오해되는 대목이기도 하다. 50%를 넘나드는 판매영역에 속한 기업의 매출이익율은 이것이 유통코스트를 포함한 지표임을 잊지 말아야 한다. 따라서 이 매출이익율을 액면 그대로 유통코스트가 전무한 제조기업의 20% 내외 매출이익율과 맞비교 하는 것은 전혀 무의미하다. 매출 규모의 증가에도 불구하고 영업이익 규모의 감소는 화장품 제조판매 기업의 수익성 역시 하락하고 있음을 반증한다. 2016년 화장품 제조판매 영역 단위기업의 평균 영업이익율 4.5%(과점 메이저기업 제외 4.0%)에서 확인되듯 판매 영역으로의 확장이 곧 수익율의 개선을 의미하지 않음을 알 수 있다. 과점 메이저 기업을 제외한 단위기업 평균 2016년 순이익율 1.7%. 이 지표만을 근거로 표현하자면 2016년 한국 화장품 제조판매 기업의 경영성과는 한 마디로 외華內貧 으로 함축된다. 수익이 곧 지속성장가능 기업 진화의 제 1 동력원이라는 점에서 2016년 2% 미만의 기대 이하 수준의 화장품 제조판매 단위 기업 평균 순수익율은 금융시장 일각에서 제기되고 있는 한국 화장품 기업 가치에 대한 거품론, 고평가 의견이 전혀 터무니 없는 것은 아니라는 것이다.

비교적 양호하게 관리되고 있는 화장품 제조판매 단위기업의 평균 재고회전율 지표는 최근 급격한 품종 및 SKU의 확대가 아직은 통제가능 범주에 머물고 있음을 짐작하게 한다. 화장품 제품의 주요속성이 상당 부분 trendy 유행성과 밀접하게 연계되어 있으나 매출 구성에 있어 실제로는 소수 Steady seller 품종품목이 대부분의 비중과 기여도를 차지하고 있음을 짐작하게 한다. 지금 당장은 고위험 관리 항목으로 대두되고 있지는 않으나 갈수록 세분화되어 가고 있는 제품 영역, 급격히 짧아지는 주력 아이템의 제품 라이프사이클 등을 감안하면 더욱 엄격한 재고 관리의 필요성은 이론의 여지가 없다. 현재 고객의 브랜드 화장품 구매패턴이 소수 히트제품 집약편중적 속성이 농후하다고 하나, 날이 갈수록 구매선택의 스펙트럼은 더욱 다양하게 넓어질 것임은 패션 등 인접 Beauty산업의 소비 진화과정을 참고하면 자명하다.

300%를 초과하는 화장품 제조판매 영역 단위기업 평균 지표는 특별한 노력 없이 저절로 해소될 수 있는 간과할 수 있는 가벼운 과제가 결코 아니다. 화장품 제조판매 영역의 단위기업 평균 부채비율이 이처럼 유독 높은 이유는 한 마디로 낮은 순이익율이 내포하고 있는 기대 이하의 ROI에서 그 원인을 찾아야 할 것이다. 외형의 크기가 곧 수익의 규모를 결정한다는 스칼라적(Scalar) 경영 패러다임이 무너진 지는 이미 오래전이다. 화장품 소비시장 수요가 여전히 확장세이기는 하나 화장품 제조판매 기업의 전향적인 수익중심 경영 패러다임으로 혁신적 전환 없이는 견고한 지속성장가능 화장품 기업의 미래는 가능하지 않을 것이다.

### 화장품 제조기업 범주

한국의 화장품 산업 중 화장품 제조기반 기업 단위 평균 매출액은 2016년 기준 755억원. 3개년 CAGR 20%이다. 메이저 과점기업을(한국콜마, 코스맥스) 제외한 결과는 2016년 기준 매출액 491억원, . 3개년 CAGR 23% 이다. 화장품 제조의 수요 기반이 되는 화장품 제조판매 기업의 성장 하락폭에 비해 화장품 제조기업의 2016년 매출액 규모 증감율은 27%라는 비교적 양호한 수준을 견지하고 있다. 매출액 규모 편차율 106%, 매출성장율 편차율 211% 는 화장품 제조판매 기업의 그것들 보다 상대적으로 낮다. 이는 일반적으로 진입장벽이 낮은 것으로 이해되고 있는 화장품 산업에 대한 시각과는 달리 실제 화장품 제조 영역에서의 경쟁가능 요건은 자본만으로는 충족할 수 없는 없는 상당한 기술과 R&D 역량이 필요조건

虽然现在没有立刻被列入高危险管理项目，但是随着日益细分化的产品领域、急剧变短的主要产品生命周期，需要更加严格的库存管理。虽然现在顾客的品牌化妆品购买模式，集中于少数热门商品的倾向非常浓厚，但是参考与Beauty产业相邻的时尚产业，消费升级趋势是购买选择更加多样化。

超过300%的化妆品制造销售领域单位企业平均指标，绝对不是稍不留神就自动消失或者被忽视掉的简单课题。化妆品制造销售领域的单位企业平均负债率之所以这么高，是因为低净收益率包含的期待未满ROI。将外观的大小看做是收益规模的决定因素，这样的规模（Scalar）经营模式在很久之前就被推翻了。虽然化妆品消费市场需求仍然处于增长势，如果化妆品制造销售企业向以收益为中心的经营模式转型过程中，没有创意革新的话不太可能保障可持续发展化妆品企业的稳定未来。

### 化妆品制造企业范畴

韩国化妆品产业中化妆品制造基础的企业单位平均销售额是，2016年基准755亿韩元，3年CAGR为20%。不包括主要垄断企业（韩国科玛，科丝美诗）的结果是，2016年基准销售额为491亿韩元，3年CAGR为23%。相比作为化妆品制造的需求基础的化妆品制造销售企业的增长下跌率，化妆品制造企业的2016年销售额规模增长率为27%，保持在相对比较良好的水平上。销售额偏差率为106%，销售增长率偏差为211%，化妆品制造销售企业要相对比较低。这与大家认为的化妆品行业的门槛比较低有所差异，实际上化妆品制造领域的竞争可能原因是，只用资本很难满足，需要有相当高的技术和R&D实力作为必要条件。2016年相比2015年，销售额增长下降并且化妆品企业的销售萎缩，作为化妆品制造企业必备的竞争实力持久性表现良好，韩国化妆品制造企业的生长动力，于相当期间内维持相对稳定的趋势。

化妆品制造领域总额核算基准-营业利润率的情况，包括主要垄断企业时为7.7%,不包括是0.7%。从这样明显的差距中可以看出，去除主要垄断企业后个别企业的价值获取非常虚弱。我们无法否认只能依靠价格指向的低价订购的多数化妆品制造企业的存在。化妆品制造领域的企业核心竞争力在于差别化的技术和开发能力，没有像这样的中坚企业，这样的现象显示出了整体化妆品产业结构中不太被期待的整体化妆品制造供应链(SCM, Supply Chain Management)结构层面的软弱性。单位企业平均营业收益率递减的主要原因-销售利润率的暴跌与之同轨，从这一点再次验证了该假说的说服力。

化妆品制造企业承担化妆品产品开发R&D中心作用，目前在韩国化妆品产业价值链结构中多样化妆品制造企业的存在，与化妆品产品开发的多样性密切相关。因此化妆品制造企业的多啊永兴，成为韩国化妆品产业的非常重要的竞争资本。但是现在影响韩国化妆品制造企业安危的重要威胁在于，目前生存受限的收益还依存于多数企业的劳动密集型附加价值创收。超300%高负债率导致相当大负担，维持化妆品制造企业安定性的最好办法在于确保技术集约型附加价值收益实力。

### 化妆品辅料制造企业的范畴

韩国化妆品辅料制造企业单位平均销售额，2016年基准为529亿韩元，3年CAGR为12%。不包括主要垄断企业（Yonwoo, pum-tech korea, SUN）的结果是，2016年基准销售额为368亿韩元，3年CAGR为10%。以Visiongain及Euromonitor数据为基础，世界化妆品packaging市场规模，大概是化妆品市场规模的7.9%左右。正如上述在本次的调查结果中，以销售额为基准的韩国化妆品辅料企业在化妆品产业内所占比重近6.3%。多少有点跳跃，以世界化妆品产业的packaging产业的比重为前提的话，韩国化妆品辅料企业的潜在发展空间相当大。不包括主要垄断企业的化妆品辅料企业的销售规模偏差率，大约为50%，比其他商务领

으로 요구되고 있음을 짐작하게 한다. 2016년 상대적으로 2015년 대비 다소 낮아진 매출액 성장세와 화장품 판매기업의 매출 위축에도 불구하고 화장품 제조기업으로서 필요 경쟁역량 내구성이 양호한 한국 화장품 제조기업의 성장 동력은 상당기간 비교적 견고한 흐름으로 유지될 것으로 판단된다.

화장품 제조영역 총액합산 기준 영업이익율의 경우 메이저 과점기업 포함 시 7.7%, 제외 시 0.7%의 극단적 차이는 화장품 제조 영역에서의 메이저 과점 기업을 제외한 개별 기업의 허약한 가치확득 경쟁력을 짐작하게 한다. 가격지향적 저가수주에 의존할 수 밖에 없는 다수 화장품 제조기업의 존재를 부인할 수 없다. 화장품 제조 영역의 기업 핵심 경쟁역량이 차별적 기술과 개발 역량이라는 점에서 이 같은 강소기업의 부재 현상은 전체 화장품 산업 구조에서도 결코 바람직하지 않은 전체 화장품 제조공급사슬(SCM, Supply Chain Management) 구조 측면의 취약성이다. 단위기업 평균 영업이익율 급락의 주요 원인이 매출이익율의 하락폭과 그 궤를 같이 한다는 점에서 이 같은 가설은 설득력을 더한다.

화장품 제조 기업이 화장품 제품개발 R&D 센터 역할을 하고 있는 현재 한국 화장품산업 가치사슬 구조에서 다양한 화장품 제조기업의 존재는 화장품 제품개발의 다양성과 직결된다. 이런 관점에서 화장품 제조 기업의 다양성은 한국 화장품 산업의 매우 중요한 경쟁 자원이 된다. 그런데 지금 현재시점 한국 화장품 제조 기업 안정성의 가장 큰 위협은 아직도 생존이 급급한 수익이 가능하지 않은 다수 기업의 노동집약형 부가가치 창출 의존성을 벗어나지 못하고 있는 현실이다. 물론 300%를 초과하는 부채비율 또한 상당한 부담으로 엄존하고 있으나 화장품 제조기업 안정성 유지 최우선 과제는 기술집약적 부가가치 기반 수익역량의 확보이다.

## 화장품 원부자재 제조기업 범주

한국의 화장품 원부자재제조 기업단위 평균 매출액은 2016년 기준 529억원, 3개년 CAGR 12%이다. 메이저 과점기업을(연우, 펌텍코리아, SUN) 제외한 결과는 2016년 기준 매출액 368억원, 3개년 CAGR 10% 이다. Visiongain 및 Euromonitor 데이터기반 세계 화장품 packaging 시장 규모는 화자품 시장 규모의 약 7.9%에 해당하는 것으로 추론된다. 전술되었듯 본 조사의 경우 매출액 기준 우리나라 화장품 원부자재 기업의 화장품 산업내 비중은 약 6.3%이다. 다소 비약일진 몰라도 세계 화장품 산업에서의 packaging 산업의 이 같은 비중을 전제로 하면 우리나라 화장품 원부자재 기업의 잠재 성장성은 여전히 상당하다는 추론이 가능하다. 메이저 과점기업을 제외한 화장품 원부자재 기업의 매출규모 편차율은 약 50%로 다른 비즈니스 영역 기업의 경우에 비해 상대적으로 매우 낮은 수준이다. 이는 한편으로는 스타기업의 부재라기 보다는 한국 화장품 원부자재 기업의 비교적 탄탄한 다양성으로 판단된다.

한국 화장품 원부자재 기업의 경쟁역량은 비교적 안정된 수익 지표를 통해 확인된다. 2016년 매출증감율 12% 대비 2016년 영업이익 규모 증감율 24%(메이저 과점기업 제외, 매출증감율 11%, 영업이익율 25%)의 결과는 앞서 다른 화장품 비즈니스 영역의 기업 평균 수익 지표의 결과와 사뭇 다르다. 이는 화장품 산업에서 요구되는 packaging의 역할이 일반 공산품의 그것과는 확연하게 다르다는 점을 환기시킨다. '디자인이 경쟁력이다.'라는 구호가 가장 피부에 와닿는 소비재 산업군이 다름아닌 화장품 산업 부문임을 다시한번 확인하게 된다. 다시 말하면 이 같은 수익의 안정성은 우리나라 화장품 원부자재 기업의 전반적인 수준이 화장품 산업 소비 메커니즘에서 요구하는 디자인 품질을 만족하는 부가가치 창출가능 단계에 존재함을 입증한다는 것이다. 형식이 내용을 만든다는 최근 소비재 비즈니스의 경구가 잘 입증되고 있는 대목이다.

화장품 원부자재제조 영역 단위기업 평균 부채율의 지속적인 감소세는 기업의 안정성 측면 매우 고무적인 추이이다. 부채율의 전반적인 감소추세 뿐만이 아니

域企业的情况要相对小很多。与其说是因为明星企业不多，毋宁说是韩国化妆品辅料企业相对比较多样化。

通过相对安稳的收益指标，可以确认韩国化妆品辅料企业的竞争实力。2016年销售增减率为12%对比2016年营业收益规模增减率为24%（不包括主要垄断企业，销售增减率11%，营业收益率25%）的结果，与之前其他化妆品商务领域的企业平均收益指标结果大不相同。这使我们想起化妆品产业要求的packaging作用，与一般工业品大不相同。设计即为竞争力。这样的口号最能体现出化妆品产业部门与消费资料产业群没有大的不同。也就是像这样收益的安稳性证明了韩国化妆品辅料企业的整体水准，符合化妆品消费体系要求的设计品质，达到创收附加值可能的阶段。同时也验证了最近在消费资料商务常见的警句：形式创造出内容。

化妆品辅料制造领域单位企业平均负债率持续降低，从企业安稳层面来看，是非常值得鼓舞的趋势。不仅是负债率整体降低，2016年基准负债率为128%（不包括主要垄断企业是138%），被评价为相对比较良好的水准。安稳性层面被看做是中小企业价值评价的绊脚石，在这一方面确保了相当雄厚的竞争力的韩国化妆品辅料企业，相比资本市场判断的价值评价水准，可以给予更高的分数也无妨。

望不到边际的韩国低增长消费经济指标，或者是恶化的经济趋势，与之不同的是韩国化妆品企业保持两位数的高增长率。特别是不包含主要垄断企业的其他企业高达16%，最近三年CAGR的结果可喜可贺。2015年同比增长率34%，与此相比2016年的18%要相对下降很多，所以近来感受到的危机和担忧也不容忽视。企业发展战略最常见用语是：'有水的时候赶紧划桨'，现在这个时刻对于不久未来没有精准的剧本，一味扩大规模的话是非常危险的。包含垄断企业2016年平均销售额的标准偏差为333%，不包括垄断企业标准偏差率为149%，这意味着韩国化妆品企业的销售规模还是存在很大的偏差。不仅出现相当大规模的偏差，两极化销售的增长标准偏差率也高达250%左右，考虑到这一点中小规模单位企业的大肆扩张应该要稍微控制下。从企业经营的第一收益指标-营业收益部门趋势，可以感受到韩国化妆品企业的危机论是真实存在的。2016年整体平均单位企业的销售规模增加19%，但是单位企业的营业收益规模增减率为0%，等于是原地踏步。去除垄断主要企业之后，营业收益的规模反而降低了2%，略微后退的局面。从2015年营业收益率6.4%到2016年的4.1%（不包含垄断基准2015年为6.2%，2016年为3.7%），收益率出现了明显的恶化。企业未来成长源泉的收益成果出现极端化偏差，显示出除去有限领域的少数优秀化妆品企业，多数化妆品企业的经营体质虚弱。2016年基准整体平均单位企业的经营收益率为4.1%净收益率为5.7%。这样例外的结果反映出主要实质逆差企业的多数资产出售利润的结果，将它看做经营成果层面的有意义收益指标是不可取的。其他产业群非常少见的例外积极收益指标管理措施，与产业整体规模或单位企业规模分布对比较高的企业公开率，和以此为前提的多数潜在IPO指向企业的PER指数管理目标不毫无关联。

在消费资料产业部门，库存问题成为经常影响企业安稳性的地雷区，而在韩国化妆品产业群方面处于相对良好状态。直接销售企业的比重，占据整体调查对象的80%，因为纯库存周转率为7.3左右，可以判定为与库存暴增危险还是有些距离，处于安全水平。与之相反，整体企业平均超过300%的负债率的过重才是主要负担因素。自然在企业的成长极端，利用他人的资本是资本财货的杠杆效率的有效成长战略，但是过度的负债率也会导致增长势头骤降等突发风险的免疫力低下，这一点决不能不能忽视。到目前为止不是比较高的两位数增长趋势，而是假定为5%左右的一般消费增长率对化妆品企业的负担测试情况显示，绝大多是化妆品企业的现在负债率都处于相当危险的境地。

라 2016년 기준 부채율 128%(메이저 과점기업 제외 138%)는 비교적 양호한 수준으로 평가된다. 중소 기업 가치 평가의 현실적 걸림돌로 자주 작용하는 안정성 측면에서 상당한 경쟁력을 확보하고 있는 우리나라 화장품 원부자재 기업들에 현재 금융시장이 판단하고 있는 가치 평가 수준보다 후한 점수를 부여하여도 무방할 것이다.

좀처럼 끝이 보이지 않는 한국의 저성장 소비경제 지표나 더욱 악화되고 있는 체감경기의 흐름과는 달리 우리나라 화장품 기업의 두 자리수 고성장세는 여전히 진행형이다.

**한국화장품기업 경영지표 평균**

단위; 지수, %

| 조사대상기업전수기준 | 조사대상기업 전체총합 총액기준 | | | 조사대상기업 개별지표 평균 | | | | | |
| 판매/제조/부자재 전체 | 총합총액 기준 | | | 개별기업 지표평균 기준 | | | 표준편차 | | |
| 항목 / 연도 | 2014 | 2015 | 2016 | 2014 | 2015 | 2016 | 2014 | 2015 | 2016 |
| 매출액 | | | | 1,126 | 1,263 | 1,485 | 3,745 | 4,247 | 4,960 |
| 매출액증감율 | | 24% | 18% | | 34% | 19% | | 80% | 45% |
| 영업이익증감율 | | 57% | 27% | | 31% | 0% | | 163% | 85% |
| 영업이익율 | 10% | 13% | 14% | 4% | 6.4% | 4.1% | 30% | 19% | 20% |
| 순익이율 | 9% | 10% | 11% | 4% | 3.4% | 5.7% | 20% | 25% | 36% |
| 재고자산회전율 | 5.4 | 5.4 | 5.4 | 7.5 | 7.3 | 7.3 | 5.9 | 5.6 | 5.6 |
| 매출이익율 | 51% | 52% | 53% | 35% | 37% | 36% | 31% | 23% | 22% |
| 영업현금흐름비율 | 10% | 9% | 11% | 5% | 4% | 5% | 15% | 19% | 26% |
| 부채비율 | 70% | 57% | 46% | 271% | 318% | 295% | 615% | 1132% | 1266% |

| 화장품제조및판매사 | 총합총액 기준 | | | 개별기업 지표평균 기준 | | | 표준편차 | | |
| 항목 / 연도 | 2014 | 2015 | 2016 | 2014 | 2015 | 2016 | 2014 | 2015 | 2016 |
| 매출액 | | | | 1,649 | 1,896 | 2,228 | 4,945 | 5,745 | 6,701 |
| 매출액증감율 | | 20% | 18% | | 41% | 16% | | 98% | 45% |
| 영업이익증감율 | | 52% | 29% | | 36% | −3% | | 191% | 92% |
| 영업이익율 | 11% | 14% | 16% | 3% | 5.3% | 4.5% | 39% | 24% | 22% |
| 순익이율 | 9% | 11% | 12% | 4% | 0% | 2.1% | 24% | 32% | 26% |
| 재고자산회전율 | 4.6 | 4.5 | 4.5 | 5.0 | 4.6 | 4.7 | 3.7 | 3.2 | 3.5 |
| 매출이익율 | 59% | 62% | 63% | 47% | 51% | 50% | 37% | 23% | 21% |
| 영업현금흐름비율 | 11% | 10% | 12% | 5% | 3% | 4% | 18% | 23% | 34% |
| 부채비율 | 63% | 51% | 41% | 328% | 392% | 343% | 745% | 1469% | 1531% |

| 화장품제조사 | 총합총액 기준 | | | 개별기업 지표평균 기준 | | | 표준편차 | | |
| 항목 / 연도 | 2014 | 2015 | 2016 | 2014 | 2015 | 2016 | 2014 | 2015 | 2016 |
| 매출액 | | | | 527 | 629 | 755 | 849 | 998 | 1,248 |
| 매출액증감율 | | 50% | 20% | | 33.3% | 26.9% | | 57% | 55% |
| 영업이익증감율 | | 132% | 9% | | 34% | −10% | | 145% | 83% |
| 영업이익율 | 5% | 8% | 7.7% | 4% | 6% | 1% | 13% | 9% | 23% |
| 순익이율 | 7% | 7% | 8% | 4% | 6% | 11% | 17% | 14% | 55% |
| 재고자산회전율 | 6.4 | 7.3 | 7.1 | 7.1 | 7.7 | 7.8 | 5.2 | 5.2 | 4.7 |
| 매출이익율 | 20% | 20% | 19% | 24% | 24% | 20% | 12% | 10% | 9% |
| 영업현금흐름비율 | 5% | 5% | 3% | 2% | 2% | 2% | 13% | 16% | 13% |
| 부채비율 | 116% | 90% | 69% | 211% | 287% | 309% | 500% | 699% | 1107% |

| 화장품부자재사 | 총합총액 기준 | | | 개별기업 지표평균 기준 | | | 표준편차 | | |
|---|---|---|---|---|---|---|---|---|---|
| 항목 / 연도 | 2014 | 2015 | 2016 | 2014 | 2015 | 2016 | 2014 | 2015 | 2016 |
| 매출액 | | | | 424 | 464 | 529 | 371 | 419 | 495 |
| 매출액증감율 | | 14% | 14% | | 13% | 12% | | 20% | 12% |
| 영업이익증감율 | | 46% | 12% | | 16% | 24% | | 91% | 64% |
| 영업이익율 | 7% | 9% | 9% | 8% | 10% | 9% | 10% | 7% | 5% |
| 순익이율 | 5% | 8% | 7% | 6% | 10% | 6% | 9% | 8% | 5% |
| 재고자산회전율 | 13.0 | 13.1 | 11.7 | 15.5 | 14.7 | 14.5 | 5.2 | 5.2 | 5.7 |
| 매출이익율 | 16% | 18% | 18% | 18% | 20% | 20% | 9% | 8% | 7% |
| 영업현금흐름비율 | 9% | 10% | 10% | 10% | 9% | 11% | 9% | 8% | 8% |
| 부채비율 | 92% | 69% | 67% | 193% | 154% | 128% | 163% | 147% | 99% |

상위 Major기업 제외

(단위: 지수, %)

| 조사대상기업전수기 | 전체 개별지표 평균 | | | 상위 Major 기업제외 개별지표 평균 | | | | | |
|---|---|---|---|---|---|---|---|---|---|
| 판매/제조/부자재 전체 | Major포함 개별평균 | | | Major 제외 지표평균 | | | 표준편차 | | |
| 항목 / 연도 | 2014 | 2015 | 2016 | 2014 | 2015 | 2016 | 2014 | 2015 | 2016 |
| 매출액 | 1,126 | 1,263 | 1,485 | 590 | 678 | 795 | 905 | 982 | 1,180 |
| 매출액증감율 | | 34% | 19% | | 34% | 18% | | 82% | 46% |
| 영업이익증감율 | | 31% | 0% | | 31% | −2% | | 169% | 88% |
| 영업이익율 | 4% | 6% | 4% | 4% | 6.2% | 3.7% | 31% | 19% | 21% |
| 순익이율 | 4% | 3% | 6% | 3% | 3% | 3% | 20% | 26% | 21% |
| 재고자산회전율 | 7.5 | 7.3 | 7.3 | 7.4 | 7.2 | 7.3 | 5.9 | 5.6 | 5.6 |
| 매출이익율 | 35% | 37% | 36% | 36% | 38% | 36% | 31% | 23% | 22% |
| 영업현금흐름비율 | 5% | 4% | 5% | 5% | 3% | 4% | 16% | 19% | 27% |
| 부채비율 | 271% | 318% | 295% | 281% | 331% | 308% | 632% | 1162% | 1300% |

| 화장품제조및판매사 | Major포함 개별평균 | | | Major 제외 지표평균 | | | 표준편차 | | |
|---|---|---|---|---|---|---|---|---|---|
| 항목 / 연도 | 2014 | 2015 | 2016 | 2014 | 2015 | 2016 | 2014 | 2015 | 2016 |
| 매출액 | 1,649 | 1,896 | 2,228 | 797 | 925 | 1,094 | 1,140 | 1,237 | 1,495 |
| 매출액증감율 | | 41% | 16% | | 42% | 16% | | 100% | 45% |
| 영업이익증감율 | | 36% | −3% | | 36% | −4% | | 194% | 93% |
| 영업이익율 | 3% | 5% | 4% | 2% | 5.0% | 4.0% | 39% | 25% | 22% |
| 순익이율 | 4% | 0% | 2% | 2% | 0% | 1.7% | 23% | 32% | 27% |
| 재고자산회전율 | 5.0 | 4.6 | 4.7 | 5.0 | 4.6 | 4.7 | 3.8 | 3.2 | 3.5 |
| 매출이익율 | 47% | 51% | 50% | 46% | 50% | 50% | 37% | 23% | 21% |
| 영업현금흐름비율 | 5% | 3% | 4% | 5% | 2% | 4% | 18% | 23% | 34% |
| 부채비율 | 328% | 392% | 343% | 336% | 402% | 352% | 755% | 1491% | 1553% |

| 화장품제조사 | Major포함 개별평균 | | | Major 제외 지표평균 | | | 표준편차 | | |
|---|---|---|---|---|---|---|---|---|---|
| 항목 / 연도 | 2014 | 2015 | 2016 | 2014 | 2015 | 2016 | 2014 | 2015 | 2016 |
| 매출액 | 527 | 629 | 755 | 326 | 426 | 491 | 287 | 467 | 523 |
| 매출액증감율 | | 33% | 27% | | 33.4% | 26.8% | | 59% | 57% |
| 영업이익증감율 | | 34% | −10% | | 33% | −13% | | 151% | 85% |
| 영업이익율 | 4% | 6% | 0.7% | 4% | 6% | 0% | 13% | 9% | 23% |
| 순익이율 | 4% | 6% | 11% | 3% | 6% | 2% | 17% | 14% | 11% |
| 재고자산회전율 | 7.1 | 7.7 | 7.8 | 7.0 | 7.6 | 7.9 | 5.3 | 5.3 | 4.9 |
| 매출이익율 | 24% | 24% | 20% | 24% | 24% | 20% | 12% | 10% | 9% |
| 영업현금흐름비율 | 2% | 2% | 2% | 2% | 2% | 2% | 14% | 16% | 13% |
| 부채비율 | 211% | 287% | 309% | 215% | 295% | 322% | 515% | 717% | 1135% |

| 화장품부자재사 | Major포함 개별평균 | | | Major 제외 지표평균 | | | 표준편차 | | |
|---|---|---|---|---|---|---|---|---|---|
| 항목 / 연도 | 2014 | 2015 | 2016 | 2014 | 2015 | 2016 | 2014 | 2015 | 2016 |
| 매출액 | 424 | 464 | 529 | 306 | 330 | 368 | 144 | 172 | 199 |
| 매출액증감율 | | 13% | 12% | | 12% | 11% | | 19% | 12% |
| 영업이익증감율 | | 16% | 24% | | 11% | 25% | | 96% | 68% |
| 영업이익율 | 8% | 10% | 9% | 8% | 10% | 9% | 11% | 7% | 5% |
| 순익이율 | 6% | 10% | 6% | 6% | 10% | 6% | 9% | 9% | 6% |
| 재고자산회전율 | 15.5 | 14.7 | 14.5 | 15.8 | 14.9 | 14.8 | 5.2 | 5.2 | 5.7 |
| 매출이익율 | 18% | 20% | 20% | 19% | 21% | 20% | 10% | 9% | 7% |
| 영업현금흐름비율 | 10% | 9% | 11% | 11% | 9% | 12% | 8% | 8% | 8% |
| 부채비율 | 193% | 154% | 128% | 206% | 165% | 138% | 169% | 152% | 101% |

〈한국 화장품기업 부문별 평균 프로파일〉

1.화장품기업 전체 (그래프-A)

### 매출액

(총합평균)

(개별평균 major포함)

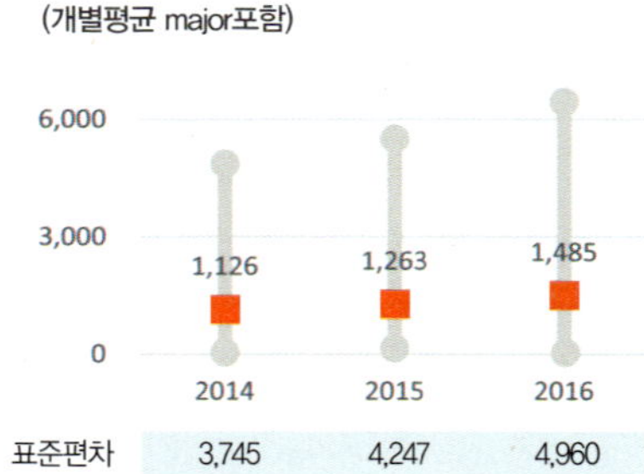

(개별평균 major제외)

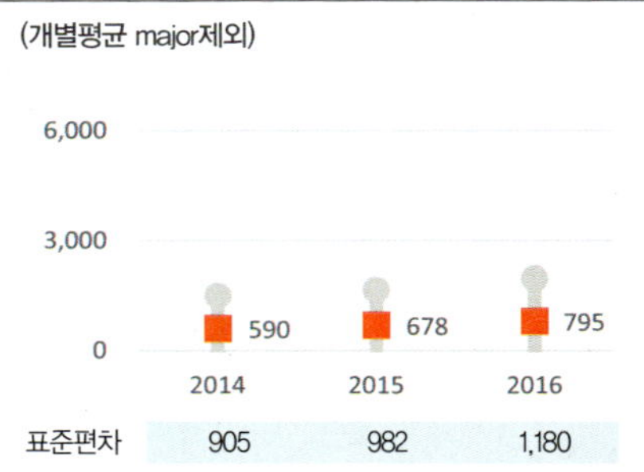

### 매출액 증감율

(총합평균)

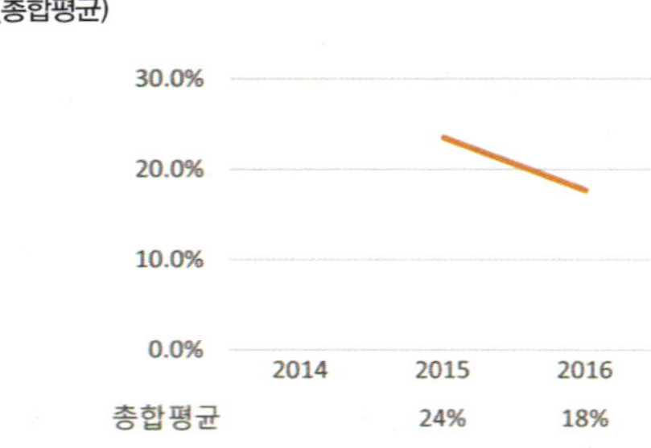

| | 2014 | 2015 | 2016 |
|---|---|---|---|
| 총합평균 | | 24% | 18% |

(개별평균 major포함)

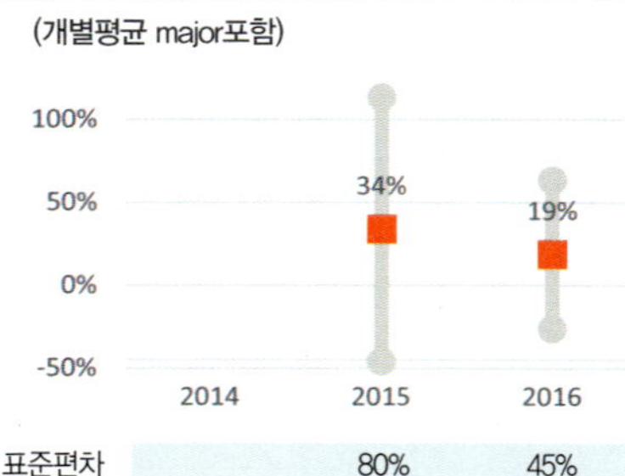

(개별평균 major제외)

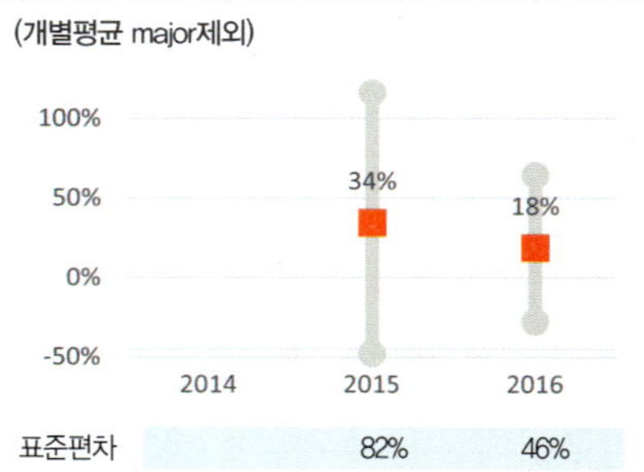

### 영업이익증감율

(총합평균)

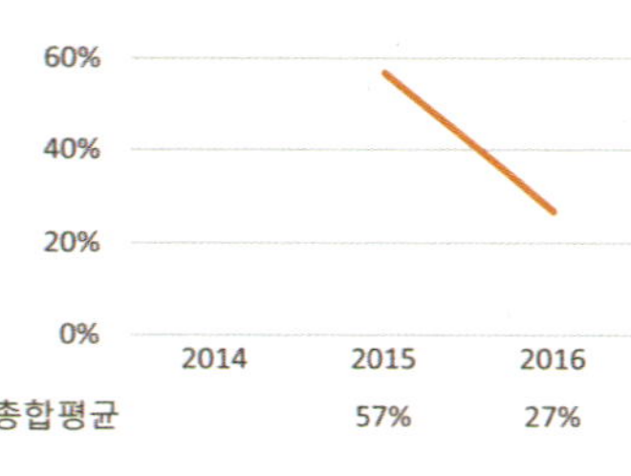

| | 2014 | 2015 | 2016 |
|---|---|---|---|
| 총합평균 | | 57% | 27% |

(개별평균 major포함)

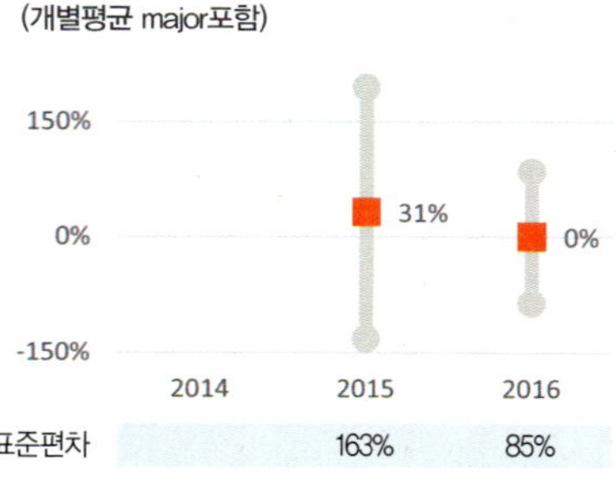

(개별평균 major제외)

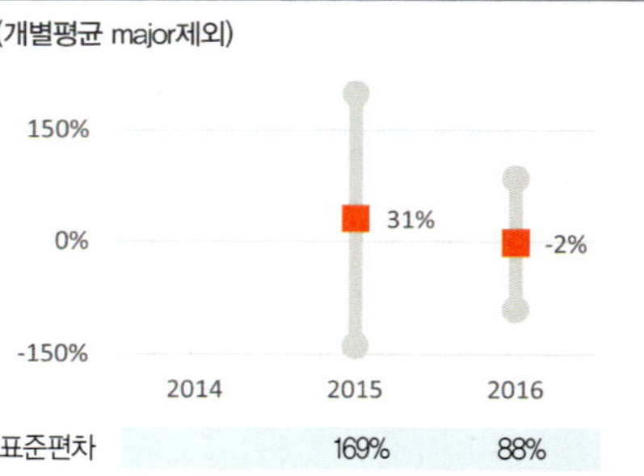

### 영업이익율

(총합평균)

| | 2014 | 2015 | 2016 |
|---|---|---|---|
| 총합평균 | 10% | 13% | 14% |

(개별평균 major포함)

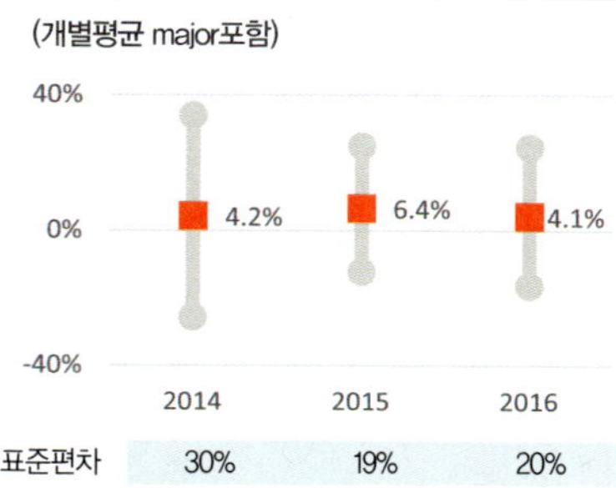

(개별평균 major제외)

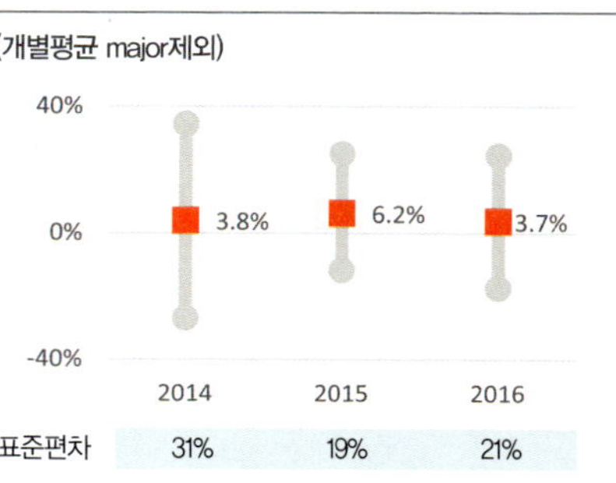

## 순익이율

(총합평균)

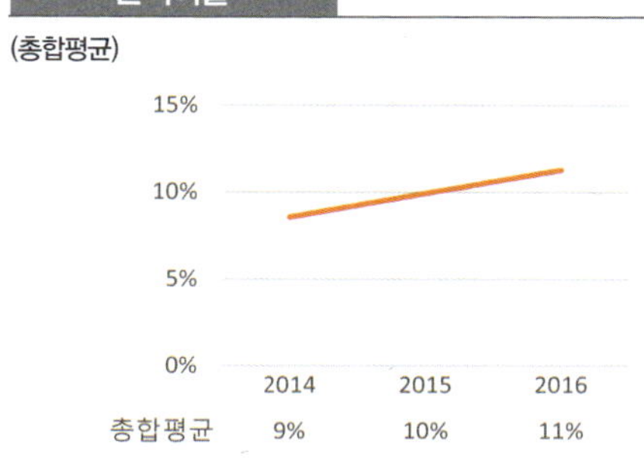

| 총합평균 | 2014 | 2015 | 2016 |
| --- | --- | --- | --- |
| | 9% | 10% | 11% |

(개별평균 major포함)

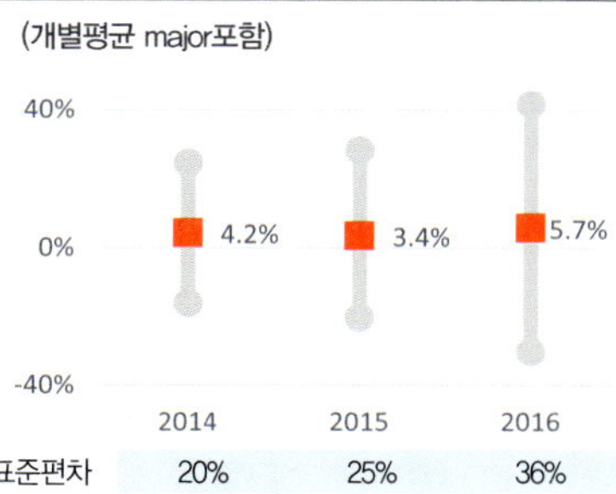



| 표준편차 | 2014 | 2015 | 2016 |
| --- | --- | --- | --- |
| | 20% | 25% | 36% |

(개별평균 major제외)

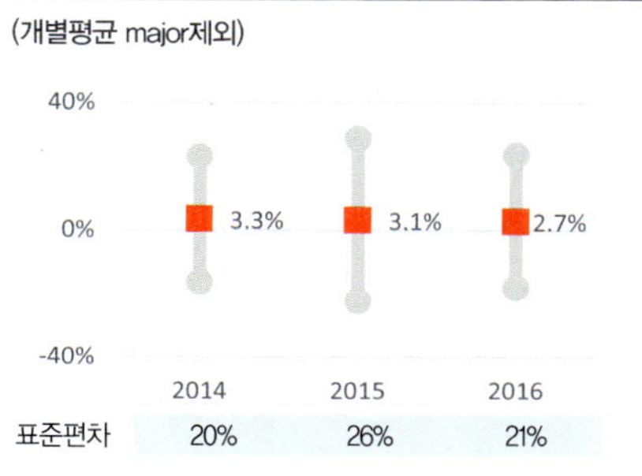



| 표준편차 | 2014 | 2015 | 2016 |
| --- | --- | --- | --- |
| | 20% | 26% | 21% |

## 재고자산회전율

(총합평균)

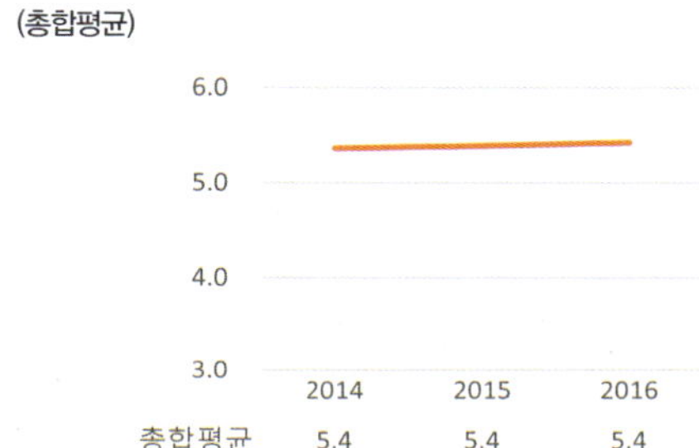

| 총합평균 | 2014 | 2015 | 2016 |
| --- | --- | --- | --- |
| | 5.4 | 5.4 | 5.4 |

(개별평균 major포함)

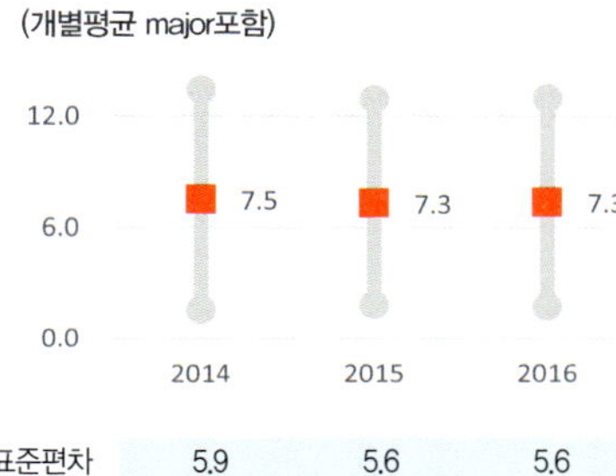



| 표준편차 | 2014 | 2015 | 2016 |
| --- | --- | --- | --- |
| | 5.9 | 5.6 | 5.6 |

(개별평균 major제외)

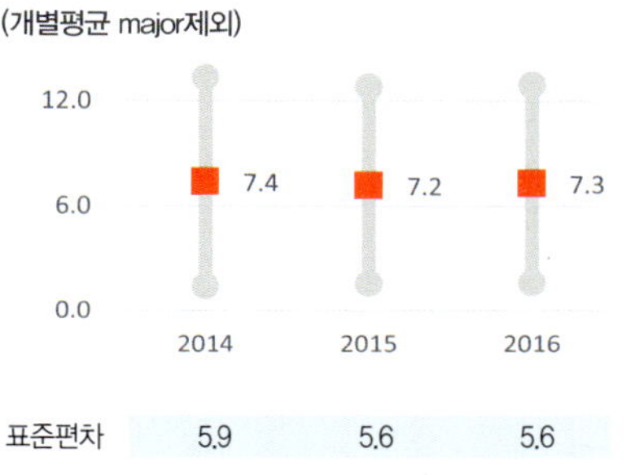



| 표준편차 | 2014 | 2015 | 2016 |
| --- | --- | --- | --- |
| | 5.9 | 5.6 | 5.6 |

## 매출이익율

(총합평균)

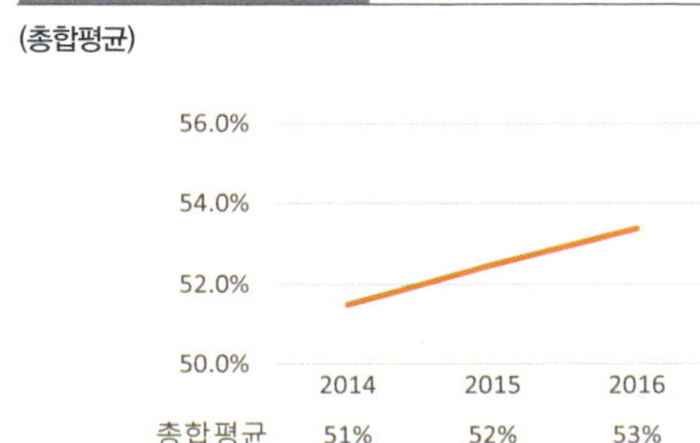

| 총합평균 | 2014 | 2015 | 2016 |
| --- | --- | --- | --- |
| | 51% | 52% | 53% |

(개별평균 major포함)

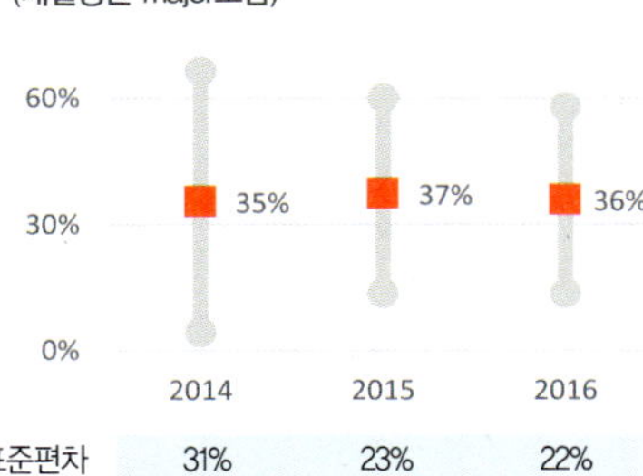



| 표준편차 | 2014 | 2015 | 2016 |
| --- | --- | --- | --- |
| | 31% | 23% | 22% |

(개별평균 major제외)

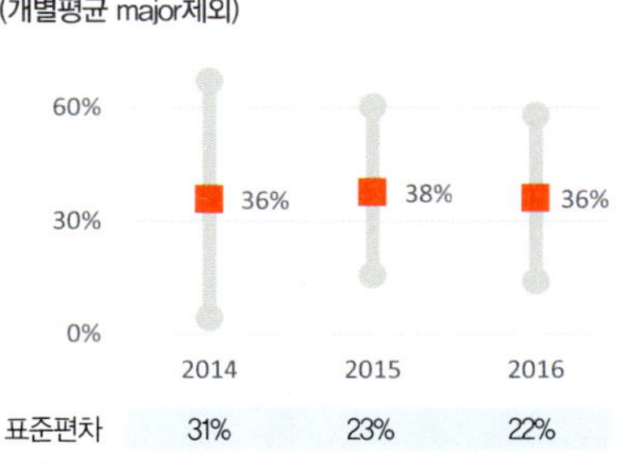



| 표준편차 | 2014 | 2015 | 2016 |
| --- | --- | --- | --- |
| | 31% | 23% | 22% |

## 영업현금흐름비율

(총합평균)

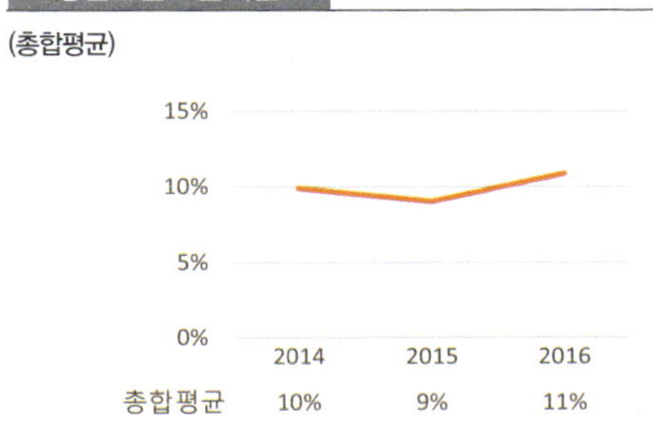

| 총합평균 | 2014 | 2015 | 2016 |
| --- | --- | --- | --- |
| | 10% | 9% | 11% |

(개별평균 major포함)

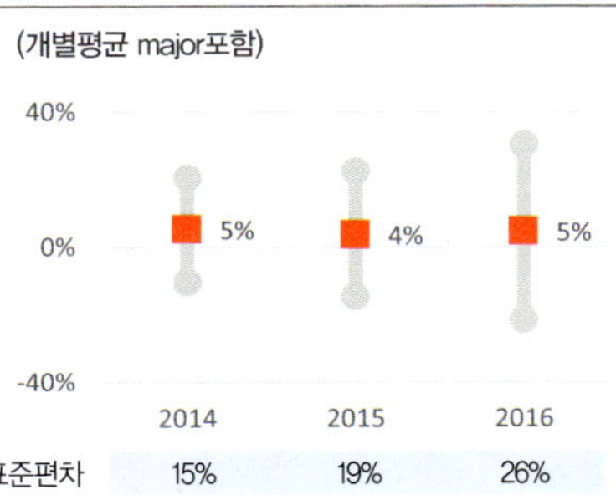



| 표준편차 | 2014 | 2015 | 2016 |
| --- | --- | --- | --- |
| | 15% | 19% | 26% |

(개별평균 major제외)

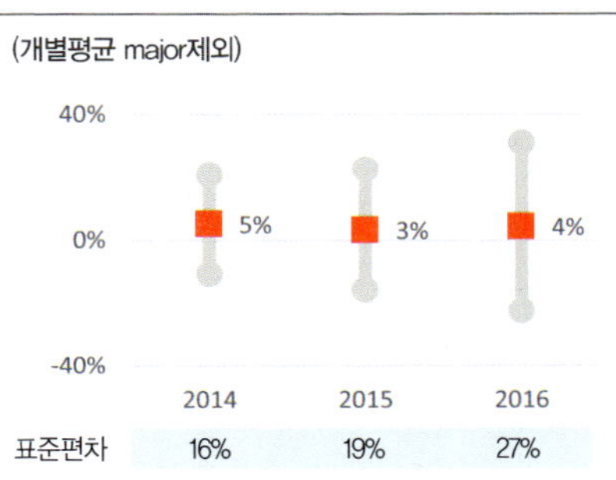



| 표준편차 | 2014 | 2015 | 2016 |
| --- | --- | --- | --- |
| | 16% | 19% | 27% |

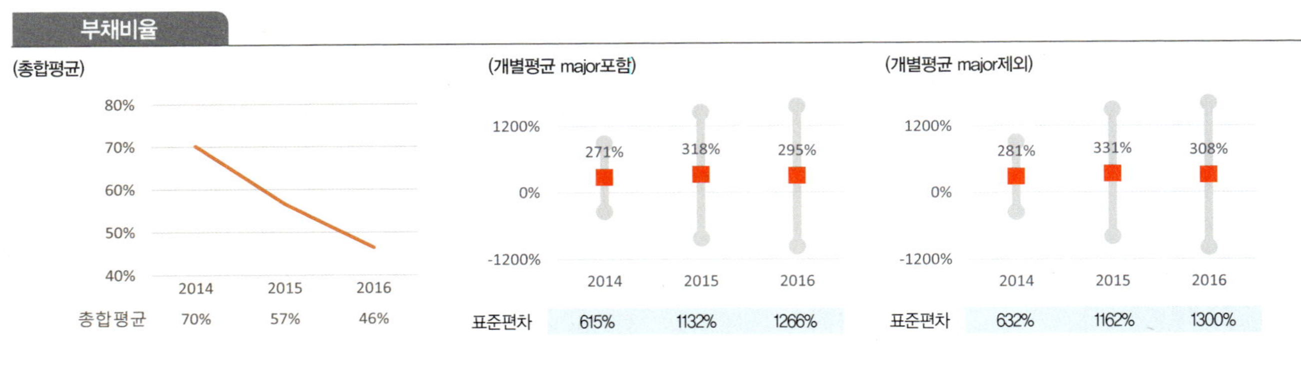


2.화장품 제조판매기업 (그래프-B)

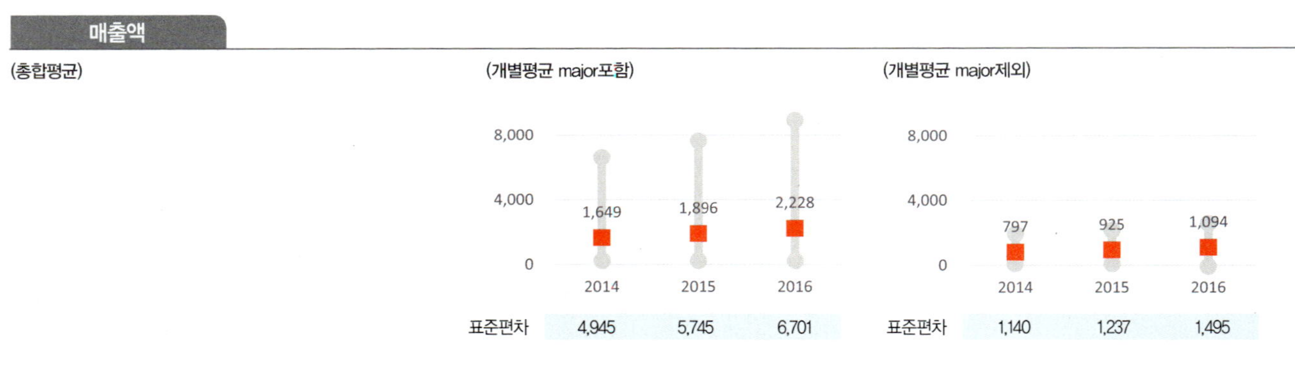


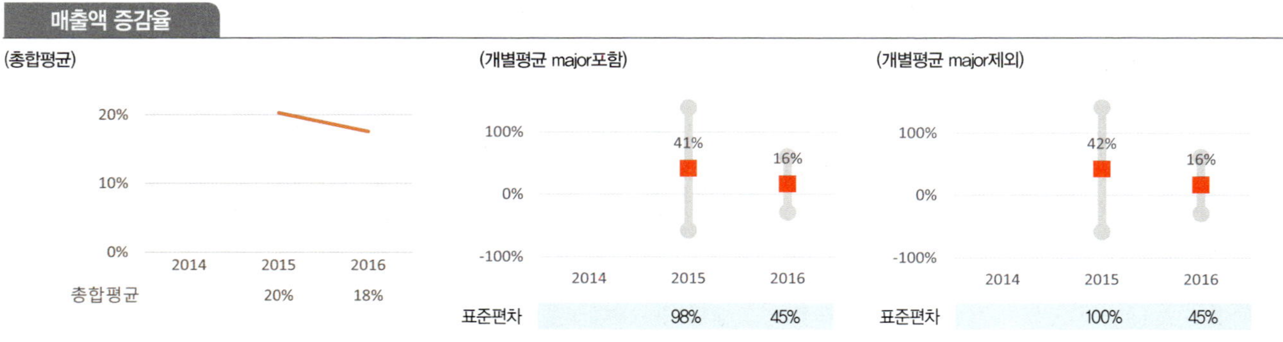

## 영업이익증감율

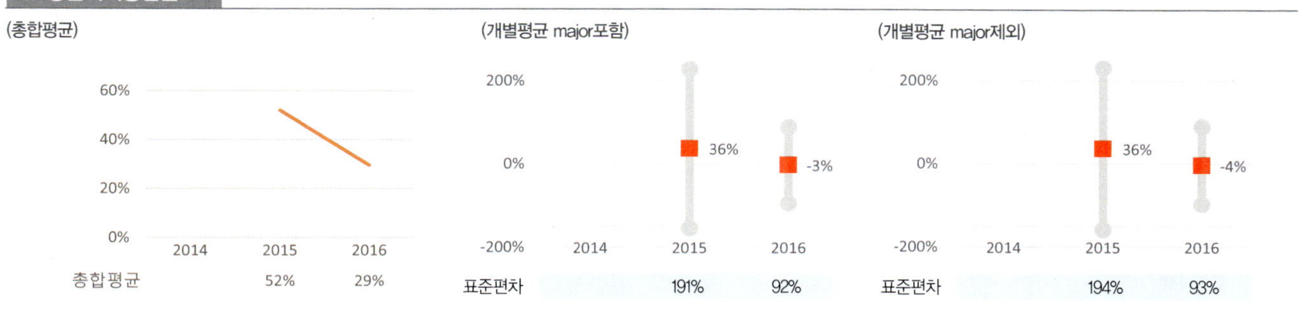


## 영업이익율

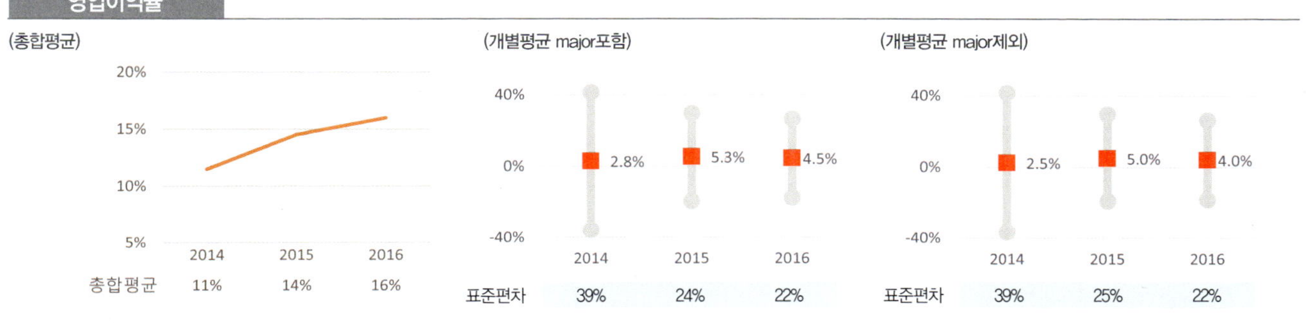


## 순익이율

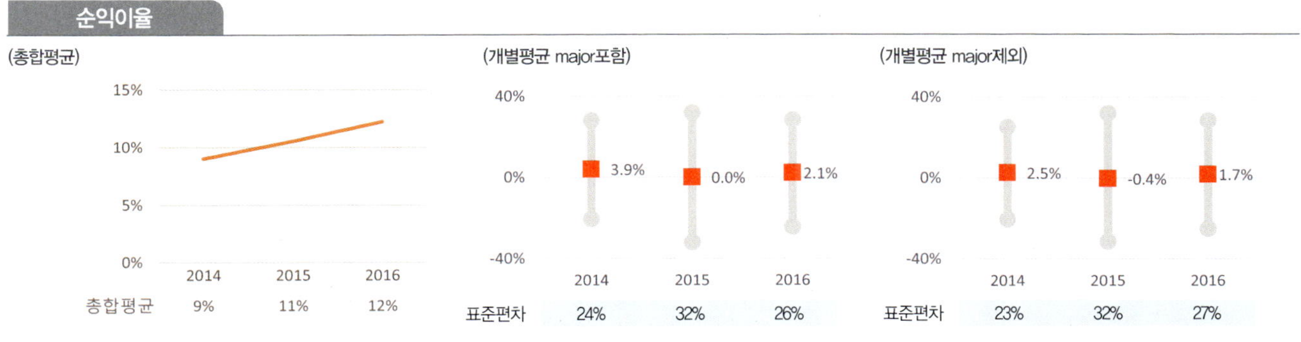


## 재고자산회전율

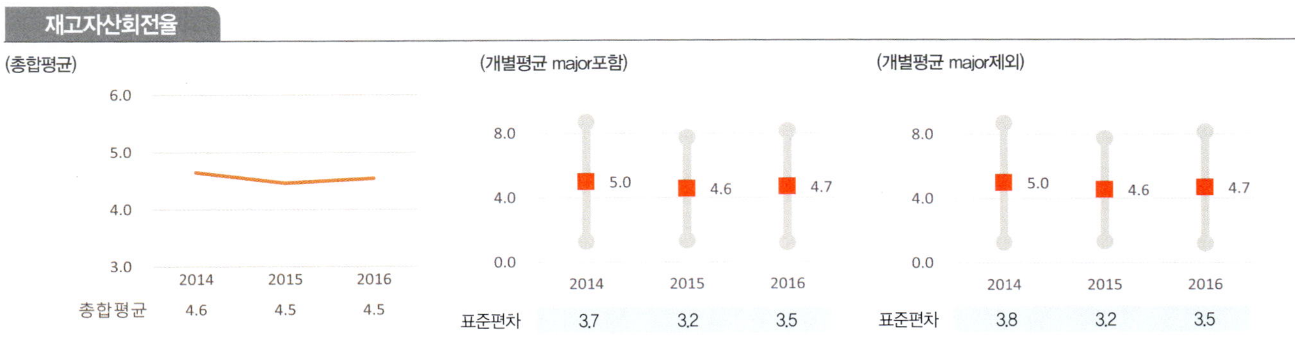

## 매출이익율

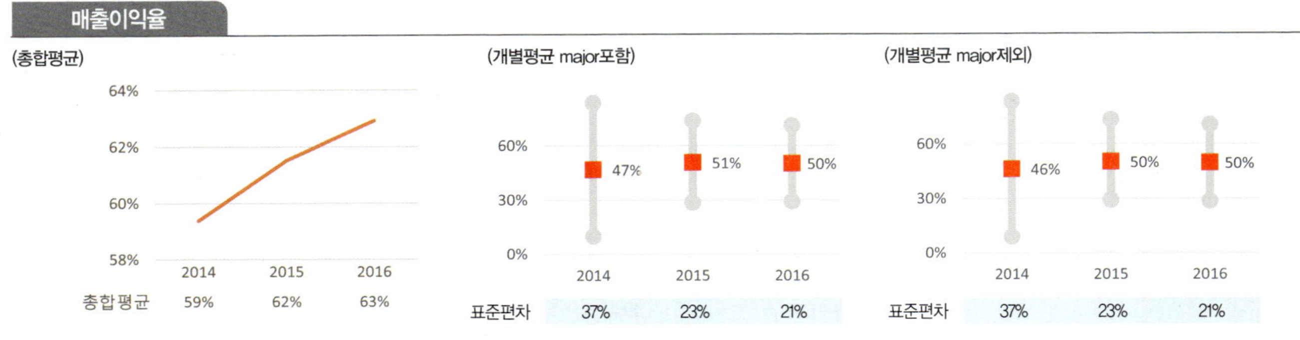



## 영업현금흐름비율

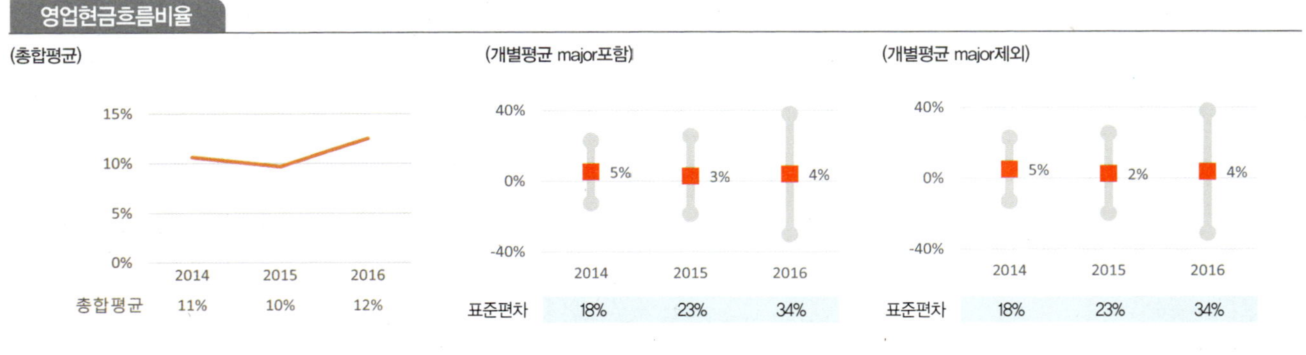



## 부채비율

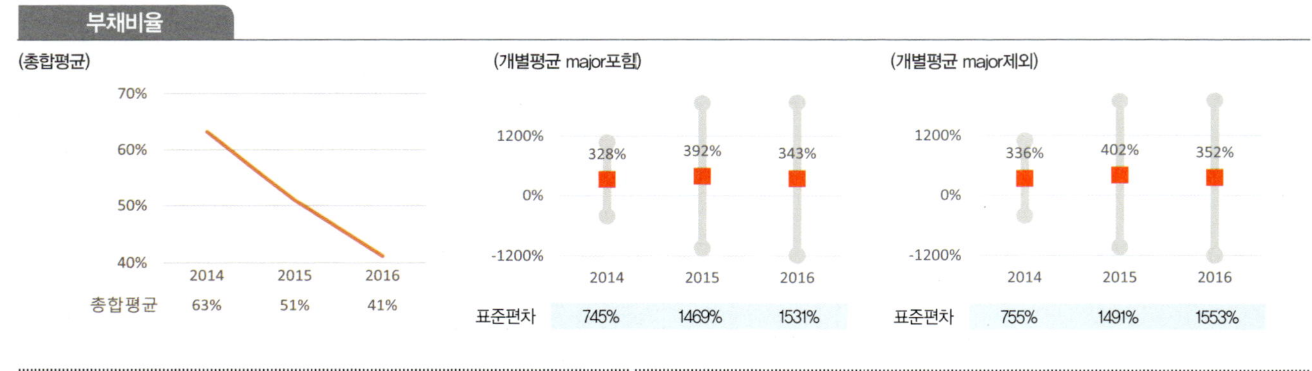

## 3.화장품 제조기업 (그래프-C)

### 매출액

(총합평균)

(개별평균 major포함)

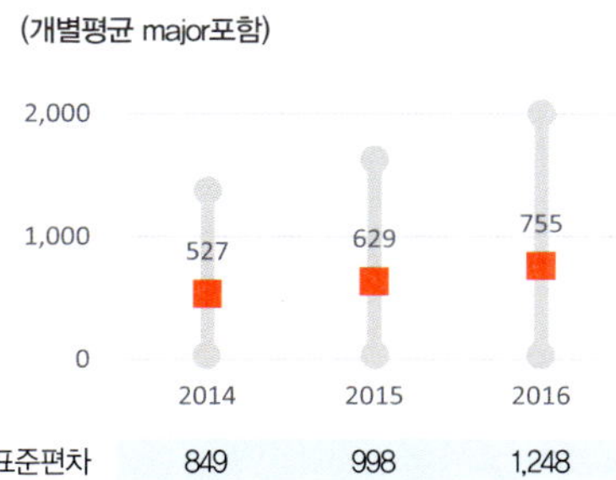


(개별평균 major제외)

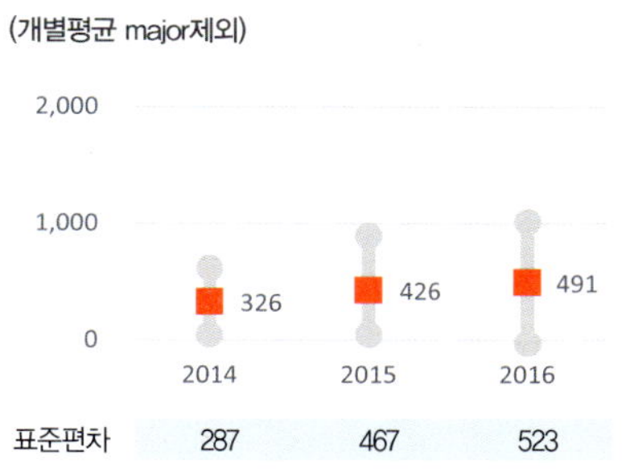


### 매출액 증감율

(총합평균)

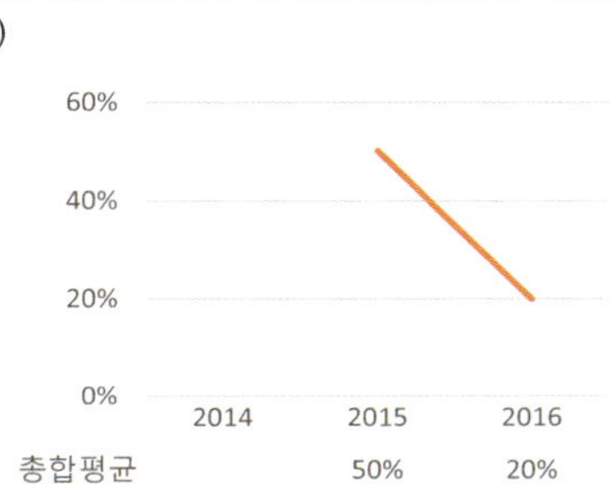


(개별평균 major포함)

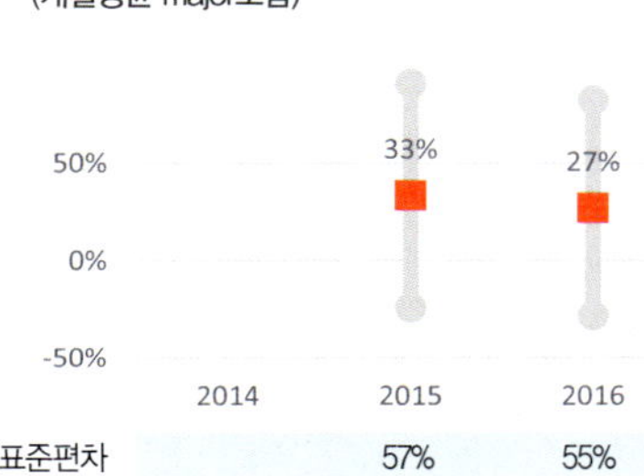


(개별평균 major제외)

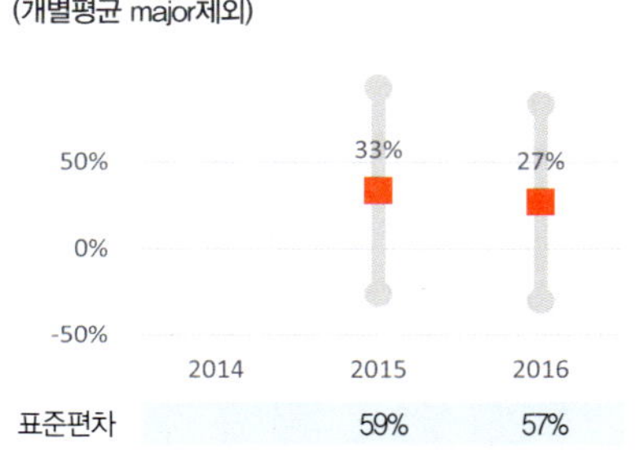


### 영업이익증감율

(총합평균)

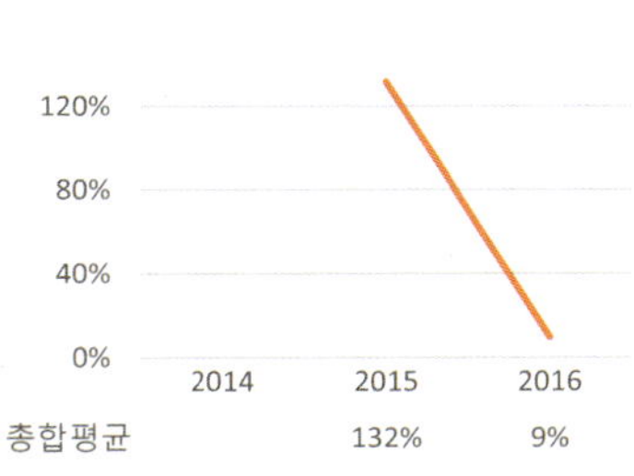


(개별평균 major포함)

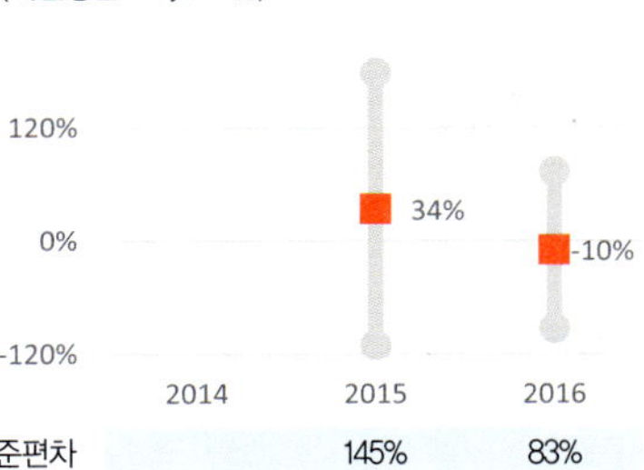


(개별평균 major제외)

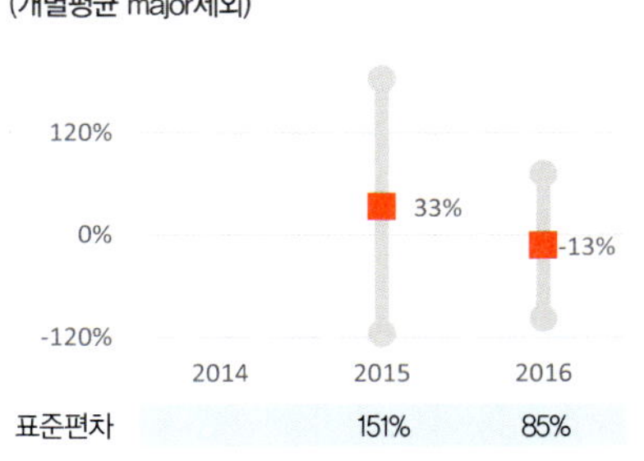


### 영업이익율

(총합평균)

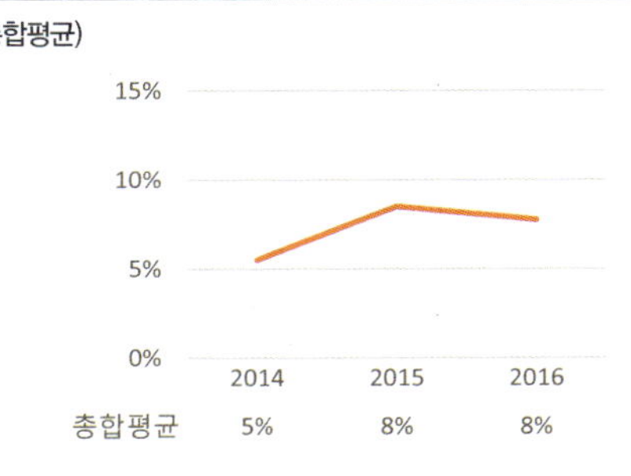


(개별평균 major포함)

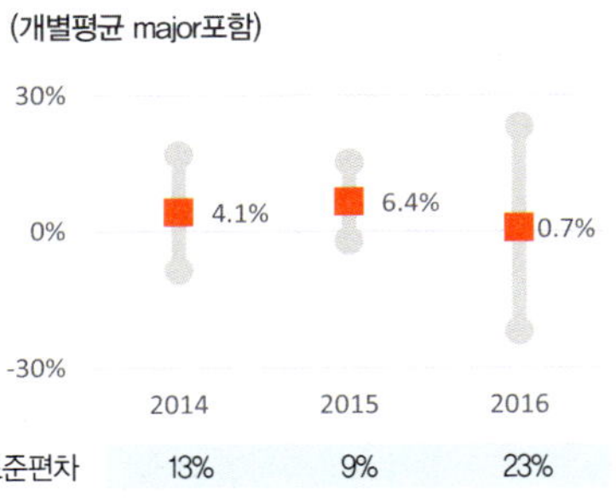


(개별평균 major제외)

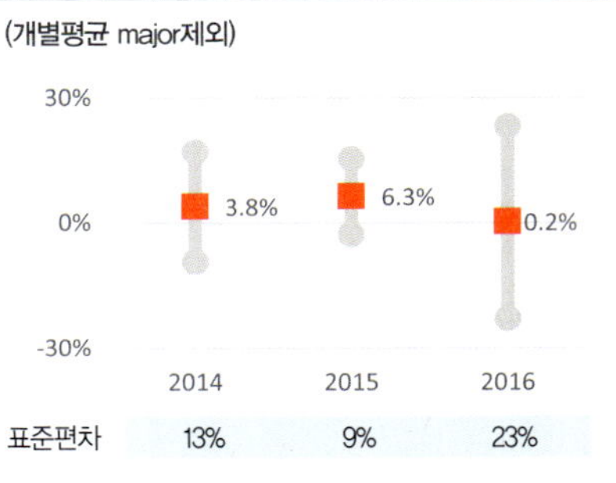

## 순익이율

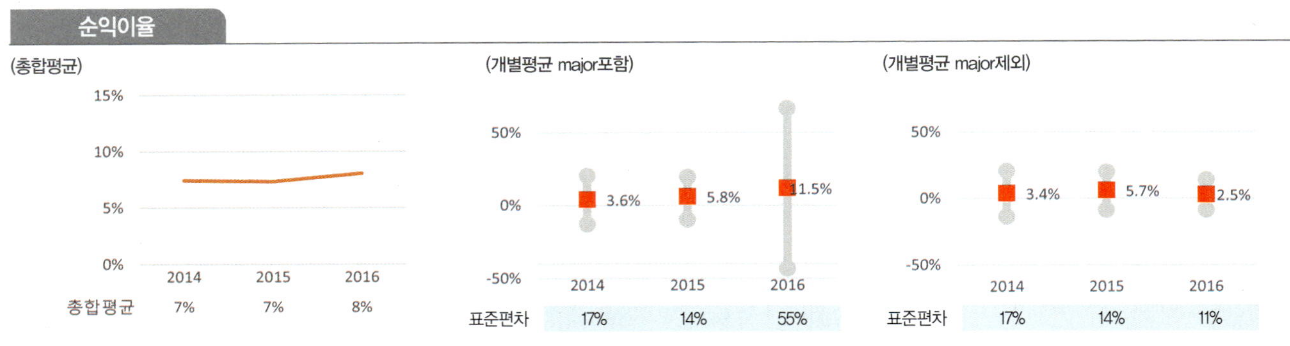


## 재고자산회전율

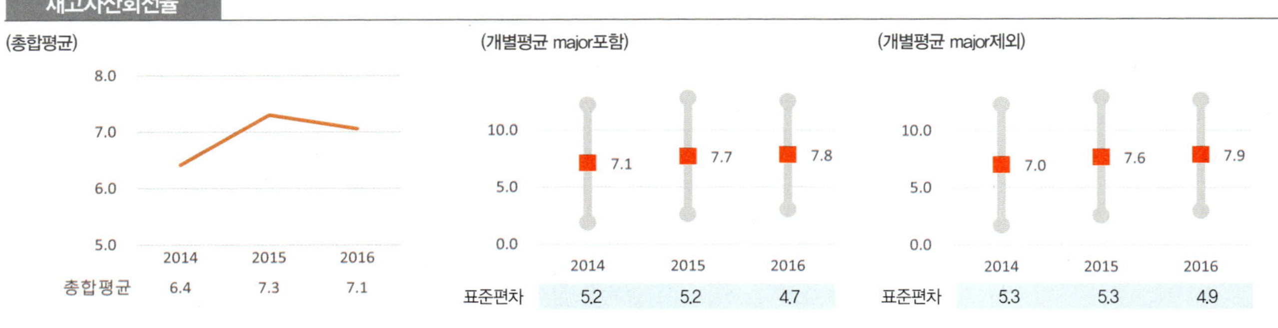


## 매출이익율

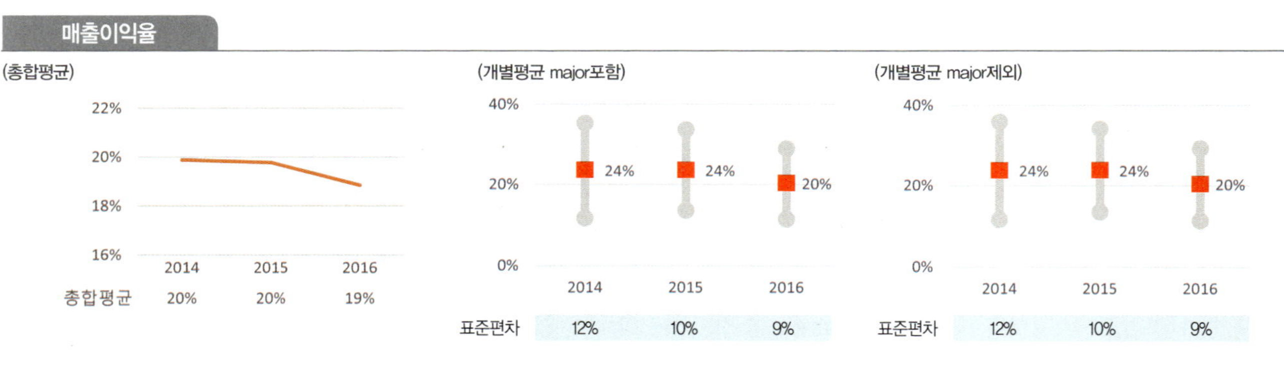


## 영업현금흐름비율

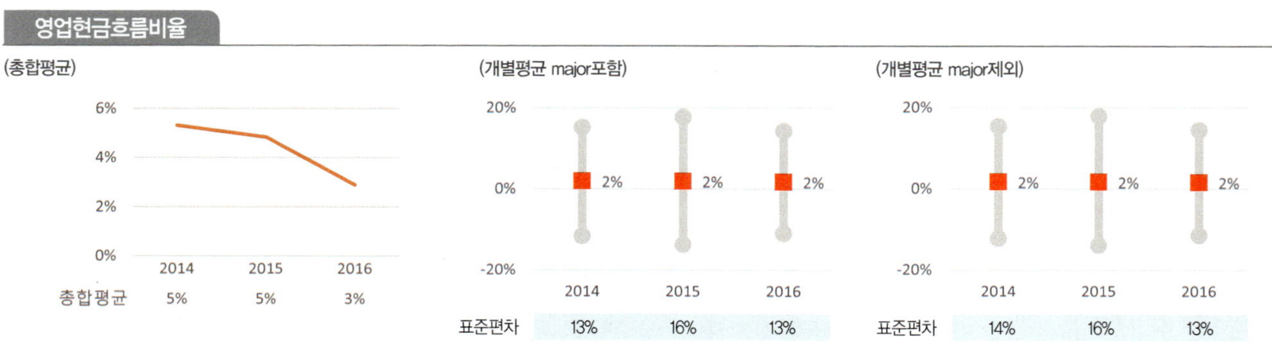

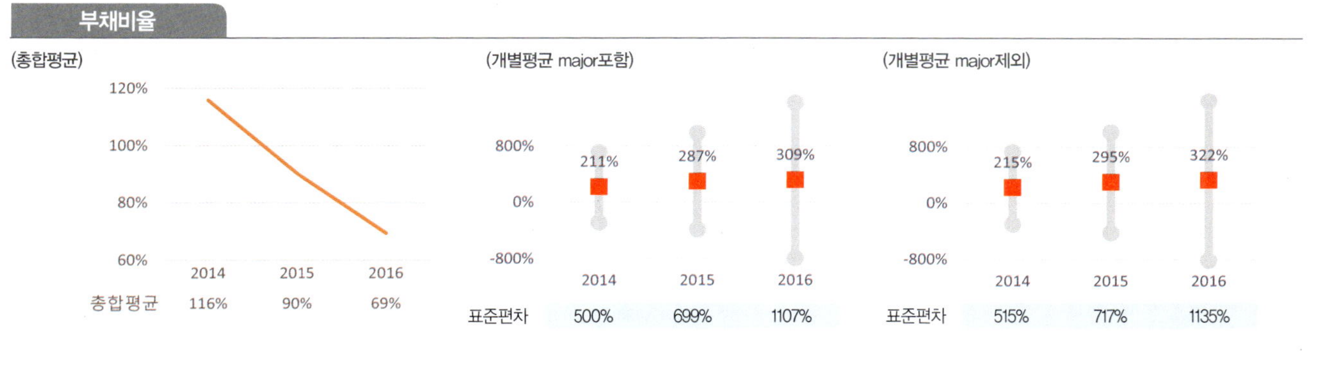


## 4.화장품 부자재제조기업 (그래프-D)

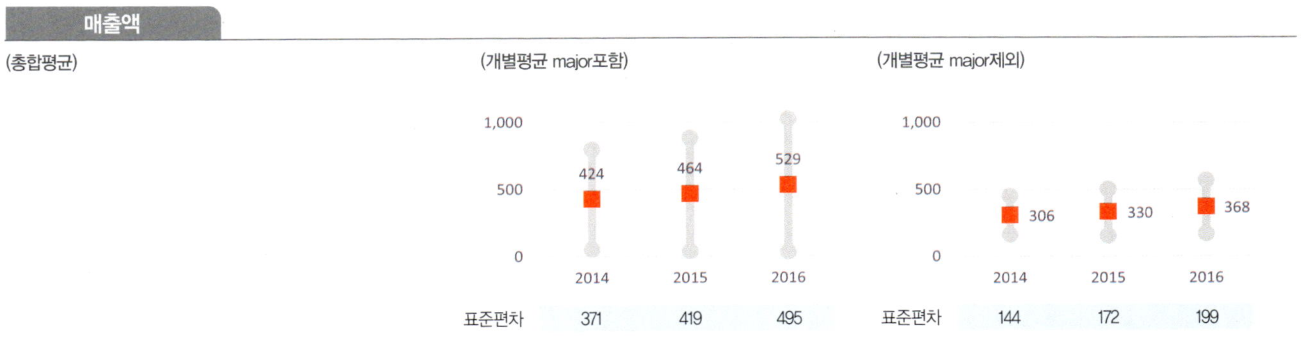


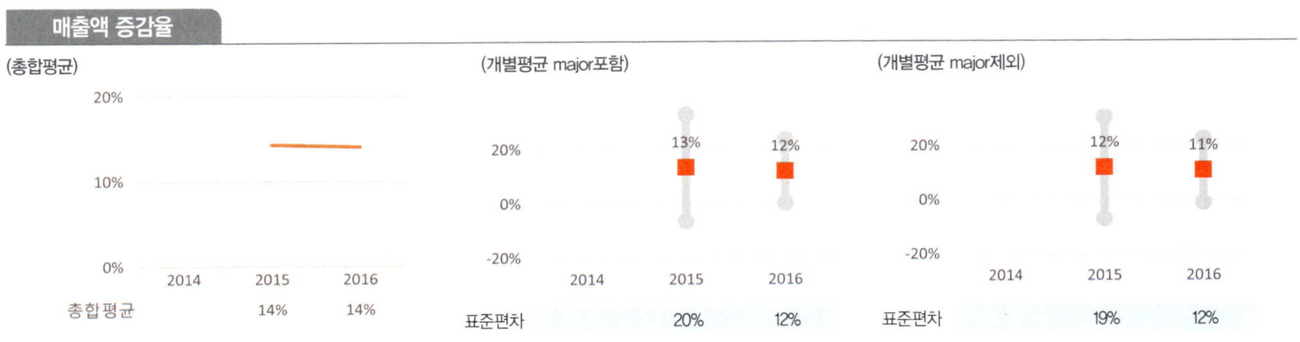

## 영업이익증감율

(총합평균)

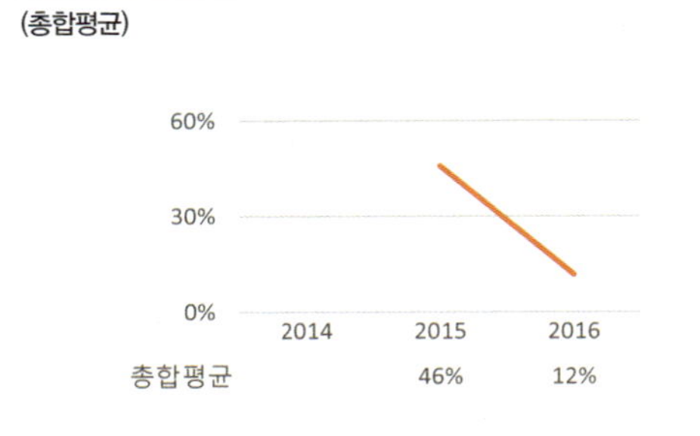


(개별평균 major포함)

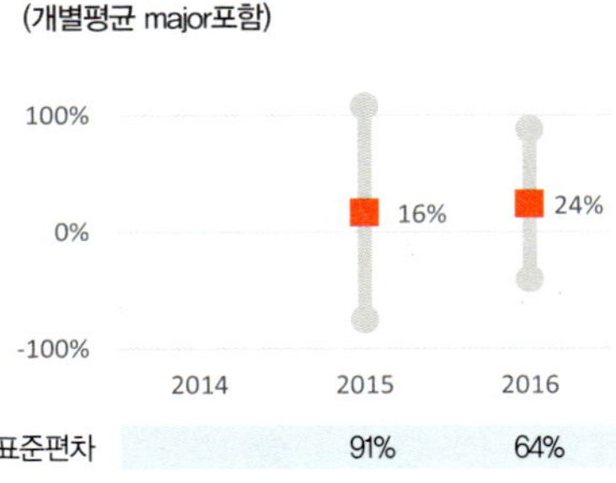


(개별평균 major제외)

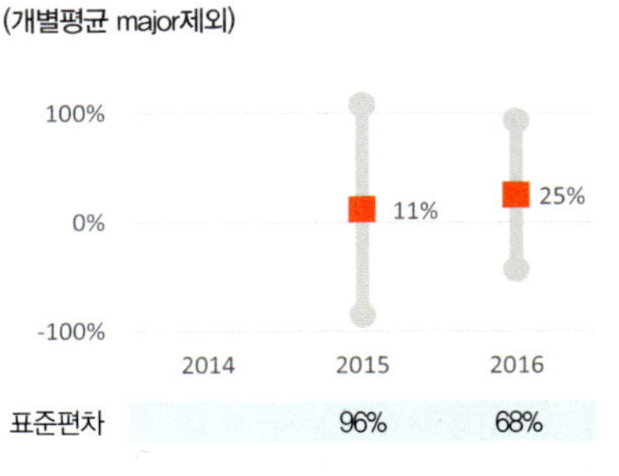


## 영업이익율

(총합평균)

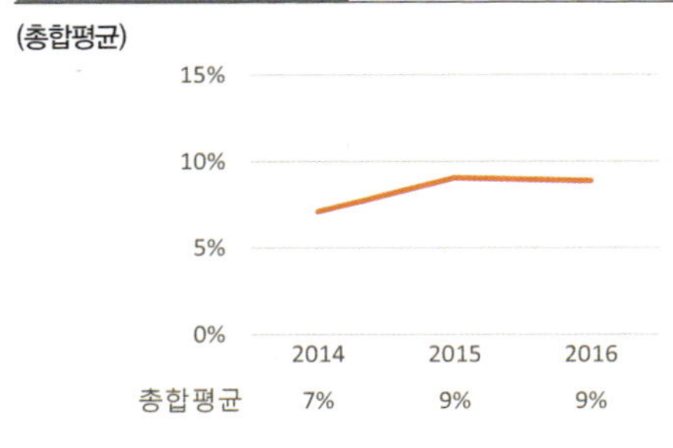


(개별평균 major포함)

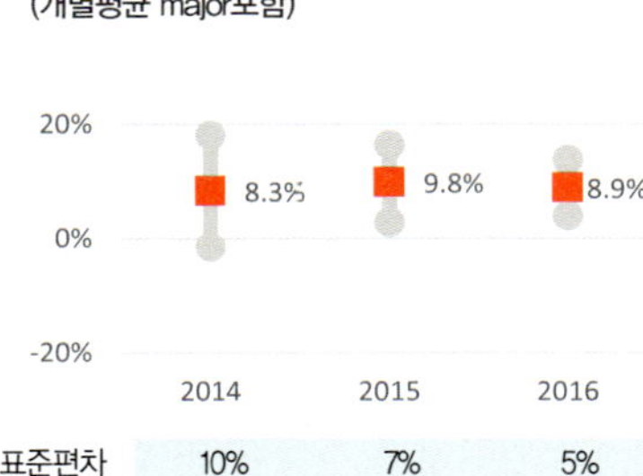


(개별평균 major제외)

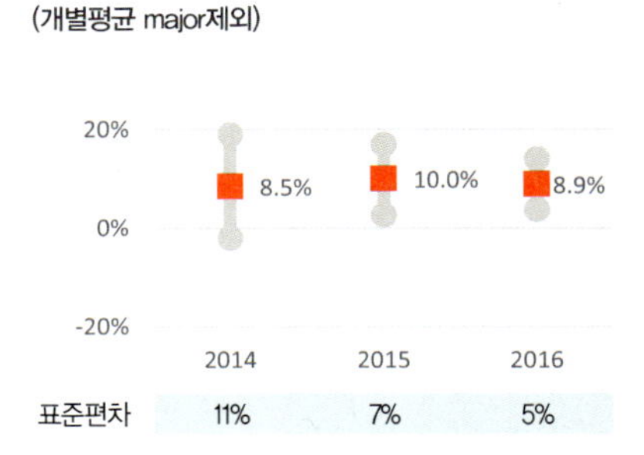


## 순익이율

(총합평균)

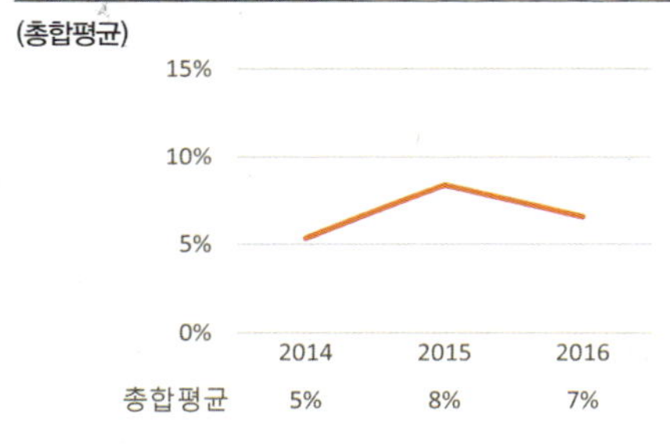


(개별평균 major포함)

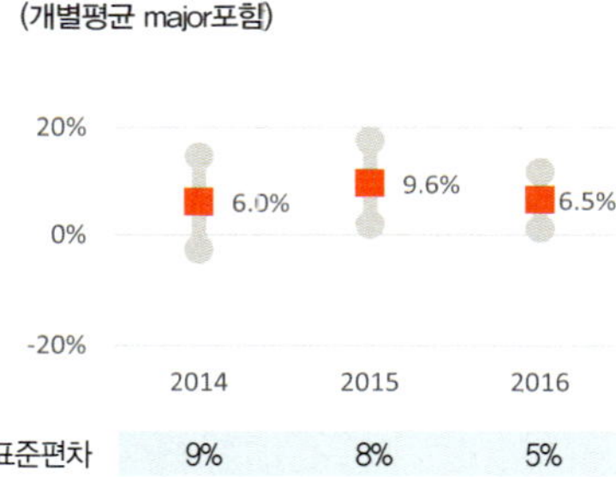


(개별평균 major제외)

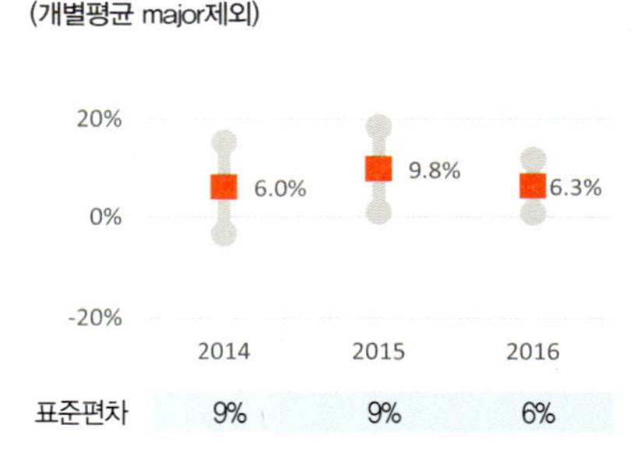


## 재고자산회전율

(총합평균)

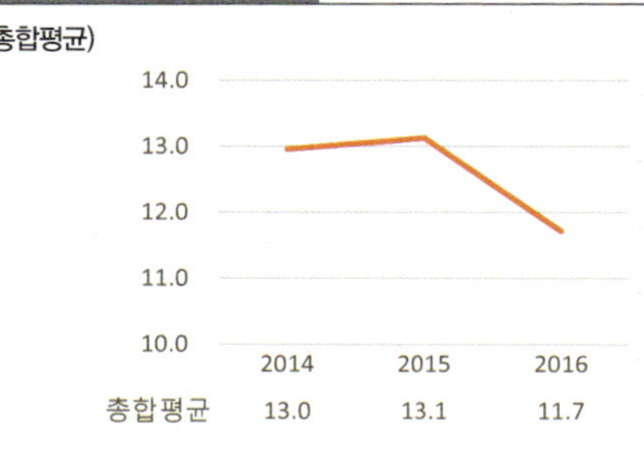


(개별평균 major포함)

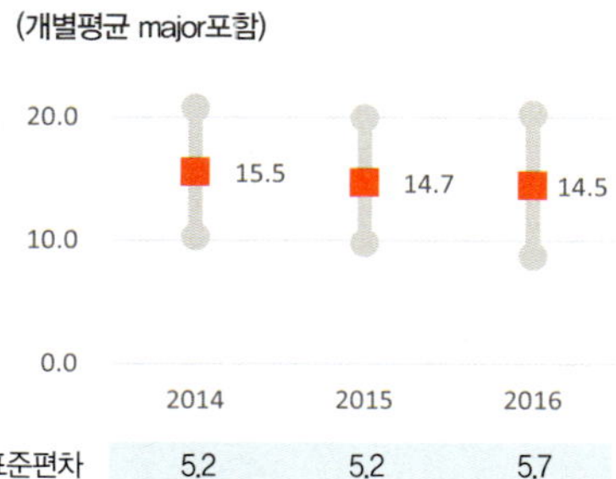


(개별평균 major제외)

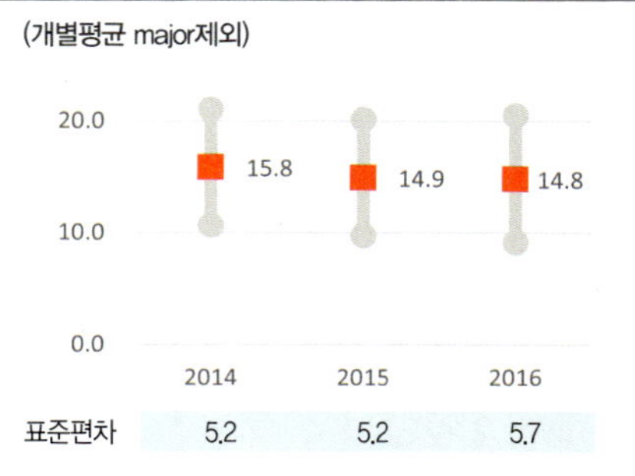

## 매출이익율

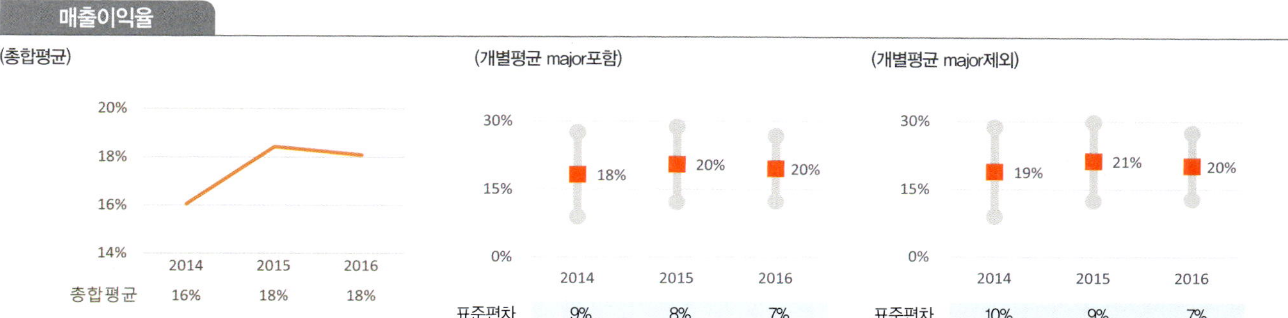



## 영업현금흐름비율



## 부채비율

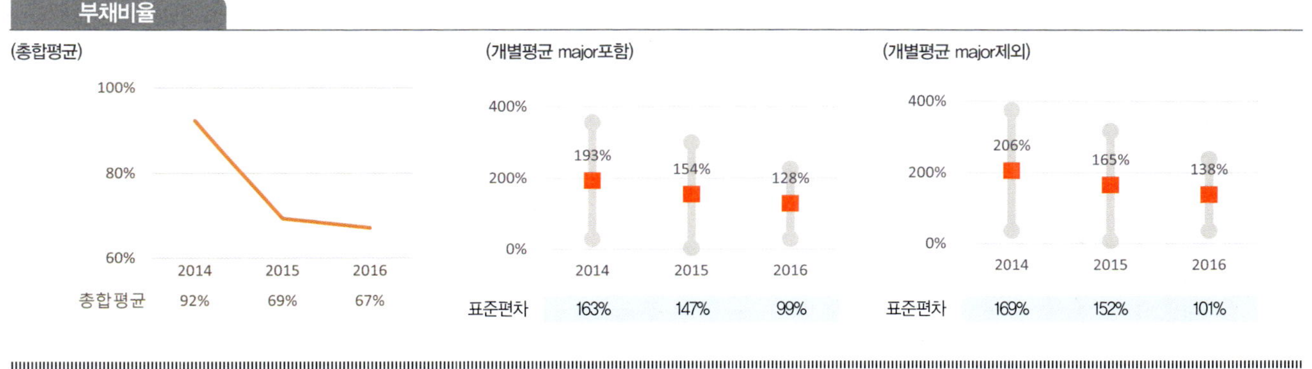

# 한국 화장품산업 선도기업
## 韩国化妆品产业的领先企业

패션 등 여타 인접 소비재 산업과 구별되는 한국 화장품 산업의 뚜렷한 차별점은 엄청난 수준의 과점 체제이다. 이는 이제까지 화장품 산업 전반의 성장 효율성 측면에서는 집약적 강점으로 작용되었음도 사실이지만, 소비 단계의 성숙화 과정에서는 상당한 약점으로 작용될 우려 또한 상당함을 부인하기 힘들다. 2016년 WWD Global Beauty 기업 100 발표에서 7위에 랭크된 아모레퍼시픽의 약진으로 웅변되는 한국 화장품 기업의 경쟁력은 이제 K-Beauty 코드를 탄생시키며 Global 시장 진입 확대에 대한 기대를 더욱 높이고 있다. 한국 화장품 산업의 상당 부문을 점유하고 오늘날 위상을 가능하게 선도한 아모레퍼시픽, LG생활건강 등 우리나라 주요 대표 화장품기업들의 성과지표는 단지 그 해당기업의 차원만이 아닌 우리나라 화장품 산업 전반의 새로운 미래 지평과 전략의 방향성에 대한 가늠척도이기도 하다. 이런 관점에서 한국의 대표적인 화장품 산업 선도기업에 대한 내용 분석은 때로는 보완관계인 동시에 또 때로는 경쟁관계로 이어진 대다수 우리나라 화장품 기업들 모두에게 유익한 시금석이 될 것이다.

韩国化妆品产业与时尚等相近消费资料产业之所以可以明确区分，在于非常高水平的垄断体系。虽然目前为止从化妆品产业整体的发展效率层面上看，集约型优势发挥着作用，但是我们不能否认在消费阶段成熟化过程中，少不了被利用为弱点的担心。2016年WWD Global Beauty企业100的发表结果中，一跃成为第七位的爱茉莉太平洋，代表了在韩国化妆品企业的竞争实力下K-Beauty的诞生，而向国际市场扩张的期待也日渐高涨。占据韩国化妆品产业的相当大部分，并取得今天这样地位的爱茉莉天平洋、LG生活健康等韩国主要化妆品企业的成果指标，不只局限于该企业个体，也可以作为韩国化妆品产业整体的新未来指向和战略方向性的测量尺度。因此对韩国代表化妆品产业领先企业的内容分析，可以作为内容完善的同时，也可以作为竞争关系行列的韩国化妆品企业整体的有效试金石

### Everlasting Big 2

한국 화장품 산업에서 아모레퍼시픽, LG생활건강 이들 Big 2 자이언트 기업을 배제하고 논의아젠다가 가능할까? 아니 한국 화장품산업 존립자체를 거론하기 힘들 것이다. 본 조사 결과에 의하면 매출액 기준 이들 Big2의 전체 한국 화장품 산업 규모 점유비는 41.1%에 달한다. 이 정도에 그치지 않는다. 이들 두 거대기업이 지배하고 있는 관계사를 포함하면 그 비중은 절반을 훌쩍 뛰어넘는 52.5%에 이른다. 극단적으로 표현하면 한국 화장품산업의 귀추는 이들 두 거대기업에 달려있다고 말해도 전혀 과장이 아니다.

韩国化妆品产业中，将爱茉莉、LG生活健康这两家Big 2巨人企业去除掉来谈论的话可能吗？当然不可能，否则韩国化妆品产业存在本身就值得怀疑。根据本书的调查结果显示，销售额基准下这两家占据了韩国化妆品产业规模的41.1%。不止这些。再加上这两家巨头所支配的相关公

司比重的话，大概可以超过52.5%。用一种非常极端但毫不夸张的表现方式的话，这两家大公司是韩国化妆品产业的骨髓。

### 아모레퍼시픽[爱茉莉太平洋]

아모레퍼시픽의 연결재무제표 기준 2016년 매출액은 약 5조 6천억원이며 이 중 헤어용품, 바디용품 등 생활부문을 제외한 순수 화장품 부문의 매출은 전체 매출의 91%에 해당하는 약 5조 1천 억원에 이른다. 화장품 부문 매출 5조 1천억원의 내용은 내부거래 등 연결조정 부분이 제외된 결과값으로 이를 포함하면 약 5조 6천억원, 3개년 CAGR 24%로 산출된다. 이를 기준으로 지역별 매출구성을 살펴보면 한국지역 역내매출 60%, 수출매출 7%, 해외법인매출 33%이다. 또 이를 판매 유통채널 기준으로 분류해 보면 한국지역내 일반유통 38%(전문점 9%, 백화점 6%, 할인점 3%, 온라인 8%, 인적판매채널 12%), 면세점유통 29% 그리고 해외법인 및 기타 33%이다. 판매지역 및 판매유통 채널에서 확연하게 드러나듯 아모레퍼시픽의 기업활동 범주는 더 이상 한국 로컬 내수판매기업 수준이 아니다. 세계 시장에서 당당히 어깨를 겨루고 있는 있는 한국 화장품 대표기업 아모레퍼시픽의 글로벌 경쟁력을 확인할 수 있다. 지난 3개년 매출액 CAGR의 경우 국내매출 영역 15%, 수출영역 57%, 해외법인영역 45%를 보면 아모레퍼시픽의 성장과 미래 성장동력 역시 역외 글로벌 시장으로부터 창출 획득되고 있음을 알 수 있다.

아모레퍼시픽의 2016년 영업이익율은 개별재무제표 기준 18%(연결기준 15%) 이다. 이는 본 조사의 130사 개별평균 4.1%에선 범접할 수 없는 높은 수준이다. 금융시장에서의 아모레퍼시픽에 대한 황제주 별칭이 전혀 과장이 아님을 반증하는 높은 수익역량을 실감하게 된다. 이 같은 높은 수익력 확보가 가능한 것은 무엇보다 화장품 소비시장의 기대와 Needs에 최적화된 브랜드 포트폴리오 전략의 성과로 판단된다. 럭셔리(설화수, 헤라 등), 프리미엄(라네즈, 마몽드, 아이오페 등) 그리고 매스 등 화장품 소비시장의 차별적 기대Needs 세그먼트에 선제적인 다양한 브랜드 포트폴리오 전략으로 부가가치 높은 아모레퍼시픽의 가치제안이 고객들에게 성공적으로 수용된 것이다. 럭셔리 군에서 강조된 플래그숍스토어 공간에서의 헤리티지와 체험 접점 강화, 프리미엄 군에서 강조된 O2O 연계 이미지 스토리 공유 심화 등 정교한 브랜드 포지셔닝을 기반으로 명료한 구매혜택 메시지와 고객 커뮤니케이션 전략이 제품성 경쟁우위 못지 않게 잘 지원되고 있다. 이런 점에서 한국 화장품 산업의 초우량 전문기업 아모레퍼시픽의 브랜드 마케팅 실행전략 포트폴리오는 다수 한국 화장품 기업의 교과서로 추천된다.

韩国化妆品产业中，将爱茉莉、LG生活健康这两家Big 2巨人企业去除掉来谈论的话可能吗？当然不可能，否则韩国化妆品产业存在本身就值得怀疑。根据本书的调查结果显示，销售额基准下这两家占据了韩国化妆品产业规模的41.1%。不止这些。再加上这两家巨头所支配的相关公司比重的话，大概可以超过52.5%。用一种非常极端但毫不夸张的表现方式的话，这两家大公司是韩国化妆品产业的骨髓。

爱茉莉太平洋.

□爱茉莉太平洋的合并财务报表中2016年销售额大约为5兆6千亿韩元，其中去除头发护理、身体用品等生活部门之后只是化妆品部门，占据了整体销售的91%左右，大约为5兆1千亿韩元。从化妆品5兆1千亿元的内容，是剔除内部交易等相近调整部门的结果，要是包括这部分的话大概是5兆6千亿韩元，3年CAGR为24%。以此为基准各地区的销售构成如下，韩国地区销售60%，出口销售7%，海外法人销售33%。另外以销售流通渠道为基准分类的话，韩国内一般流通为38%（专卖店9%、百货商店6%、折扣店3%、网络8%、相关销售渠道12%），免税店流通29%，还有海外法人及其他渠道占33%。从销售地区及销售流通渠道上可以看出，爱茉莉太平洋的企业活动范围已经不再局限于韩国本土内需销售水准。在世界市场展露英姿，韩国化妆品代表企业-爱茉莉太平洋的国际竞争力不容小觑。从过去三年的销售额CAGR的情况-国内销售领域15%、出口57%、海外法人45%可以看出，爱茉莉太平洋的发展和未来发展动力应该是来自境外的国际市场。

爱茉莉太平洋2016年营业收益率以财务制表为基准为18%（合并基准为15%）。这是本书调查的130家公司平均值4.1%所无法碰触的高阶段。在金融市场上，爱茉莉太平洋毫不夸张地被称为最高股，再次感受到了该企业的高收益实力。而能够确保这样高收益的原因，是来源于符合化妆品消费市场的期待和需求的品牌战略。奢侈（雪花秀、赫拉等）、高端（兰芝、梦妆、亦博等），还有mass等化妆品消费市场差别化期待Needs领域决定的多样品牌资产组合战略，使得附加价值高的爱茉莉价值提案成功得获得顾客的芳心。奢侈品牌群中强调的旗舰店空间复古和体验强化，高端品牌群中强调的O2O形象故事共享，通过精准的品牌定位，还有明确的购买优惠信息和顾客互动战略，都不亚于产品上的竞争优势。从这一点可以看出韩国化妆品产业的超优秀企业爱茉莉太平洋的品牌营销战略，可以成为韩国化妆品企业的教科书。

## LG생활건강

LG생활건강의 연결재무제표 기준 2016년 매출액은 약 6조 1천억원이며 이 중 생활용품 및 음료부문을 제외한 순수 화장품 부문의 매출은 전체 매출의 52%에 해당하는 약 3조 2천 억원에 이른다. 화장품 부문 매출 3조 2천억원의 내용은 내부거래 등 연결조정 부분이 제외된 결과값으로 이를 포함하면 약 3조 4천억원, 3개년 CAGR 29%로 산출된다. 이를 기준으로 지역별 매출구성을 살펴보면 한국지역 역내매출 77%, 해외매출 23%이다. 또 이를 판매 유통채널 기준으로 분류해 보면 LG생활건강의 경우 하이엔드채널(면세점, 백화점, 방문판매 등) 74%, 노멀채널(보떼, 할인점, H&B 등) 16% 그리고 수출 등 해외지역 판매 10%이다. 또한 지배관계사 더페이스샵의 경우는 직영 및 위탁점(유통점, 백화점, 온라인, 직영점 등) 48%, 가맹점 31% 그리고 수출 등 해외판매 21%이다. 연결 기준 한국 내수시장 역외 해외지역 매출이 아직은 23%에 그치고 있다고는 하나 최근 3개년 해외지역 매출의 CAGR이 49%에 이르고 있다는 점은 머지않아 LG생활건강 역시 화장품 부문에서 상당한 글로벌 시장에서의 약진이 기대되는 글로벌 화장품 시장 확장가능 경쟁역량을 이미 확보하고 있음을 짐작하게 한다. 사실 우리나라의 경우 패션, 화장품 등 소비자밀착형 소비재 산업에서 대기업의 경우 그 강점보다는 약점이 자주 지적되곤 하였다. 경기민감도가 높은 소비산업의 속성 대비 스피드 측면 대기업의 약점이 자주 거론되었던 것이다. 하지만 글로벌 시장의 경쟁 구조로 관점을 옮겨보면 이는 전혀 다른 논거가 되기 일쑤이다. 효율적인 글로벌 SCM과 Big데이터 기반 제품개발, 머천다이징 기획, 물류, 마케팅의 경쟁으로 치닫고 있는 차원이 다른 글로벌 경쟁시장에서의 절대 잠재 경쟁력 관점에서 보면 대기업 LG생활건강의 강점은 훨씬 더 효과적으로 발현될 것으로 기대된다.

LG생활건강의 2016년 영업이익율은 개별재무제표 기준 18%(연결기준 14%) 이다. 이는 전술하였듯 매우 양호한 결과이다. 더구나 이 같은 호성과가 최근 3개년 CAGR 21%의 높은 외형성장에서도 견지되고 있다는 점에서 그 탄탄한 수익역량은 더욱 가치있게 평가된다. 이 같은 수익력 확보의 배경으로 상대적으로 높은 연구개발비 비중을 거론하지 않을 수 없다. 2016년 기준 매출액 대비 약 2.7%에 이르는 R&D 투자는 지금 현재는 물론이고 앞으로 더 나은 LG생활건강의 차별적 수익자원 개발원으로 기여될 것임은 자명하다. 기존의 영역과 경계가 무색하리만치 다양하고 과감해진 특화 요인이 실린 기능성화장품과 보다 친환경 지향적인 자연주의 화장품 영역의 확대 트렌드는 실질 컨텐츠의 뒷받침 없이 단순한 네이밍과 추종전략의 한계를 점점 더 노출시키고 있다. 이런 관점에서 원천 기술과 가치 융합에 대한 투자에 주저함이 없는 LG생활건강의 시장선점 전략은 제품가치 경쟁우위 기반 성장을 견인할 것으로 기대된다.

LG生活健康的合并财务报表中，2016年销售额约为6兆1千亿韩元，其中除去生活用品及饮料部门，只是化妆品部门的销售占据整体的52%，大约为3兆2千亿韩元。化妆品部门销售为3兆2千亿元的内容，是剔除内部交易等相近调整部门的结果，要是包括这部分的话大概是3兆4千亿元，3年的CAGR为29%。以此为基准各地区的销售构成如下，韩国地区销售77%，海外销售23%。另外以销售流通渠道为基准分类的话,LG生活健康的情况，high-end渠道74%（专卖店、百货商店、上门销售）、normal渠道16%（自营渠道beaute、折扣店、H&B等），还有出口等海外地区销售10%。另外下属公司the face shop的情况，直营或代理店（流通网点、百货商店、网络、直营店等）为48%，加盟店为31%，还有出口等海外销售为21%。合并基准韩国内需市场域外海外地区销售仍然停留在23%，但是最近三年的海外地区销售CAGR已经高达49%，因此LG生活健康果然是化妆品部门在国际市场大展身手的期待对象，并且已经具备有充分的竞争实力。事实上在韩国的时尚、化妆品等消费者密集的消费资料产业中，大企业相比优势往往被看做是劣势。但是放在国际市场的竞争结构中来看的话，可能会成为完全不一样的论据。从在以有效的全球SCM和大数据为基础的产品开发、市场策划、物流、营销竞争为支柱的国际竞争市场中的潜在竞争力观点来看，大企业LG生活健康的优势反而更容易发挥。

LG生活健康的2016年营业收益率按照个别财务制表基准为18%（合并基准为14%）。正如上面所说这是很不错的结果。另外与这样的好成果差不多，最近三年的CAGR也是维持了21%这样外形上的高增长。因此稳定的收益实力值得称赞。像这样在收益性保障的背景下，不得不提相对比较高的研发费用比重。 R&D投资对比2016年基准销售额，大约占有2.7%，不仅是现在对于将来LG生活健康的差别性收益资源开发来说都是至关重要的。跨越基本的领域和界限，提出多样并且特殊要因的功能性化妆品和环保型的自然主义化妆品，这样的扩展如果没有实质内容的支持的话，只靠单纯的命名和附件战略的瓶颈将会一点点表露出来。因此，LG生活健康的市场战略正是从技术出发，毫不吝啬于融合价值的投资，期待可以引领产品价值竞争优势发展。

## 화장품제조 영역[化妆品制造领域]

2000년대 초반 선풍적인 확장으로 적지 않은 화장품 기업 신화를 탄생시킨 화장품 브랜드샵 기반 기업의 출현이 한국의 탄탄한 화장품제조 ODM(Original Development & Design Manufacturing) 기업의 존재 없이 가능했을까? 이런 관점에서 한국 화장품 산업의 중요축을 감당하고 있는 화장품제조 부문 주요 대표기업에 대하 내용 분석은 한국 화장품 산업의 유효한 활용가능 가치사슬 이해에 도움이 될 것이라 기대된다.

2000年代初期如一股旋风大批化妆品企业神话诞生，化妆品品牌店为主的企业如雨后春笋般出现，如果没有韩国化妆品制造ODM(Original Development & Design Manufacturing)企业存在的话，一切都有可能吗？化妆品的制作行业是韩国化妆品产业的重要组成，而本书对主要代表企业的内容分析，希望可以成为理解韩国化妆品产业价值链的基本指标。

### 한국콜마[科丝美诗]

한국콜마의 개별재무제표 기준 2016년 매출액은 약 6천 2백억원, 3개년 CAGR 19%이며 이 중 제약부문을 제외한 순수 화장품 부문의 매출은 전체 매출의 73%에 해당하는 약 4천 5백억원이다. 이 국내 고객사가 아닌 수출의 비중이 약 10%에 해당한다. 품목 영역별 매출 구성비를 보면 기초화장품 영역 57%, 기능성화장품 영역 27%, 색조 화장품 영역 17%이다.

20% 내외의 높은 성장율과 함께 영업이익율 또한 11%로 상당히 양호하다. 2016년 한국콜마의 R&D 연구개발비는 무려 280억원을 상회하고 있는데 이는 매출액 기준 약 4.6%에 해당하는 수준이다. 한국콜마의 수익원이 흔히 생각하는 일반적인 단순 제조기업의 그것과 사뭇 다르다는 것을 반증하는 지표이다. 기존 기술 뿐만이 아니라 미래 제품 개발역량에서도 두터운 역량을 확보하고 있는 한국콜마의 기반인프라가 이 같이 높고 안정적인 수익의 기반이 되고 있음을 확인하게 된다. 최근 화장품 소비 트렌드의 주요 테마가 되고 있는 코스메슈티컬(Cosme-ceutical)이란 조어가 함축하듯 의학의 경계까지 넘나드는 보다 고도화된 기술 집약적 Needs의 확대는 한국콜마에게는 더욱 더 나은 미래 경쟁환경이 조성될 것으로 기대된다.

按照各别财务制表基准，韩国科玛2016年销售额大约为6千2百亿元，三年CAGR为19%，其中除去制药部门，化妆品部门的销售占据整体销售额的73%，约4千5百亿韩元。其中国内顾客公司除外，出口销售比重大约为10%。从品种营业销售构成比重上来看，基础化妆品占据57%，功能性化妆品为27%，彩妆化妆品为17%。

与20%左右的高增长率差不多，营业利润率也达11%，相当不错的成绩。2016年韩国科玛的R&D研究经费足足提高到280亿韩元，占据销售额的4.6%比重。韩国科玛的收益来源被认为是来自一般制造企业的制造力，而分析指标的结果多少有些不一样。不仅是基础技术，而且在未来产品开发上面也显示出雄厚实力的韩国科玛，完备的基础设施确保了又高又稳的收益。最近化妆品消费趋势的热门主题- Cosme-ceutical，正如这新造语所示，扩展到医学边界的高度化技术集中Needs，期待为韩国科玛的未来提供更好的竞争环境。

### 코스맥스[科丝美诗]

코스맥스의 개별재무제표 기준 2016년 매출액은 약 5천 5십 억원(연결재무제표 기준 7천 6백 억원) 3개년 CAGR 42%(연결기준 51%) 이며 이중 순수 화장품부문 매출액은 전체 매출 규모의 87%에 해당하는 약 4천 4백억원이다(해외법인 화장품부문 매출 3,000억원 포함 및 내부거래 포함 연결기준 7천 4백억원). 이 중 개별재무제표 기준 기초화장품 영역이 화장품 부문 전체 매출의 39%인 1천 7백 억원, 색조화장품 영역이 61%인 2천 7백 억원으로 구성된다. 상당한 매출 규모에도 최근 3개년 CAGR 41%가 상징하는 폭발적인 외형성장은 매우 인상적이다. 코스맥스의 이 같은 성장은 글로벌 리딩 화장품 판매기업 다수가 포함된 해외 거래선의 확장에 힘입은바 크다는 점이 매우 고무적이다. 흔히 우리나라 화장품 산업에서 해외시장의 의미는 자주 중국시장을 주로 지칭하는 상황이지만 적어도 코스맥스의 경우는 중국거래선 의존도가 상대적으로 현저히 낮아 진정한 의미

의 해외시장 다변화가 가능한 글로벌 경쟁력을 갖춘 것으로 평가되고 있다. 2016년 개별기준 영업이익율 9%는 일반 제조기업은 물론 화장품제조 기업 평균을 훨씬 상회하는 매우 양호한 수준이다. 높은 외형 팽창에도 불구하고 여전한 수익력을 확보하고 있다는 점에서 코스맥스의 경쟁역량은 다시 한번 입증된다.

以各别财务制表为基准，科丝美诗2016年销售额大约为5.05千亿韩元（合并财务制表基准为7千6百亿韩元），3年的CAGR为42%（合并基准为51%），其中纯粹化妆品部门的销售为整体的87%左右，达4.4千亿韩元（包含海外法人化妆品部门销售为3千亿韩元，内部交易合并基准为7千4百亿韩元）。按照各别财务制表基准，基础化妆品领域占比化妆品部门整体销售的39%，达1.7千亿韩元，彩妆化妆品占据61%，达2.7千亿韩元。除了销售规模之外，最近三年的CAGR为41%，外观爆发性增长给人留下深刻印象。科丝美诗的发展得益于国际领先化妆品企业多数选择的海外交易线扩张，这一点非常值得鼓舞。一般对于韩国化妆品产业来说，海外市场主要意味着中国市场，不过科丝美诗的情况对于中国市场的依存度相对比较低，可以算是真正具备应对海外市场多变化的竞争实力。

2016年各别基准的营业利润率为9%，远高出一般制造企业还有化妆品制造企业的平均值，是非常不错的水平。除了外形上的膨胀，确保收益性的这一点，再次确认了科丝美诗的竞争实力。

### 화장품 원부자재제조 영역[化妆品辅料制造领域]

화장품 원부자재산업 영역은 화장품 제품속성 가치 측면이나 화장품 소비속성 가치 측면에서 결코 변두리 영역이 아니다. 화장품 packaging의 역할은 눈에 보이는 차원 이상의 또 다른 주요 본질가치로 자리매김 되고 있다.

无论是化妆品产品属性价值层面，还是化妆品消费属性价值层面，化妆品辅料产业绝非是边缘领域。化妆品packaging的作用，远远高于我们看到的表面，被定位为另外一个主要本质价值。

### 연우[Yonwo]

연우의 2016년 매출액은 약 2천 4백 억원, 3개년 CAGR 18%이다. 이를 지역별 시장으로 분류해 보면 한국시장이 전체매출의 약 57%, 미주시장이 약 22%, 아시아지역 시장이 약 10%, 유럽시장이 약 8% 그리고 기타 약 3% 정도로 보고되고 있다. 또한 이를 주요제품군으로 분류해 보면 펌프류가 전체 매출의 약 76%, 튜브류가 약 12%, 기타 12%의 구성 구조이다.

2016년 10%를 상회하는 영업이익율은 연우가 고객사에 제공하는 차별적 부가가치의 크기를 짐작하게 한다. 양호한 기업안정성 지표와 함께 이 같은 꾸준한 성장역량과 수익역량은 금융시장에서 꾸준히 추천종목으로 지목되고 있는 이유이기도 하다.

Yonwo的2016年销售额为2.4千亿韩元左右，三年CAGR为18%。按照地域市场来区分的话，韩国市场为10%，欧洲市场为8%，还有其他地区占据3%左右。还有从主要产品群来分类的话，瓶类占据76%，软管类为12%，其他为12%左右。

从2016年营业利润率上升10%可以看出，Yonwo向顾客公司提供的差别性附加价值。良好的企业安稳性指标，还有持续的发展实力和收益力量，这就是在金融市场被指定为推荐项目的理由。

### 펌텍코리아[pum-tech korea]

펌텍코리아의 2016년 매출액은 약 1천 7십억 원. 3개년 CAGR 40%이다. 최근 3개년의 급격한 외형성장에 따른 자금 수요의 증가 부담에도 불구하고 오히려 부채비율의 개선이 꾸준히 개선될 수 있었던 배경에는 2016년 기준 12%에 달하는 상당히 양호한 영업이익율이 뒷받침되었기 때문으로 판단된다. 화장품산업 전체 경쟁역량 자원에서 차지하는 화장품 원부자재의 역할을 감안할 때 펌텍코리아와 같은 우량 성장 전문 기업의 약진은 매우 고무적인 것으로 평가된다.

pum-tech korea2016年销售额为1.07千亿韩元，3年的CAGR为40%。随着最近三年的急剧增长导致了资金需求扩大负担，不过在负债率在不断改善的背景，2016年基准达12%的良好营业利润率的支撑下，情况尚好。考虑到化妆品辅料在化妆品产业整体竞争实力上所占据的重要地位，像pum-tech korea这样优秀企业的崛起是非常值得鼓舞的。

---

## 한국화장품기업 경영지표

단위; 억원%

###  아모레퍼시픽

| 항목 / 연도 | 2016 | 2015 | 2014 |
|---|---|---|---|
| 매출액 | 42,708 | 37,579 | 31,823 |
| 매출증감율 | 14% | 18% | |
| 영업이익율 | 18% | 18% | 16% |
| 영업현금흐름 | 5718 | 5328 | 4873 |
| 부채비율 | 21% | 20% | 22% |

MPI지표　　　　　MPI 지표 세분 순위

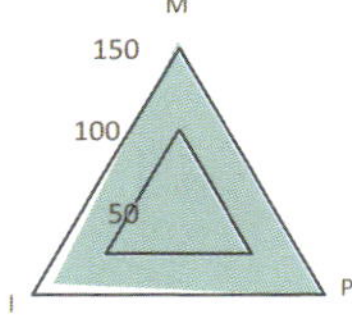

### 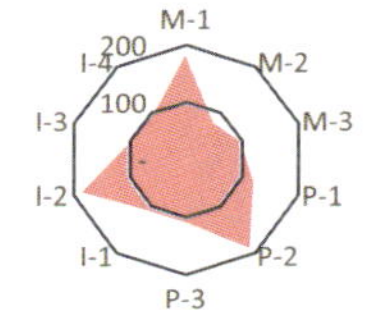 이니스프리

| 항목 / 연도 | 2016 | 2015 | 2014 |
|---|---|---|---|
| 매출액 | 7,678 | 5,920 | 4,566 |
| 매출증감율 | 30% | 30% | |
| 영업이익율 | 26% | 21% | 17% |
| 영업현금흐름 | 1383 | 843 | 852 |
| 부채비율 | 26% | 35% | 48% |

MPI지표　　　　　MPI 지표 세분 순위

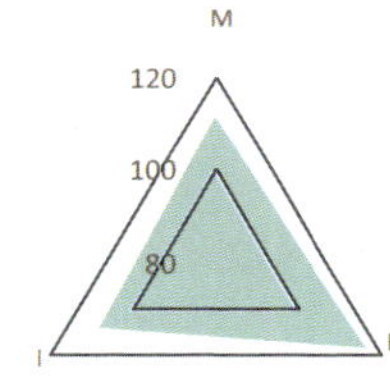

###  LG생활건강

| 항목 / 연도 | 2016 | 2015 | 2014 |
|---|---|---|---|
| 매출액 | 36,609 | 30,313 | 25,133 |
| 매출증감율 | 21% | 21% | |
| 영업이익율 | 18% | 15% | 12% |
| 영업현금흐름 | 5287 | 3897 | 3310 |
| 부채비율 | 65% | 102% | 119% |

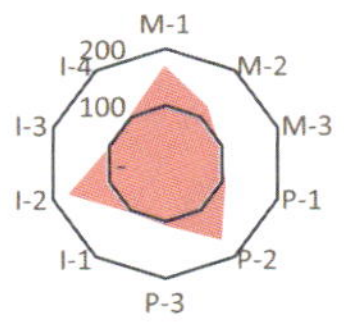

MPI지표　　　　　MPI 지표 세분 순위

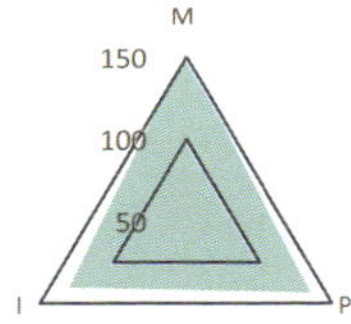

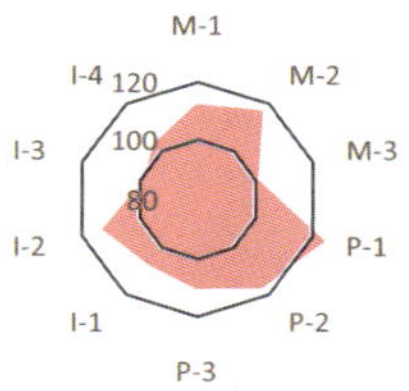

### 4 카버코리아(A.H.C)

| 항목 / 연도 | 2016 | 2015 | 2014 |
|---|---|---|---|
| 매출액 | 4,295 | 1,564 | 499 |
| 매출증감율 | 175% | 213% | |
| 영업이익율 | 42% | 31% | 20% |
| 영업현금흐름 | 1738 | 504 | 10 |
| 부채비율 | 47% | 57% | 150% |

MPI지표　　　　　MPI 지표 세분 순위

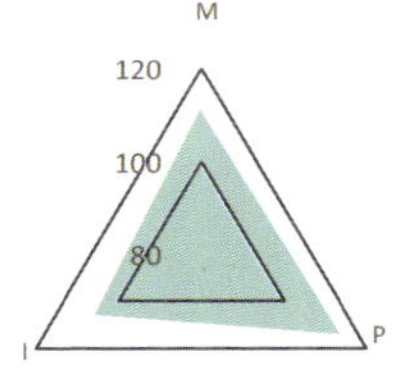

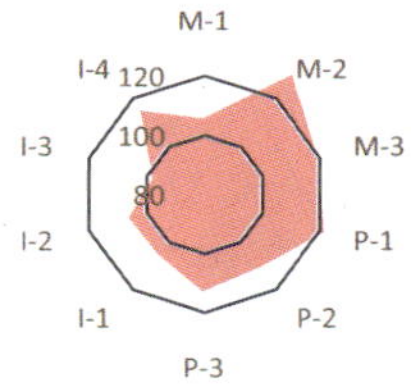

## 5 엘앤피코스메틱(메디힐)

| 항목 / 연도 | 2016 | 2015 | 2014 |
| --- | --- | --- | --- |
| 매출액 | 3,958 | 2,049 | 570 |
| 매출증감율 | 93% | 259% | |
| 영업이익율 | 33% | 26% | 32% |
| 영업현금흐름 | 734 | 509 | 143 |
| 부채비율 | 22% | 36% | 68% |

MPI지표     MPI 지표 세분 순위

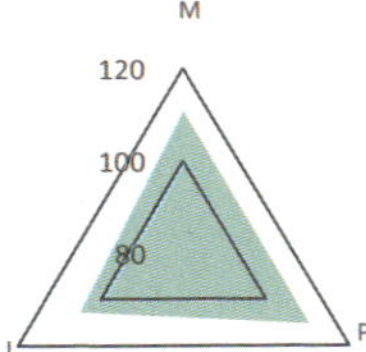 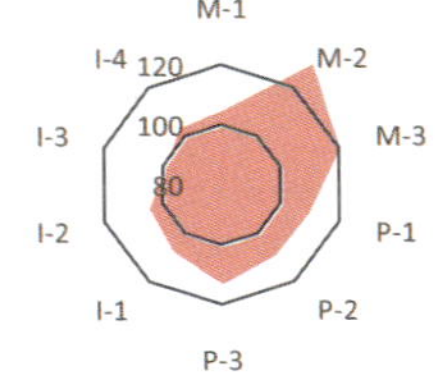

## 8 코스맥스

| 항목 / 연도 | 2016 | 2015 | 2014 |
| --- | --- | --- | --- |
| 매출액 | 5,050 | 3,724 | 2,489 |
| 매출증감율 | 36% | 50% | |
| 영업이익율 | 9% | 8% | 8% |
| 영업현금흐름 | 189 | 47 | 65 |
| 부채비율 | 112% | 215% | 212% |

MPI지표     MPI 지표 세분 순위

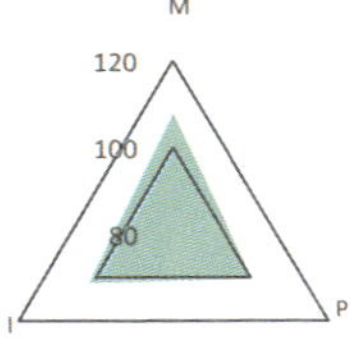 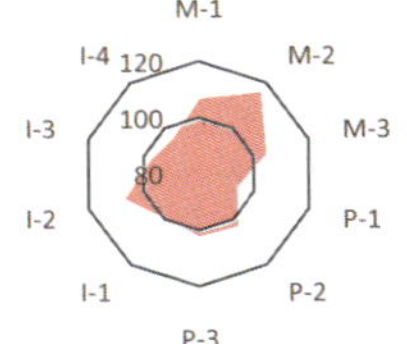

## 6 해브앤비(닥터자르트)

| 항목 / 연도 | 2016 | 2015 | 2014 |
| --- | --- | --- | --- |
| 매출액 | 2,371 | 863 | 335 |
| 매출증감율 | 175% | 158% | |
| 영업이익율 | 30% | 21% | 13% |
| 영업현금흐름 | 411 | 133 | 1 |
| 부채비율 | 33% | 58% | 25% |

MPI지표     MPI 지표 세분 순위

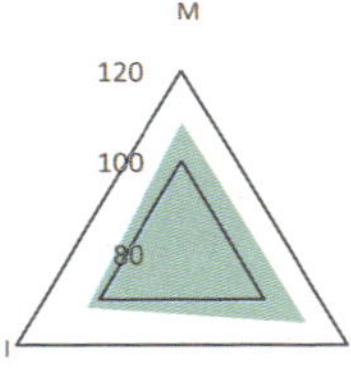 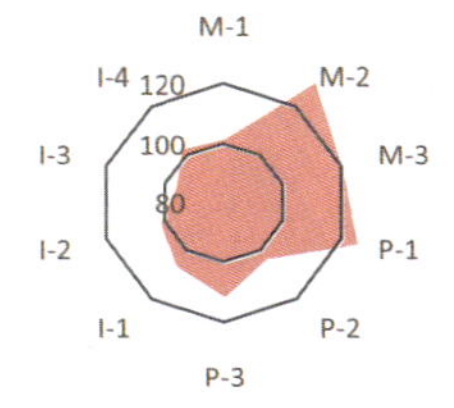

## 9 클리오

| 항목 / 연도 | 2016 | 2015 | 2014 |
| --- | --- | --- | --- |
| 매출액 | 1,964 | 1,069 | 424 |
| 매출증감율 | 84% | 152% | |
| 영업이익율 | 14% | 21% | 1% |
| 영업현금흐름 | 54 | 397 | -7 |
| 부채비율 | 69% | 132% | 213% |

MPI지표     MPI 지표 세분 순위

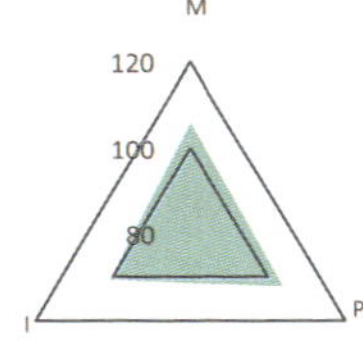 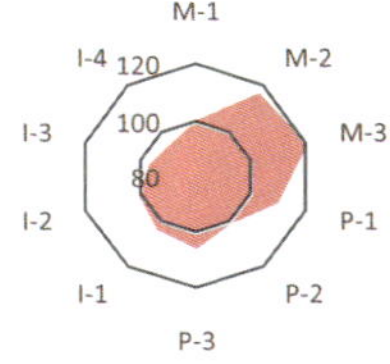

## 7 한국콜마

| 항목 / 연도 | 2016 | 2015 | 2014 |
| --- | --- | --- | --- |
| 매출액 | 6,195 | 5,065 | 4,390 |
| 매출증감율 | 22% | 15% | |
| 영업이익율 | 11% | 11% | 10% |
| 영업현금흐름 | 326 | 515 | 344 |
| 부채비율 | 51% | 49% | 81% |

MPI지표     MPI 지표 세분 순위

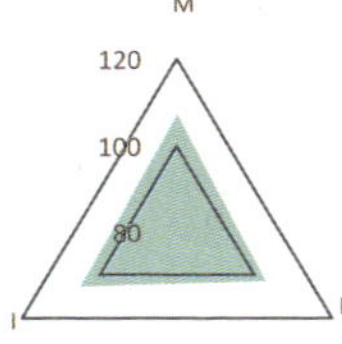 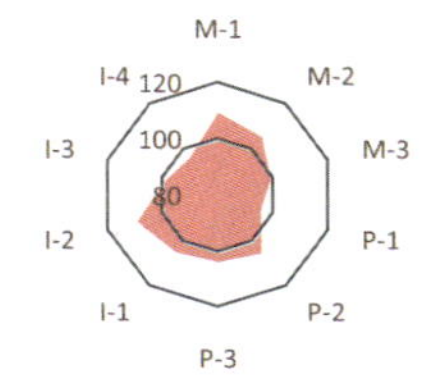

## 10 더페이스샵

| 항목 / 연도 | 2016 | 2015 | 2014 |
| --- | --- | --- | --- |
| 매출액 | 5,638 | 5,403 | 5,329 |
| 매출증감율 | 4% | 1% | |
| 영업이익율 | 10% | 14% | 15% |
| 영업현금흐름 | 465 | 665 | 734 |
| 부채비율 | 38% | 35% | 46% |

MPI지표     MPI 지표 세분 순위

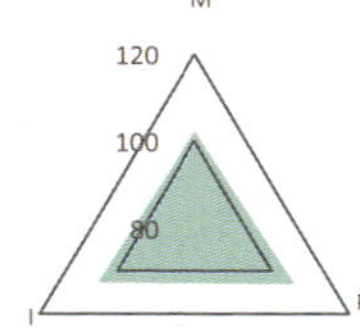 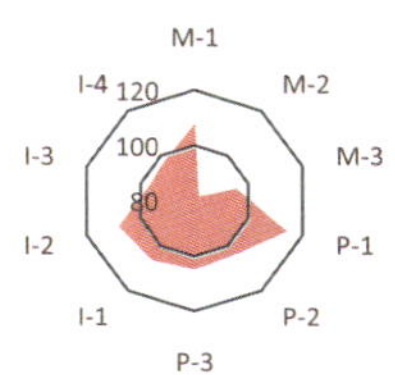

## 11 에스디생명공학(SNP화장품)

| 항목 / 연도 | 2016 | 2015 | 2014 |
| --- | --- | --- | --- |
| 매출액 | 1,020 | 746 | 96 |
| 매출증감율 | 37% | 677% | |
| 영업이익율 | 30% | 36% | 31% |
| 영업현금흐름 | 152 | 223 | 21 |
| 부채비율 | 22% | 38% | 109% |

| MPI지표 | MPI 지표 세분 순위 |
| --- | --- |

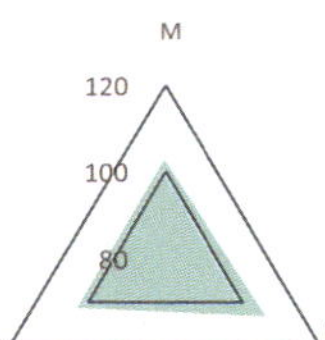
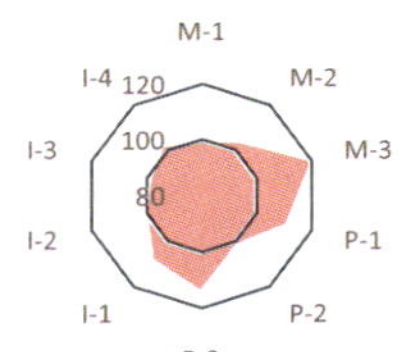

## 14 에뛰드

| 항목 / 연도 | 2016 | 2015 | 2014 |
| --- | --- | --- | --- |
| 매출액 | 3,166 | 2,577 | 2,810 |
| 매출증감율 | 23% | −8% | |
| 영업이익율 | 9% | 1% | 4% |
| 영업현금흐름 | 356 | 32 | 180 |
| 부채비율 | 52% | 68% | 86% |

| MPI지표 | MPI 지표 세분 순위 |
| --- | --- |

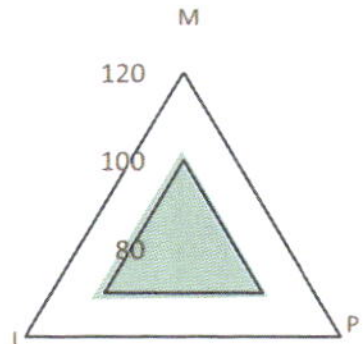
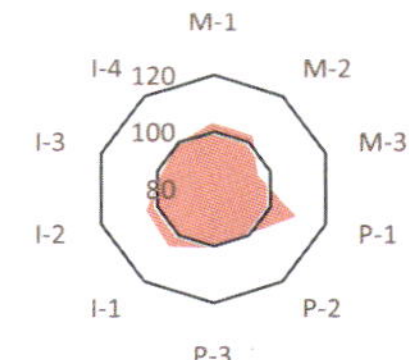

## 12 케어젠

| 항목 / 연도 | 2016 | 2015 | 2014 |
| --- | --- | --- | --- |
| 매출액 | 468 | 364 | 285 |
| 매출증감율 | 29% | 28% | |
| 영업이익율 | 56% | 56% | 56% |
| 영업현금흐름 | 846 | −982 | 143 |
| 부채비율 | 4% | 3% | 12% |

| MPI지표 | MPI 지표 세분 순위 |
| --- | --- |

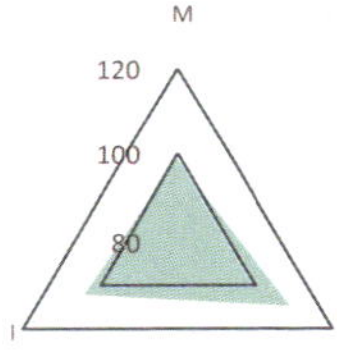
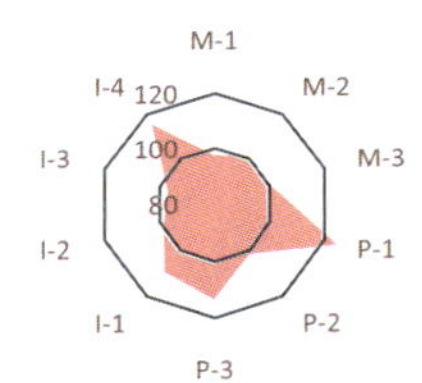

## 15 씨앤피코스메틱스

| 항목 / 연도 | 2016 | 2015 | 2014 |
| --- | --- | --- | --- |
| 매출액 | 523 | 321 | 256 |
| 매출증감율 | 63% | 25% | |
| 영업이익율 | 14% | 18% | 20% |
| 영업현금흐름 | 56 | 51 | 23 |
| 부채비율 | 27% | 23% | 20% |

| MPI지표 | MPI 지표 세분 순위 |
| --- | --- |

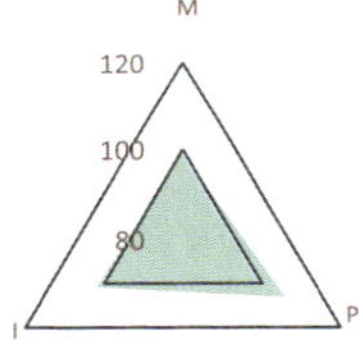
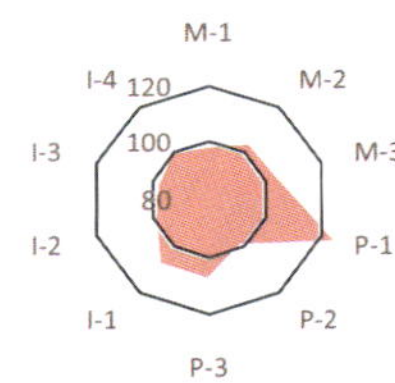

## 13 잇츠스킨(잇츠한불)

| 항목 / 연도 | 2016 | 2015 | 2014 |
| --- | --- | --- | --- |
| 매출액 | 2,674 | 3,095 | 2,418 |
| 매출증감율 | −14% | 28% | |
| 영업이익율 | 27% | 36% | 41% |
| 영업현금흐름 | 0 | 0 | 0 |
| 부채비율 | 9% | 22% | 93% |

| MPI지표 | MPI 지표 세분 순위 |
| --- | --- |

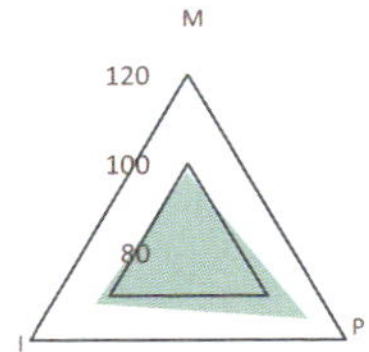
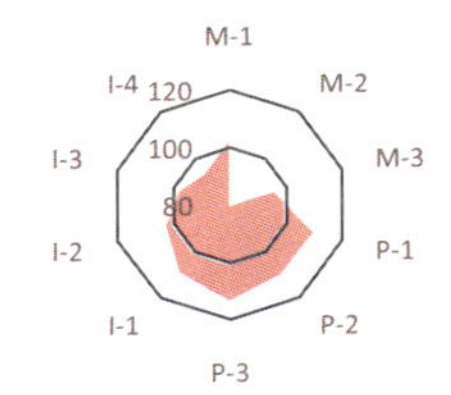

## 16 애경산업

| 항목 / 연도 | 2016 | 2015 | 2014 |
| --- | --- | --- | --- |
| 매출액 | 5,067 | 4,594 | 4,069 |
| 매출증감율 | 10% | 13% | |
| 영업이익율 | 8% | 6% | 2% |
| 영업현금흐름 | 534 | 401 | 28 |
| 부채비율 | 150% | 176% | 242% |

| MPI지표 | MPI 지표 세분 순위 |
| --- | --- |

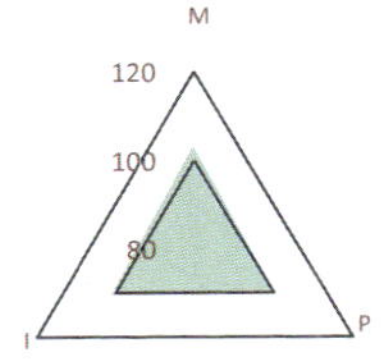
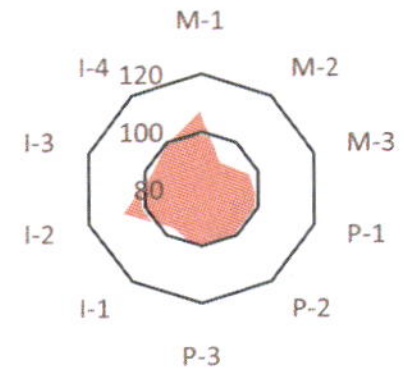

### 17 고세코리아

| 항목 / 연도 | 2016 | 2015 | 2014 |
|---|---|---|---|
| 매출액 | 527 | 269 | 225 |
| 매출증감율 | 96% | 20% | |
| 영업이익율 | 26% | 11% | 7% |
| 영업현금흐름 | 184 | 30 | 34 |
| 부채비율 | 63% | 44% | 39% |

MPI지표     MPI 지표 세분 순위

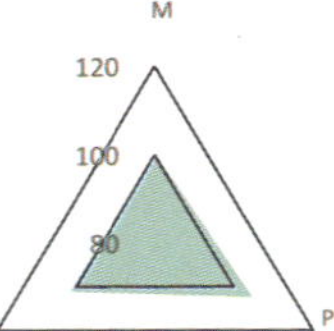
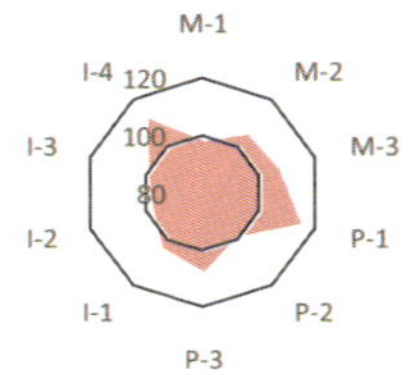

### 20 지디케이화장품

| 항목 / 연도 | 2016 | 2015 | 2014 |
|---|---|---|---|
| 매출액 | 855 | 809 | 265 |
| 매출증감율 | 6% | 205% | |
| 영업이익율 | 21% | 19% | 8% |
| 영업현금흐름 | 131 | 103 | 27 |
| 부채비율 | 26% | 85% | 347% |

MPI지표     MPI 지표 세분 순위

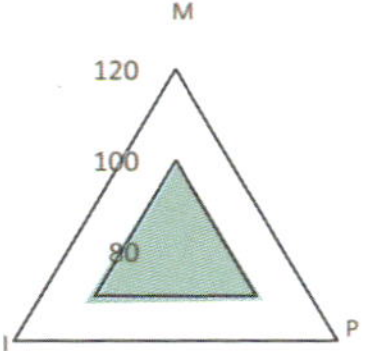
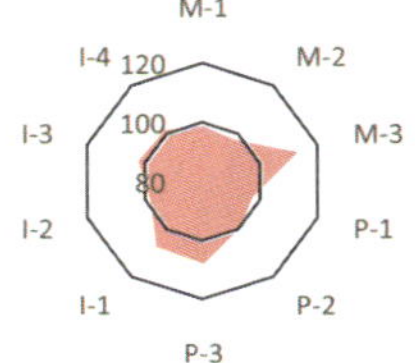

### 18 에이블씨엔씨

| 항목 / 연도 | 2016 | 2015 | 2014 |
|---|---|---|---|
| 매출액 | 3,835 | 3,561 | 3,985 |
| 매출증감율 | 8% | −11% | |
| 영업이익율 | 6% | 4% | 1% |
| 영업현금흐름 | 272 | 290 | −110 |
| 부채비율 | 39% | 30% | 30% |

MPI지표     MPI 지표 세분 순위

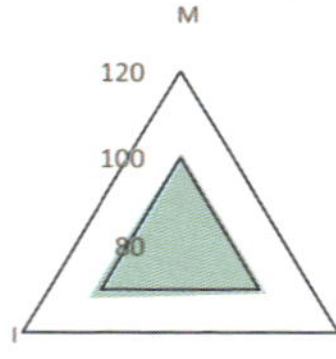
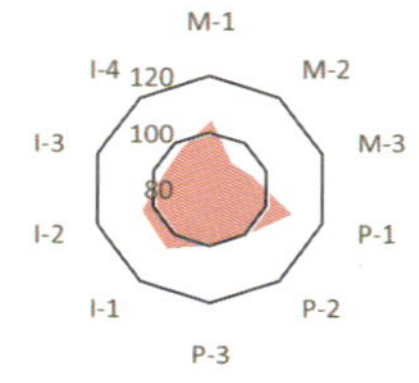

### 21 코스메카코리아

| 항목 / 연도 | 2016 | 2015 | 2014 |
|---|---|---|---|
| 매출액 | 1,521 | 949 | 687 |
| 매출증감율 | 60% | 38% | |
| 영업이익율 | 7% | 7% | 6% |
| 영업현금흐름 | 55 | 34 | 63 |
| 부채비율 | 29% | 168% | 159% |

MPI지표     MPI 지표 세분 순위

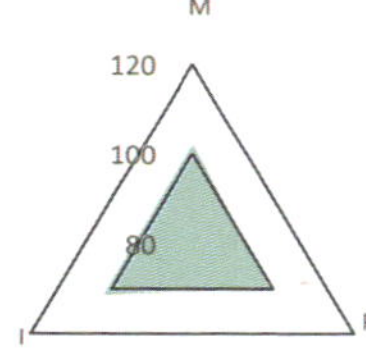
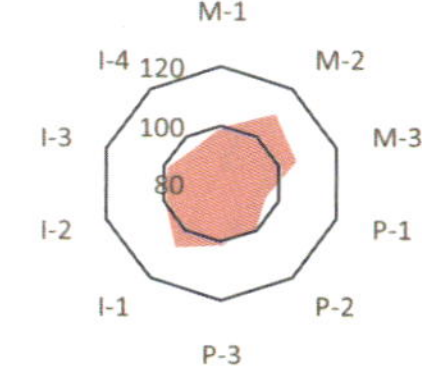

### 19 네오팜

| 항목 / 연도 | 2016 | 2015 | 2014 |
|---|---|---|---|
| 매출액 | 422 | 359 | 256 |
| 매출증감율 | 18% | 40% | |
| 영업이익율 | 24% | 17% | 20% |
| 영업현금흐름 | 98 | 60 | 68 |
| 부채비율 | 20% | 24% | 15% |

MPI지표     MPI 지표 세분 순위

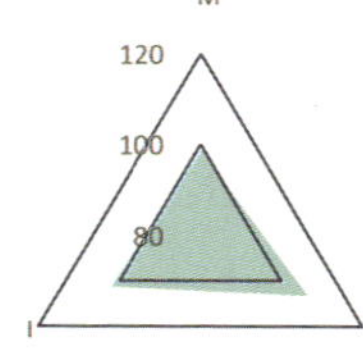
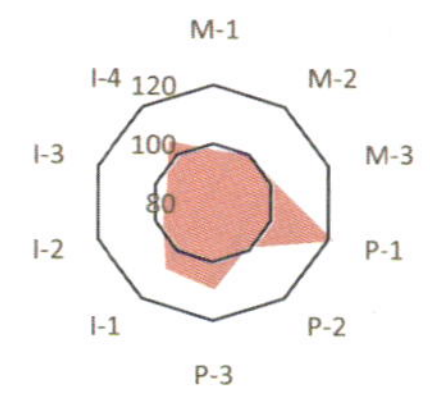

### 22 아모스프로페셔널

| 항목 / 연도 | 2016 | 2015 | 2014 |
|---|---|---|---|
| 매출액 | 792 | 646 | 546 |
| 매출증감율 | 23% | 18% | |
| 영업이익율 | 20% | 20% | 21% |
| 영업현금흐름 | 105 | 112 | 89 |
| 부채비율 | 16% | 19% | 19% |

MPI지표     MPI 지표 세분 순위

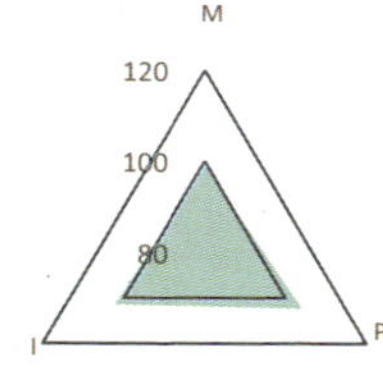
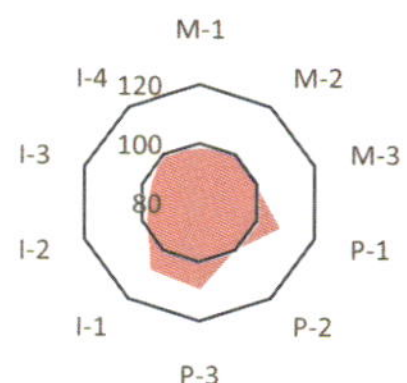

## 23 연우

| 항목 / 연도 | 2016 | 2015 | 2014 |
|---|---|---|---|
| 매출액 | 2,350 | 1,990 | 1,687 |
| 매출증감율 | 18% | 18% | |
| 영업이익율 | 11% | 9% | 7% |
| 영업현금흐름 | 248 | 252 | 174 |
| 부채비율 | 32% | 33% | 87% |

MPI지표 · MPI 지표 세분 순위

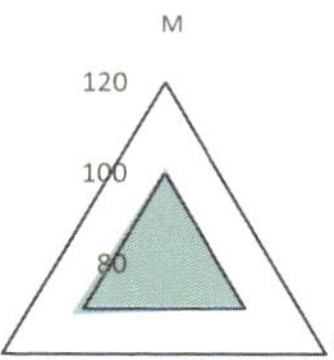
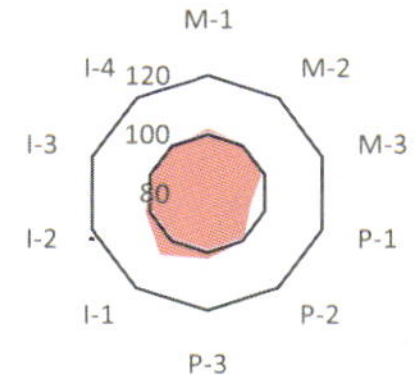

## 26 토니모리

| 항목 / 연도 | 2016 | 2015 | 2014 |
|---|---|---|---|
| 매출액 | 2,364 | 2,199 | 2,051 |
| 매출증감율 | 8% | 7% | |
| 영업이익율 | 10% | 8% | 7% |
| 영업현금흐름 | 99 | 12 | 144 |
| 부채비율 | 40% | 33% | 96% |

MPI지표 · MPI 지표 세분 순위

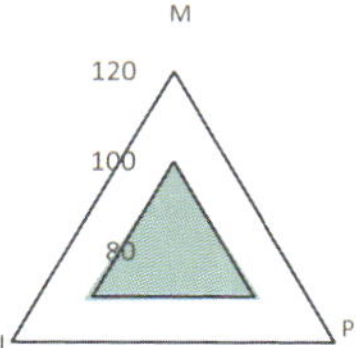
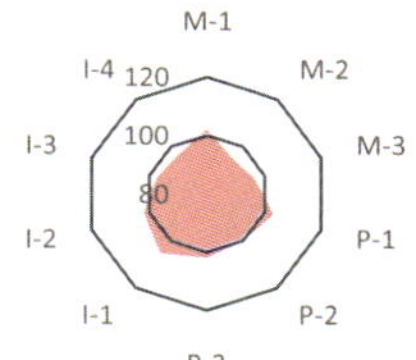

## 24 콜마비앤에이치

| 항목 / 연도 | 2016 | 2015 | 2014 |
|---|---|---|---|
| 매출액 | 2,559 | 2,361 | |
| 매출증감율 | 8% | | |
| 영업이익율 | 14% | 15% | |
| 영업현금흐름 | 209 | 174 | |
| 부채비율 | 18% | 26% | |

MPI지표 · MPI 지표 세분 순위

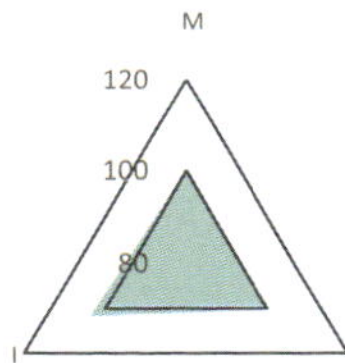
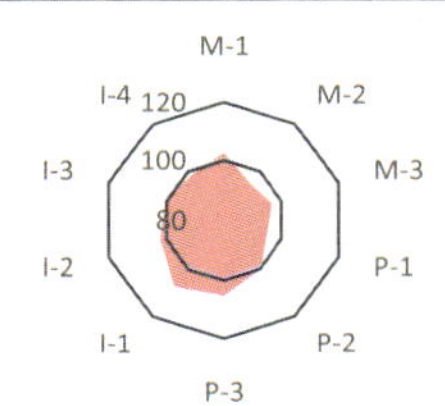

## 27 화성화학

| 항목 / 연도 | 2016 | 2015 | 2014 |
|---|---|---|---|
| 매출액 | 774 | 542 | |
| 매출증감율 | 43% | | |
| 영업이익율 | 19% | 16% | |
| 영업현금흐름 | 112 | 50 | |
| 부채비율 | 84% | 152% | |

MPI지표 · MPI 지표 세분 순위

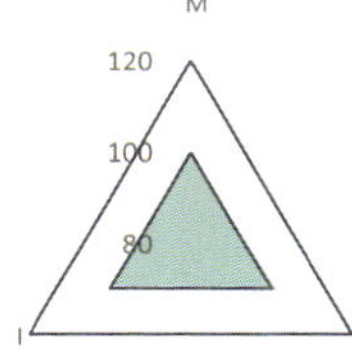
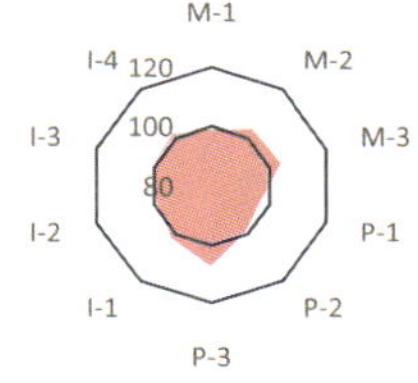

## 25 더샘인터내셔날

| 항목 / 연도 | 2016 | 2015 | 2014 |
|---|---|---|---|
| 매출액 | 1,400 | 716 | 440 |
| 매출증감율 | 96% | 63% | |
| 영업이익율 | 15% | −1% | −14% |
| 영업현금흐름 | 202 | 31 | −17 |
| 부채비율 | 237% | 5767% | 543% |

MPI지표 · MPI 지표 세분 순위

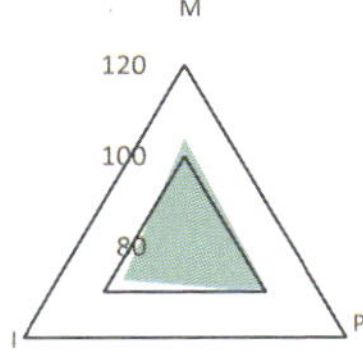
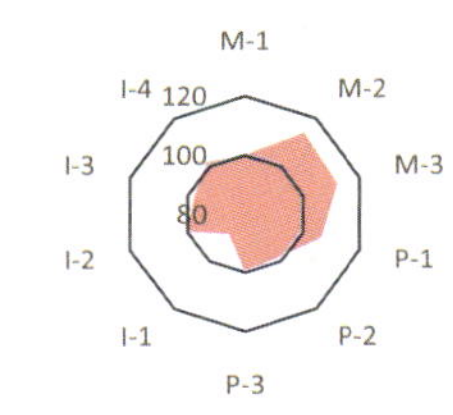

## 28 케미코스

| 항목 / 연도 | 2016 | 2015 | 2014 |
|---|---|---|---|
| 매출액 | 398 | 323 | 252 |
| 매출증감율 | 23% | 28% | |
| 영업이익율 | 20% | 23% | 22% |
| 영업현금흐름 | 84 | 42 | 23 |
| 부채비율 | 44% | 81% | 137% |

MPI지표 · MPI 지표 세분 순위

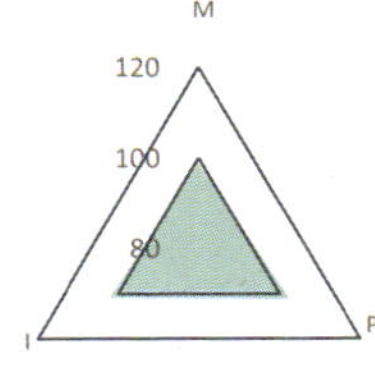
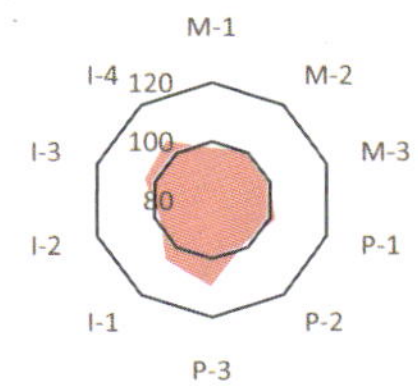

### 29 리치코스

| 항목 / 연도 | 2016 | 2015 | 2014 |
| --- | --- | --- | --- |
| 매출액 | 301 | 232 | 149 |
| 매출증감율 | 30% | 56% | |
| 영업이익율 | 19% | 17% | 23% |
| 영업현금흐름 | 72 | 3 | 29 |
| 부채비율 | 50% | 75% | 103% |

MPI지표 　　　　 MPI 지표 세분 순위

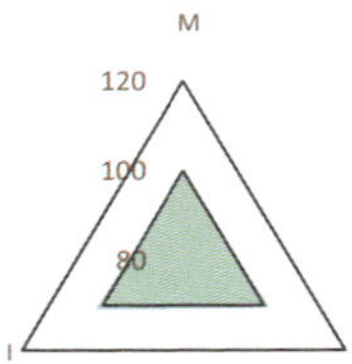
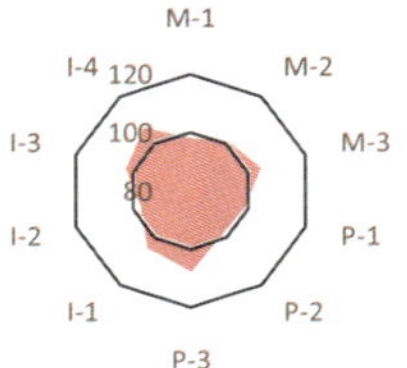

### 32 한국화장품제조

| 항목 / 연도 | 2016 | 2015 | 2014 |
| --- | --- | --- | --- |
| 매출액 | 649 | 454 | 354 |
| 매출증감율 | 43% | 28% | |
| 영업이익율 | 10% | 11% | 6% |
| 영업현금흐름 | 110 | 71 | −2 |
| 부채비율 | 51% | 44% | 41% |

MPI지표 　　　　 MPI 지표 세분 순위

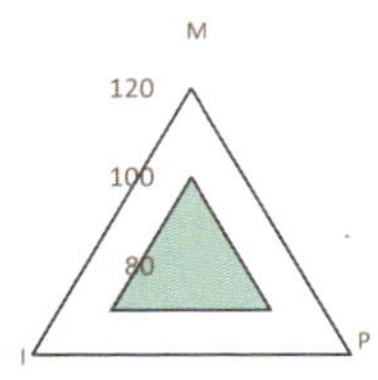
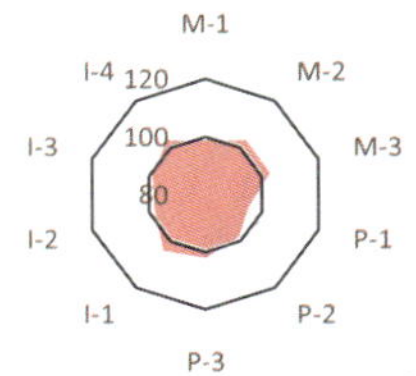

### 30 코스온

| 항목 / 연도 | 2016 | 2015 | 2014 |
| --- | --- | --- | --- |
| 매출액 | 772 | 619 | 264 |
| 매출증감율 | 25% | 134% | |
| 영업이익율 | 11% | 11% | 8% |
| 영업현금흐름 | −109 | −10 | −25 |
| 부채비율 | 59% | 46% | 72% |

MPI지표 　　　　 MPI 지표 세분 순위

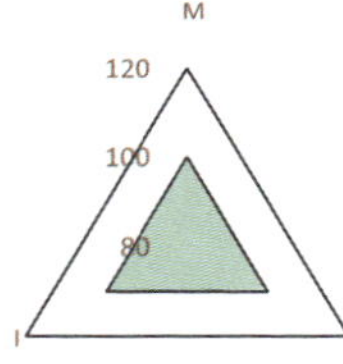
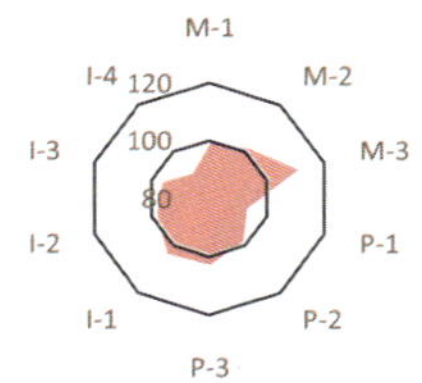

### 33 비에스케이코퍼레이션

| 항목 / 연도 | 2016 | 2015 | 2014 |
| --- | --- | --- | --- |
| 매출액 | 929 | 942 | 931 |
| 매출증감율 | −1% | 1% | |
| 영업이익율 | 6% | 6% | 9% |
| 영업현금흐름 | 108 | 105 | 126 |
| 부채비율 | 14% | 14% | 19% |

MPI지표 　　　　 MPI 지표 세분 순위

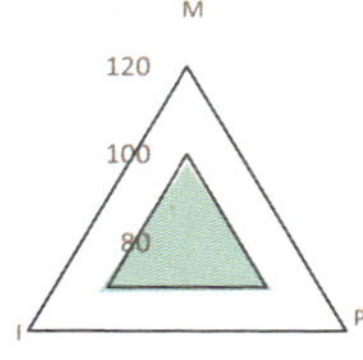
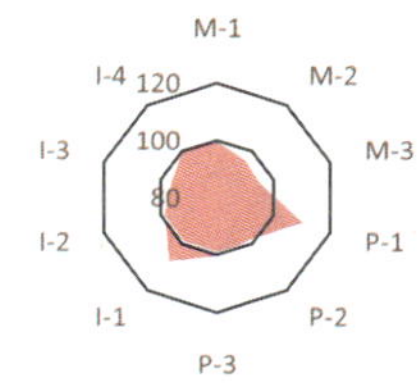

### 31 펌텍코리아

| 항목 / 연도 | 2016 | 2015 | 2014 |
| --- | --- | --- | --- |
| 매출액 | 1,069 | 828 | 547 |
| 매출증감율 | 29% | 51% | |
| 영업이익율 | 12% | 11% | 8% |
| 영업현금흐름 | 94 | 114 | −77 |
| 부채비율 | 126% | 180% | 220% |

MPI지표 　　　　 MPI 지표 세분 순위

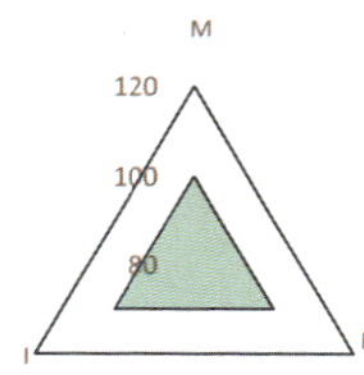
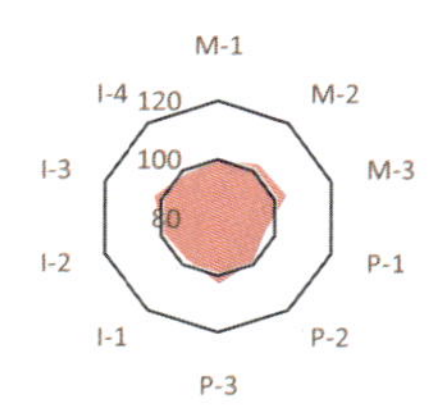

### 34 네이처리퍼블릭

| 항목 / 연도 | 2016 | 2015 | 2014 |
| --- | --- | --- | --- |
| 매출액 | 2,618 | 2,847 | 2,552 |
| 매출증감율 | −8% | 12% | |
| 영업이익율 | −4% | 6% | 9% |
| 영업현금흐름 | 26 | 51 | 196 |
| 부채비율 | 62% | 85% | 271% |

MPI지표 　　　　 MPI 지표 세분 순위

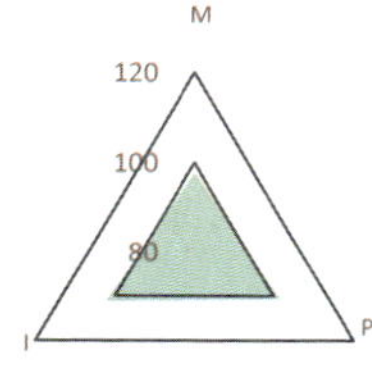
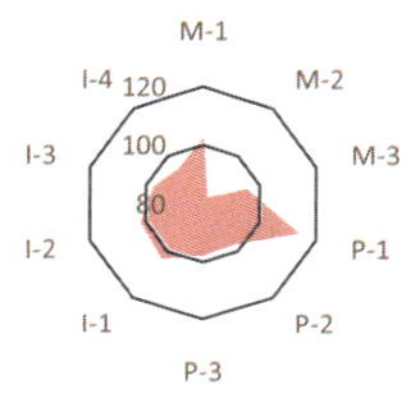

## 35 삼화플라스틱

| 항목 / 연도 | 2016 | 2015 | 2014 |
| --- | --- | --- | --- |
| 매출액 | 932 | 807 | 490 |
| 매출증감율 | 15% | 65% | |
| 영업이익율 | 11% | 10% | 4% |
| 영업현금흐름 | 76 | 102 | 13 |
| 부채비율 | 99% | 164% | 229% |

MPI지표　　　　MPI 지표 세분 순위

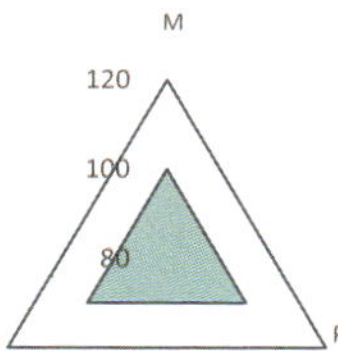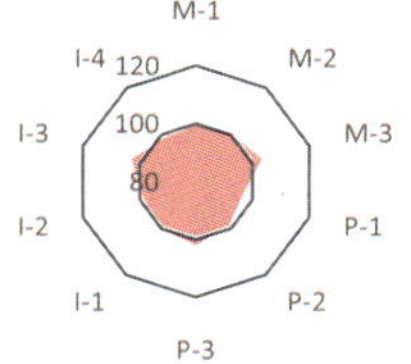

## 38 한불화장품

| 항목 / 연도 | 2016 | 2015 | 2014 |
| --- | --- | --- | --- |
| 매출액 | 1,017 | 1,231 | 900 |
| 매출증감율 | −17% | 37% | |
| 영업이익율 | 7% | 10% | 8% |
| 영업현금흐름 | 146 | 117 | 66 |
| 부채비율 | 48% | 47% | 50% |

MPI지표　　　　MPI 지표 세분 순위

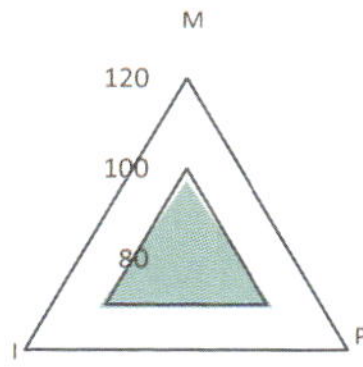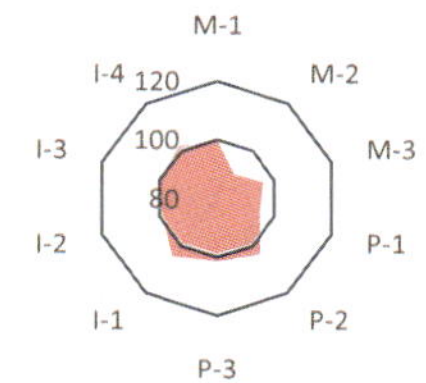

## 36 잉글우드랩

| 항목 / 연도 | 2016 | 2015 | 2014 |
| --- | --- | --- | --- |
| 매출액 | 682 | 517 | – |
| 매출증감율 | 32% | | |
| 영업이익율 | 9% | 10% | 0% |
| 영업현금흐름 | −29 | −3 | 0 |
| 부채비율 | 13% | 73% | 0% |

MPI지표　　　　MPI 지표 세분 순위

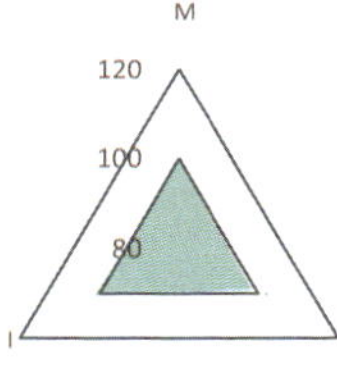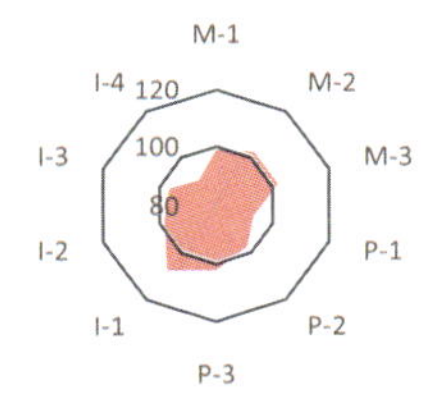

## 39 SUN(승일)

| 항목 / 연도 | 2016 | 2015 | 2014 |
| --- | --- | --- | --- |
| 매출액 | 1,384 | 1,250 | 1,294 |
| 매출증감율 | 11% | −3% | |
| 영업이익율 | 4% | 6% | 6% |
| 영업현금흐름 | 75 | 62 | 154 |
| 부채비율 | 29% | 29% | 26% |

MPI지표　　　　MPI 지표 세분 순위

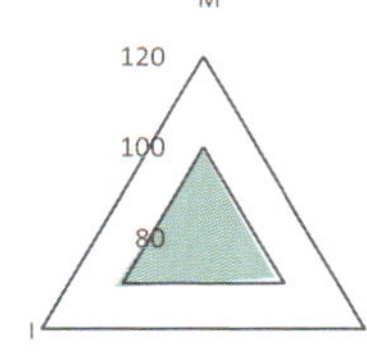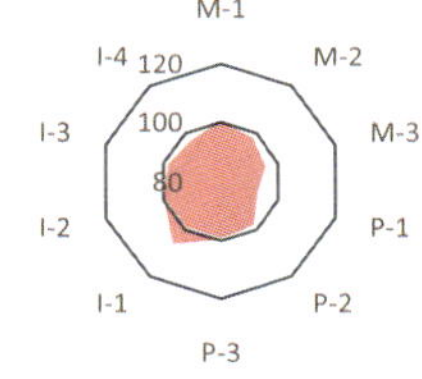

## 37 대봉엘에스

| 항목 / 연도 | 2016 | 2015 | 2014 |
| --- | --- | --- | --- |
| 매출액 | 633 | 534 | 476 |
| 매출증감율 | 19% | 12% | |
| 영업이익율 | 12% | 11% | 10% |
| 영업현금흐름 | 44 | 57 | 9 |
| 부채비율 | 15% | 14% | 12% |

MPI지표　　　　MPI 지표 세분 순위

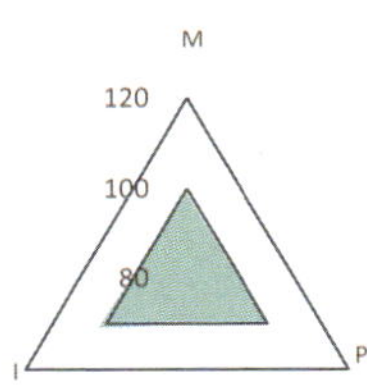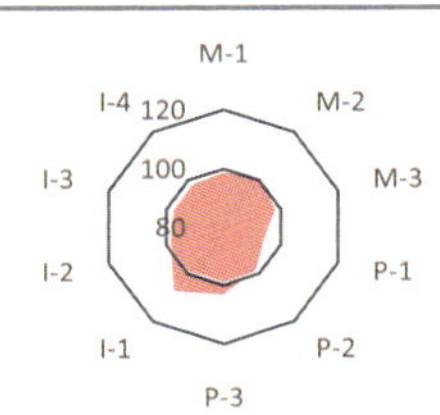

## 40 KCI

| 항목 / 연도 | 2016 | 2015 | 2014 |
| --- | --- | --- | --- |
| 매출액 | 443 | 386 | 391 |
| 매출증감율 | 15% | −1% | |
| 영업이익율 | 19% | 17% | 8% |
| 영업현금흐름 | 11 | 97 | 56 |
| 부채비율 | 28% | 26% | 39% |

MPI지표　　　　MPI 지표 세분 순위

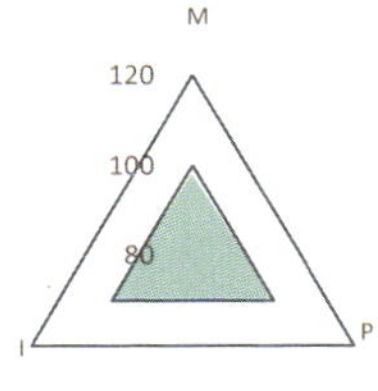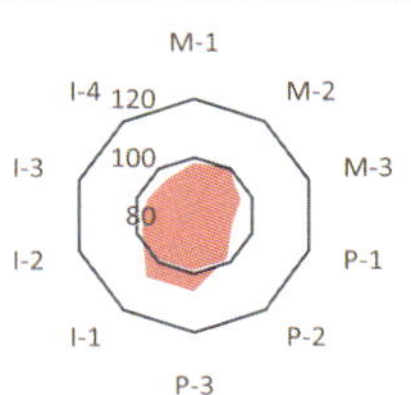

## 41 제니스

| 항목 / 연도 | 2016 | 2015 | 2014 |
|---|---|---|---|
| 매출액 | 364 | 244 | |
| 매출증감율 | 49% | | |
| 영업이익율 | 4% | 9% | |
| 영업현금흐름 | −11 | 20 | |
| 부채비율 | 51% | 28% | |

MPI지표    MPI 지표 세분 순위

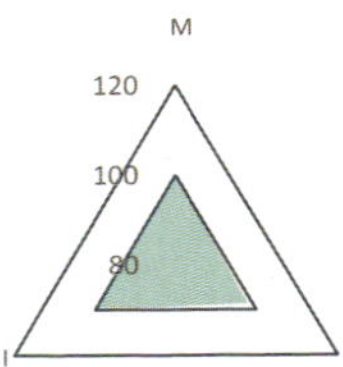
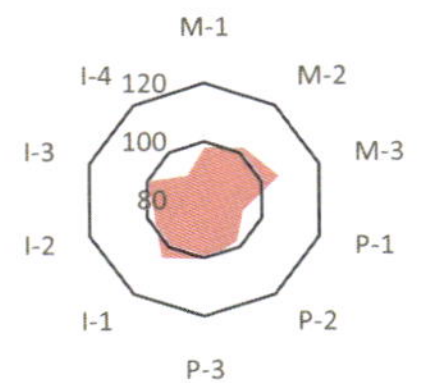

## 44 코리아나화장품

| 항목 / 연도 | 2016 | 2015 | 2014 |
|---|---|---|---|
| 매출액 | 1,177 | 1,322 | 958 |
| 매출증감율 | −11% | 38% | |
| 영업이익율 | 3% | 5% | −5% |
| 영업현금흐름 | 53 | 26 | 15 |
| 부채비율 | 43% | 51% | 68% |

MPI지표    MPI 지표 세분 순위

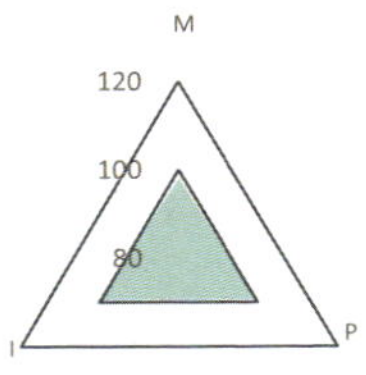
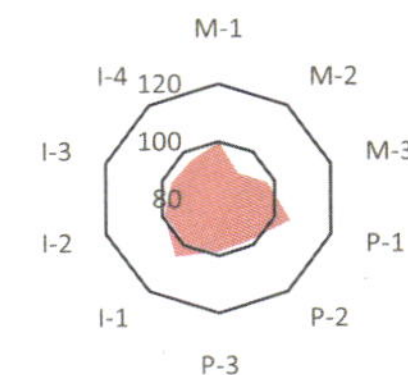

## 42 다린

| 항목 / 연도 | 2016 | 2015 | 2014 |
|---|---|---|---|
| 매출액 | 484 | 426 | 400 |
| 매출증감율 | 14% | 6% | |
| 영업이익율 | 8% | 11% | 9% |
| 영업현금흐름 | 57 | 63 | 39 |
| 부채비율 | 31% | 38% | 51% |

MPI지표    MPI 지표 세분 순위

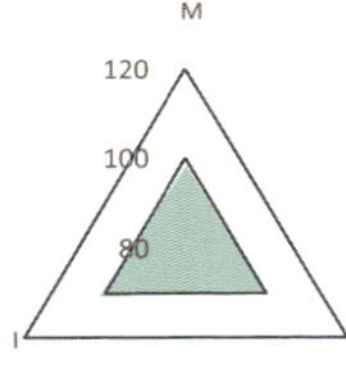
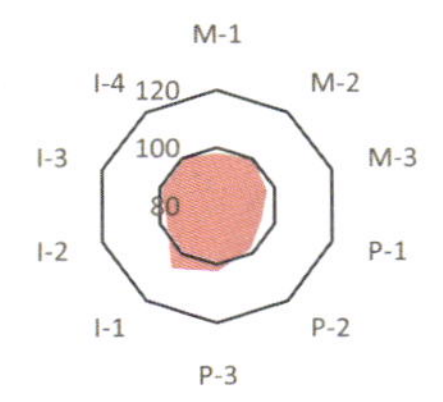

## 45 엔프라니

| 항목 / 연도 | 2016 | 2015 | 2014 |
|---|---|---|---|
| 매출액 | 827 | 813 | 800 |
| 매출증감율 | 2% | 2% | |
| 영업이익율 | 3% | 6% | 7% |
| 영업현금흐름 | 27 | 83 | 105 |
| 부채비율 | 66% | 126% | 198% |

MPI지표    MPI 지표 세분 순위

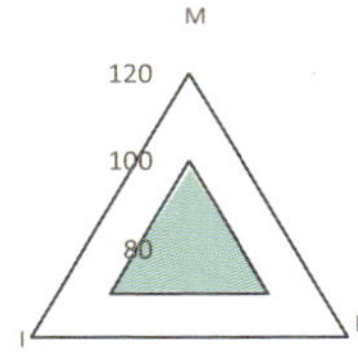
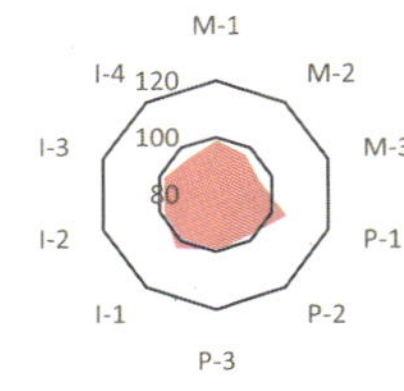

## 43 엔코스

| 항목 / 연도 | 2016 | 2015 | 2014 |
|---|---|---|---|
| 매출액 | 452 | 302 | |
| 매출증감율 | 50% | | |
| 영업이익율 | 8% | 10% | |
| 영업현금흐름 | 18 | 30 | |
| 부채비율 | 137% | 199% | |

MPI지표    MPI 지표 세분 순위

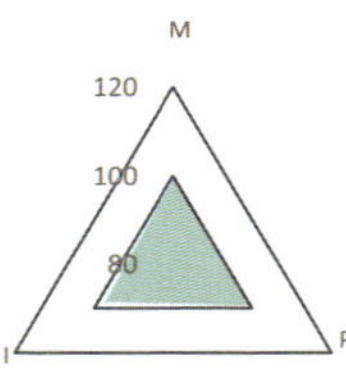
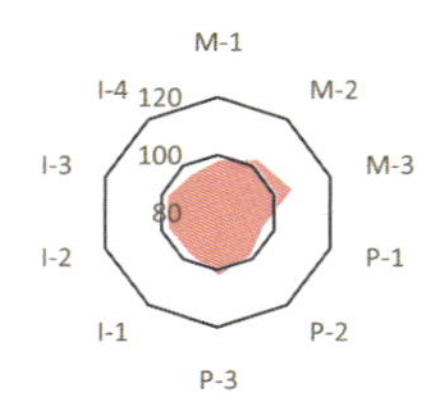

## 46 코스비전

| 항목 / 연도 | 2016 | 2015 | 2014 |
|---|---|---|---|
| 매출액 | 1,902 | 1,640 | 1,325 |
| 매출증감율 | 16% | 24% | |
| 영업이익율 | 1% | 3% | 3% |
| 영업현금흐름 | 19 | 103 | 48 |
| 부채비율 | 162% | 77% | 314% |

MPI지표    MPI 지표 세분 순위

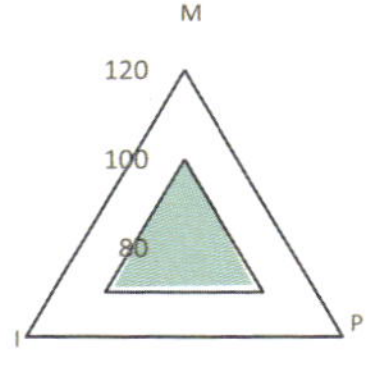
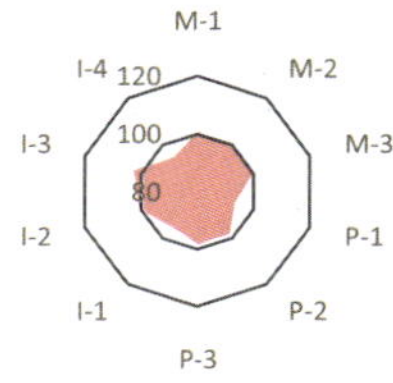

## 47 태성산업

| 항목 / 연도 | 2016 | 2015 | 2014 |
|---|---|---|---|
| 매출액 | 663 | 572 | 535 |
| 매출증감율 | 16% | 7% | |
| 영업이익율 | 10% | 14% | 16% |
| 영업현금흐름 | 59 | 93 | 114 |
| 부채비율 | 96% | 62% | 94% |

MPI지표 · MPI 지표 세분 순위

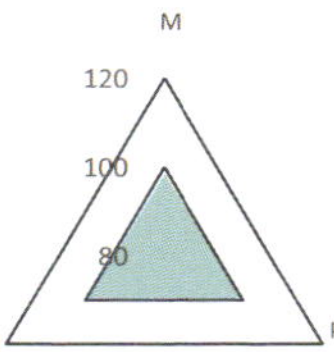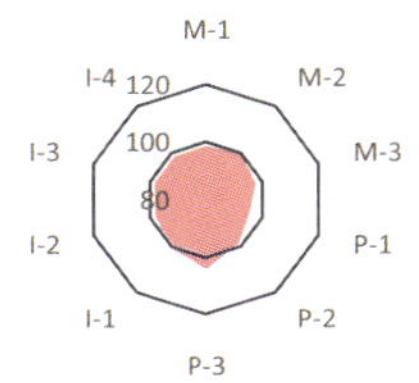

## 48 에스트라

| 항목 / 연도 | 2016 | 2015 | 2014 |
|---|---|---|---|
| 매출액 | 1,033 | 919 | 790 |
| 매출증감율 | 12% | 16% | |
| 영업이익율 | 2% | 0% | −5% |
| 영업현금흐름 | 43 | −229 | −201 |
| 부채비율 | 24% | 22% | 29% |

MPI지표 · MPI 지표 세분 순위

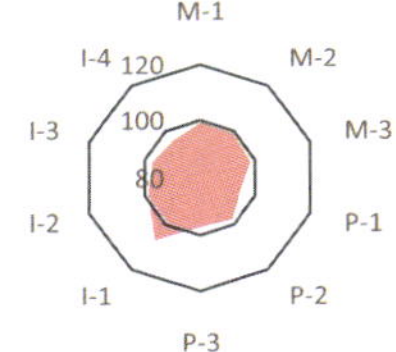

## 49 씨이오인터내셔널

| 항목 / 연도 | 2016 | 2015 | 2014 |
|---|---|---|---|
| 매출액 | 554 | 552 | 494 |
| 매출증감율 | 0% | 12% | |
| 영업이익율 | 7% | 11% | 15% |
| 영업현금흐름 | 17 | 43 | 49 |
| 부채비율 | 42% | 48% | 43% |

MPI지표 · MPI 지표 세분 순위

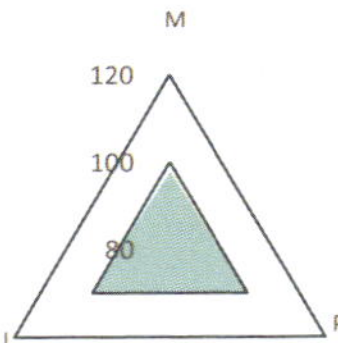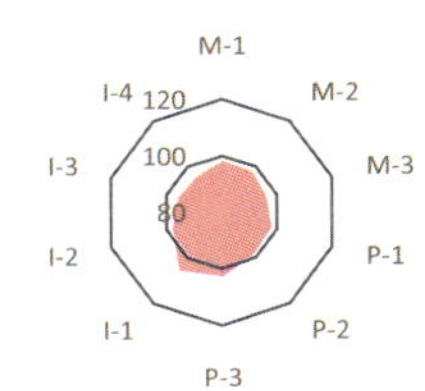

## 50 고원화성

| 항목 / 연도 | 2016 | 2015 | 2014 |
|---|---|---|---|
| 매출액 | 330 | 281 | 238 |
| 매출증감율 | 17% | 18% | |
| 영업이익율 | 9% | 7% | 10% |
| 영업현금흐름 | 22 | 10 | 28 |
| 부채비율 | 52% | 58% | 70% |

MPI지표 · MPI 지표 세분 순위

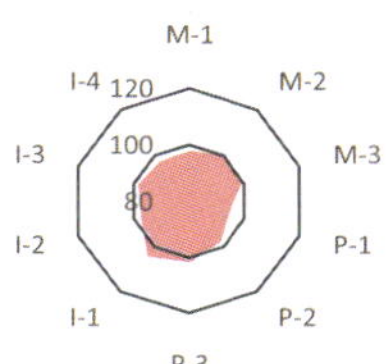

## 51 리더스코스메틱

| 항목 / 연도 | 2016 | 2015 | 2014 |
|---|---|---|---|
| 매출액 | 1,141 | 1,587 | 1,099 |
| 매출증감율 | −28% | 44% | |
| 영업이익율 | 14% | 20% | 18% |
| 영업현금흐름 | 218 | −92 | 237 |
| 부채비율 | 69% | 83% | 49% |

MPI지표 · MPI 지표 세분 순위

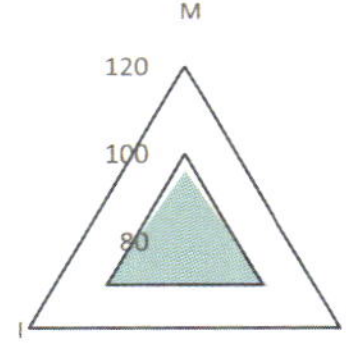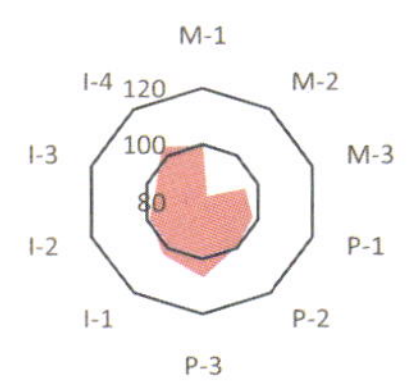

## 52 제닉

| 항목 / 연도 | 2016 | 2015 | 2014 |
|---|---|---|---|
| 매출액 | 614 | 629 | 616 |
| 매출증감율 | −2% | 2% | |
| 영업이익율 | 7% | 5% | 4% |
| 영업현금흐름 | 45 | 37 | 69 |
| 부채비율 | 24% | 33% | 35% |

MPI지표 · MPI 지표 세분 순위

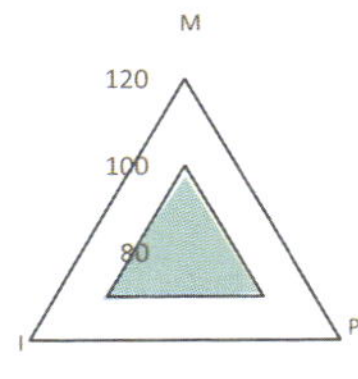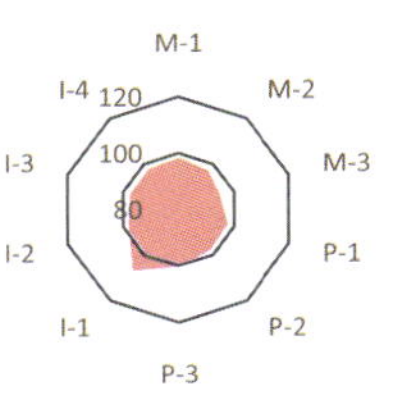

## 53 코익

| 항목 / 연도 | 2016 | 2015 | 2014 |
| --- | --- | --- | --- |
| 매출액 | 353 | 369 | 382 |
| 매출증감율 | −4% | −3% | |
| 영업이익율 | 2% | 3% | 5% |
| 영업현금흐름 | −5 | 57 | 26 |
| 부채비율 | 15% | 26% | 35% |

| MPI지표 | MPI 지표 세분 순위 |
| --- | --- |

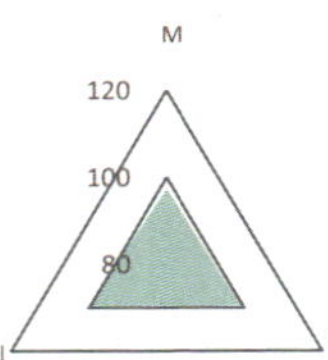 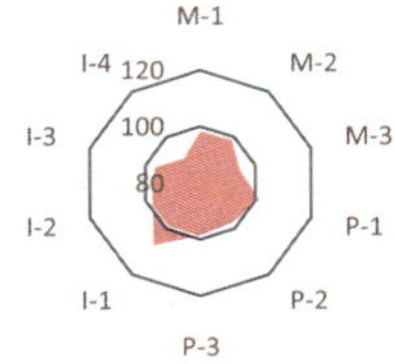

## 54 에이텍

| 항목 / 연도 | 2016 | 2015 | 2014 |
| --- | --- | --- | --- |
| 매출액 | 639 | 506 | 505 |
| 매출증감율 | 26% | 0% | |
| 영업이익율 | 5% | 4% | 5% |
| 영업현금흐름 | 56 | 29 | 50 |
| 부채비율 | 145% | 164% | 150% |

| MPI지표 | MPI 지표 세분 순위 |
| --- | --- |

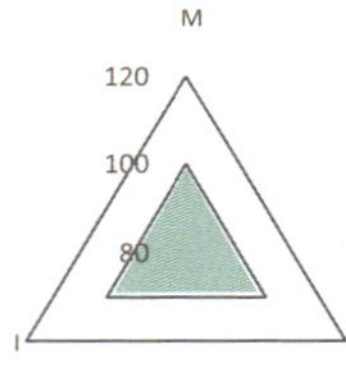 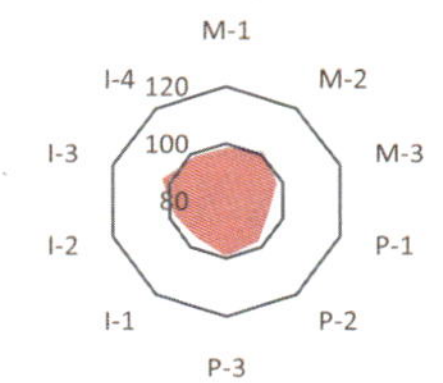

## 55 한국존슨앤드존슨

| 항목 / 연도 | 2016 | 2015 | 2014 |
| --- | --- | --- | --- |
| 매출액 | 1,402 | 1,351 | 1,297 |
| 매출증감율 | 4% | 4% | |
| 영업이익율 | 1% | −4% | −3% |
| 영업현금흐름 | 79 | −47 | −18 |
| 부채비율 | 125% | 147% | 103% |

| MPI지표 | MPI 지표 세분 순위 |
| --- | --- |

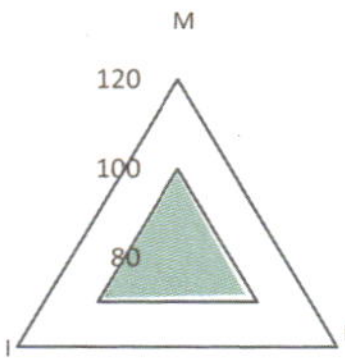 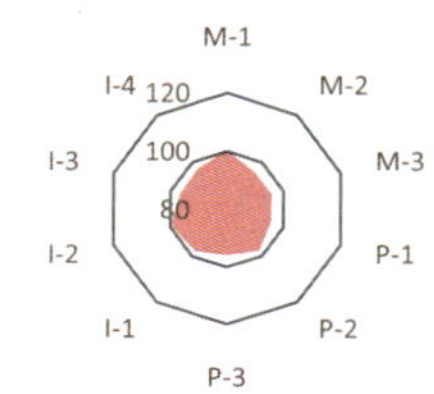

## 56 서울화장품

| 항목 / 연도 | 2016 | 2015 | 2014 |
| --- | --- | --- | --- |
| 매출액 | 539 | 455 | 494 |
| 매출증감율 | 18% | −8% | |
| 영업이익율 | 5% | 7% | 9% |
| 영업현금흐름 | 8 | 70 | −6 |
| 부채비율 | 118% | 95% | 103% |

| MPI지표 | MPI 지표 세분 순위 |
| --- | --- |

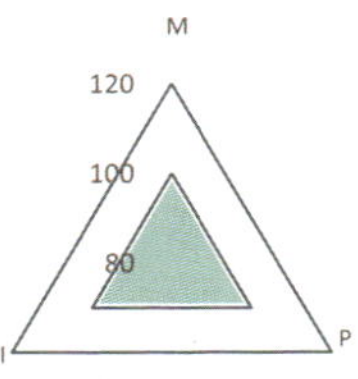 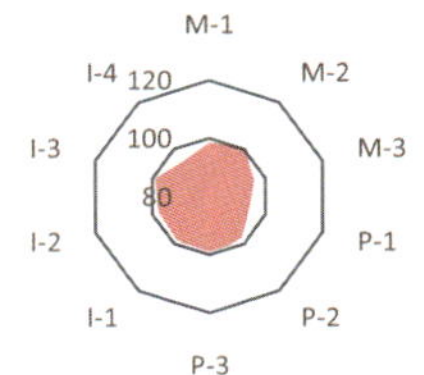

## 57 클레어스코리아

| 항목 / 연도 | 2016 | 2015 | 2014 |
| --- | --- | --- | --- |
| 매출액 | 659 | 1,665 | 948 |
| 매출증감율 | −60% | 76% | |
| 영업이익율 | 3% | 37% | 29% |
| 영업현금흐름 | −208 | 304 | 343 |
| 부채비율 | 57% | 70% | 153% |

| MPI지표 | MPI 지표 세분 순위 |
| --- | --- |

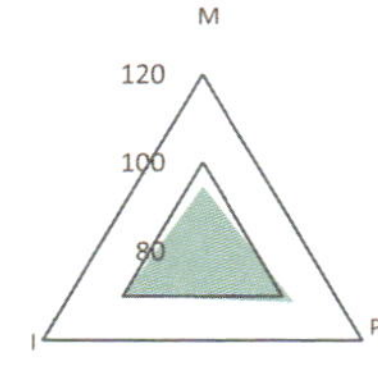 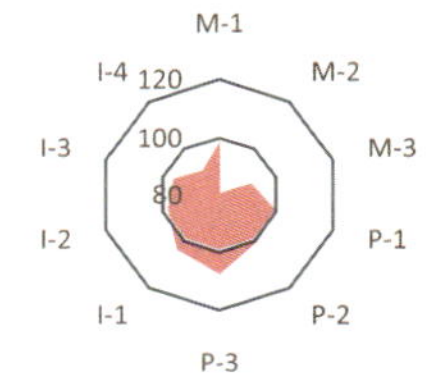

## 58 마임

| 항목 / 연도 | 2016 | 2015 | 2014 |
| --- | --- | --- | --- |
| 매출액 | 375 | 465 | 520 |
| 매출증감율 | −19% | −11% | |
| 영업이익율 | −7% | 8% | 9% |
| 영업현금흐름 | 31 | −19 | 39 |
| 부채비율 | 52% | 74% | 193% |

| MPI지표 | MPI 지표 세분 순위 |
| --- | --- |

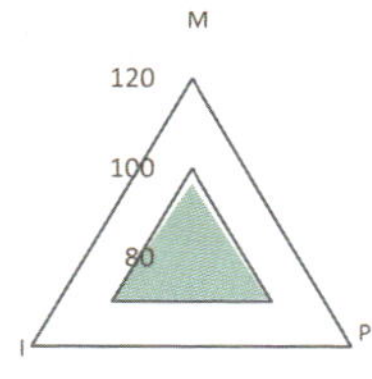 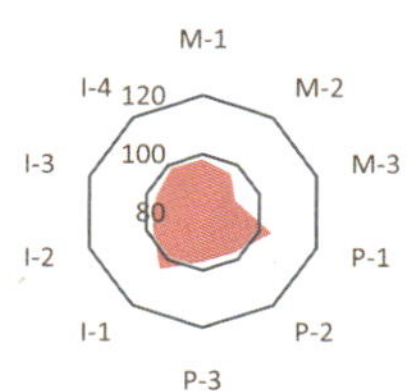

## 59 우일씨앤텍

| 항목 / 연도 | 2016 | 2015 | 2014 |
| --- | --- | --- | --- |
| 매출액 | 492 | 462 | 445 |
| 매출증감율 | 6% | 4% | |
| 영업이익율 | 0% | 3% | 5% |
| 영업현금흐름 | 12 | 25 | 13 |
| 부채비율 | 70% | 77% | 71% |

| MPI지표 | MPI 지표 세분 순위 |
| --- | --- |

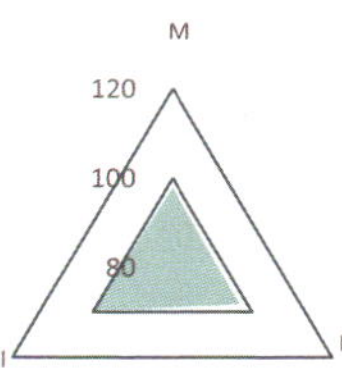 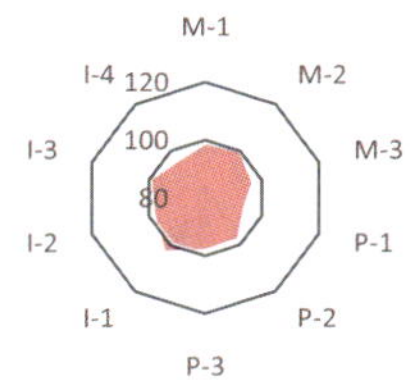

## 62 신광엠앤피

| 항목 / 연도 | 2016 | 2015 | 2014 |
| --- | --- | --- | --- |
| 매출액 | 400 | 306 | 294 |
| 매출증감율 | 31% | 4% | |
| 영업이익율 | 9% | 6% | 4% |
| 영업현금흐름 | 47 | 22 | 25 |
| 부채비율 | 274% | 351% | 448% |

| MPI지표 | MPI 지표 세분 순위 |
| --- | --- |

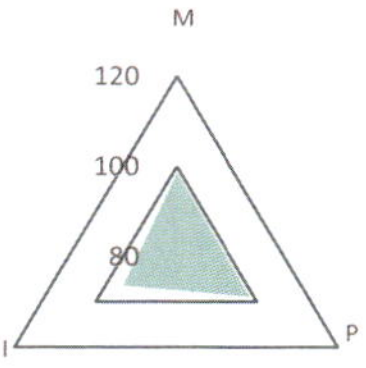 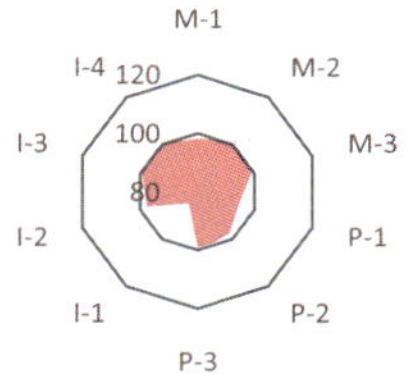

## 60 태진화학

| 항목 / 연도 | 2016 | 2015 | 2014 |
| --- | --- | --- | --- |
| 매출액 | 510 | 444 | 445 |
| 매출증감율 | 15% | 0% | |
| 영업이익율 | 3% | 2% | 3% |
| 영업현금흐름 | 32 | 23 | 35 |
| 부채비율 | 199% | 183% | 190% |

| MPI지표 | MPI 지표 세분 순위 |
| --- | --- |

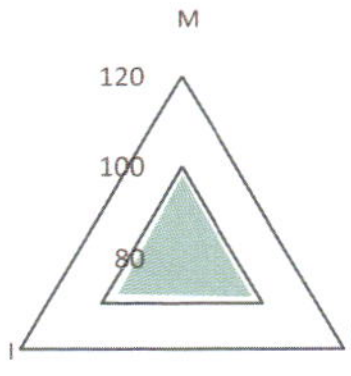 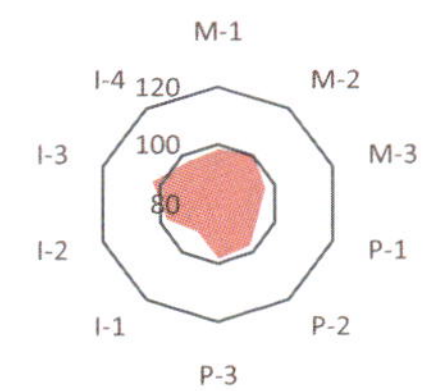

## 63 지에프에스

| 항목 / 연도 | 2016 | 2015 | 2014 |
| --- | --- | --- | --- |
| 매출액 | 355 | 339 | 343 |
| 매출증감율 | 5% | −1% | |
| 영업이익율 | 7% | 2% | −8% |
| 영업현금흐름 | −13 | 5 | 44 |
| 부채비율 | 151% | 185% | 231% |

| MPI지표 | MPI 지표 세분 순위 |
| --- | --- |

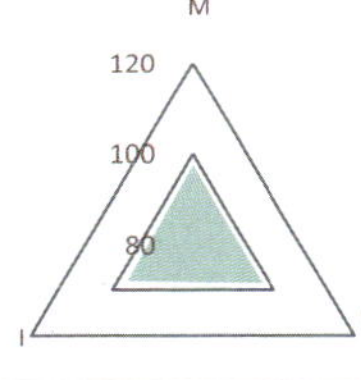 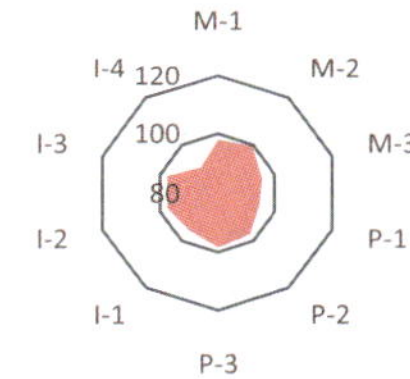

## 61 참존

| 항목 / 연도 | 2016 | 2015 | 2014 |
| --- | --- | --- | --- |
| 매출액 | 512 | 529 | 644 |
| 매출증감율 | −3% | −18% | |
| 영업이익율 | 0% | −11% | −8% |
| 영업현금흐름 | −26 | −110 | −17 |
| 부채비율 | 144% | 110% | 103% |

| MPI지표 | MPI 지표 세분 순위 |
| --- | --- |

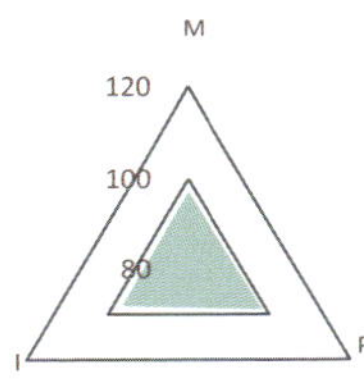 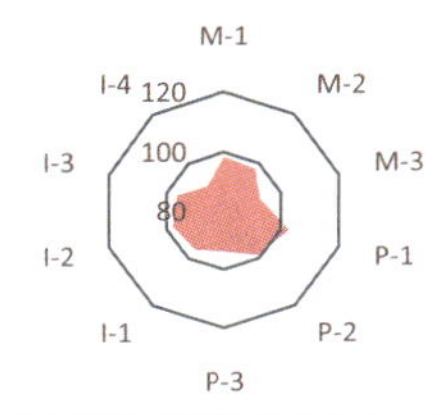

## 64 웰코스

| 항목 / 연도 | 2016 | 2015 | 2014 |
| --- | --- | --- | --- |
| 매출액 | 484 | 451 | 416 |
| 매출증감율 | 7% | 8% | |
| 영업이익율 | 2% | −1% | 0% |
| 영업현금흐름 | −9 | 12 | 9 |
| 부채비율 | 221% | 206% | 159% |

| MPI지표 | MPI 지표 세분 순위 |
| --- | --- |

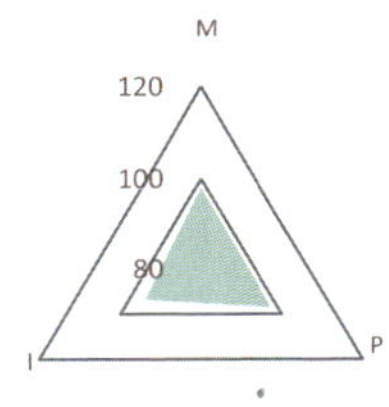 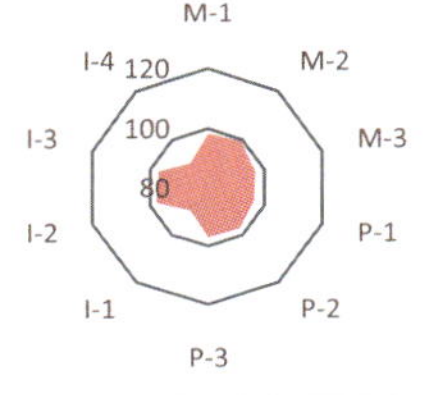

## 65 탭코리아

| 항목 / 연도 | 2016 | 2015 | 2014 |
| --- | --- | --- | --- |
| 매출액 | 380 | 309 | 309 |
| 매출증감율 | 23% | 0% | |
| 영업이익율 | 6% | 4% | 4% |
| 영업현금흐름 | 30 | 12 | 9 |
| 부채비율 | 397% | 678% | 753% |

| MPI지표 | MPI 지표 세분 순위 |
| --- | --- |

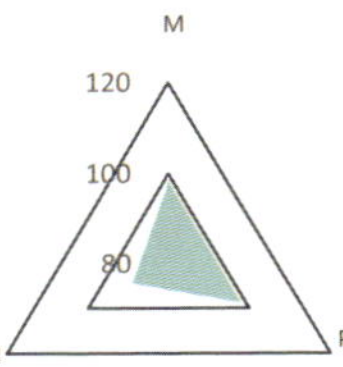 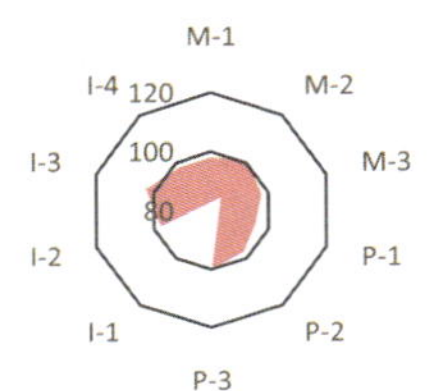

## 66 에버코스

| 항목 / 연도 | 2016 | 2015 | 2014 |
| --- | --- | --- | --- |
| 매출액 | 956 | 937 | 690 |
| 매출증감율 | 2% | 36% | |
| 영업이익율 | 3% | 3% | 2% |
| 영업현금흐름 | -3 | 65 | 12 |
| 부채비율 | 417% | 600% | 1729% |

| MPI지표 | MPI 지표 세분 순위 |
| --- | --- |

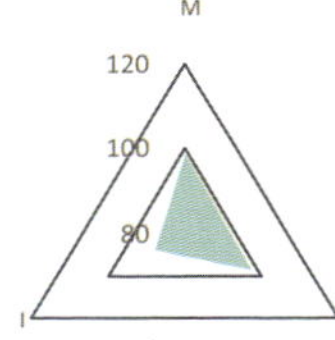 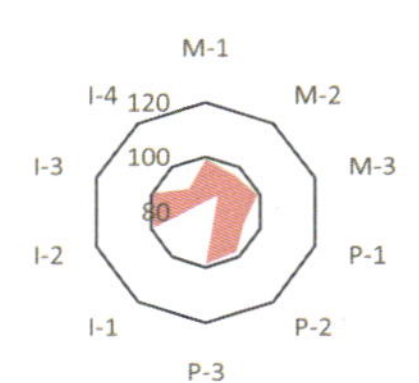

## 67 제니코스

| 항목 / 연도 | 2016 | 2015 | 2014 |
| --- | --- | --- | --- |
| 매출액 | 333 | 379 | 318 |
| 매출증감율 | -12% | 19% | |
| 영업이익율 | 1% | 3% | 3% |
| 영업현금흐름 | -5 | 11 | 6 |
| 부채비율 | 278% | 232% | 264% |

| MPI지표 | MPI 지표 세분 순위 |
| --- | --- |

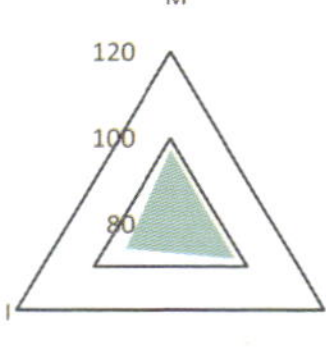 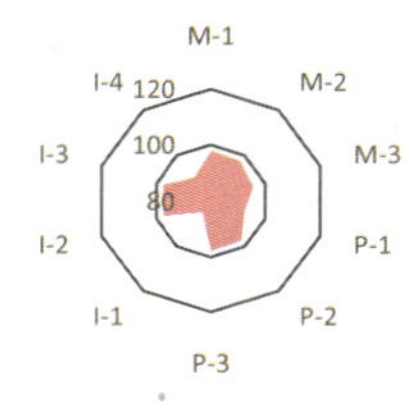

## 68 미애부

| 항목 / 연도 | 2016 | 2015 | 2014 |
| --- | --- | --- | --- |
| 매출액 | 596 | 705 | 716 |
| 매출증감율 | -15% | -2% | |
| 영업이익율 | 6% | 2% | 1% |
| 영업현금흐름 | -62 | 105 | 14 |
| 부채비율 | 555% | 1333% | 3029% |

| MPI지표 | MPI 지표 세분 순위 |
| --- | --- |

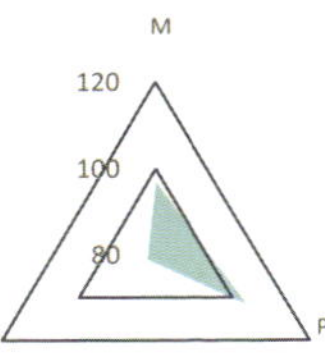 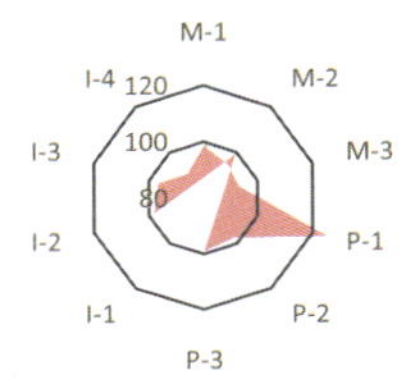

## 69 에스쁘아

| 항목 / 연도 | 2016 | 2015 | 2014 |
| --- | --- | --- | --- |
| 매출액 | 378 | 300 | |
| 매출증감율 | 26% | | |
| 영업이익율 | -2% | -10% | |
| 영업현금흐름 | -9 | 8 | |
| 부채비율 | 18% | 22% | |

| MPI지표 | MPI 지표 세분 순위 |
| --- | --- |

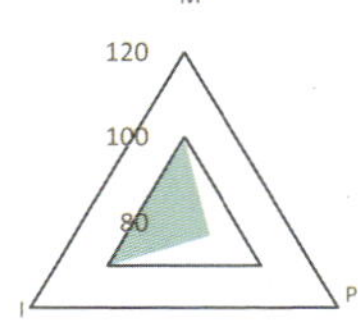 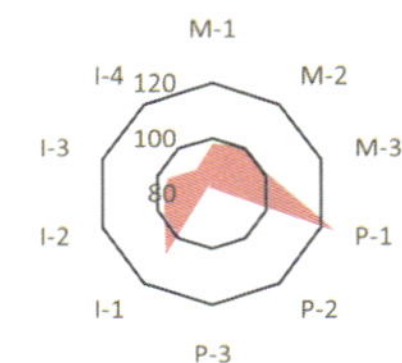

## 70 퍼시픽글라스

| 항목 / 연도 | 2016 | 2015 | 2014 |
| --- | --- | --- | --- |
| 매출액 | 617 | 621 | 640 |
| 매출증감율 | -1% | -3% | |
| 영업이익율 | 3% | 1% | -4% |
| 영업현금흐름 | 33 | 41 | 47 |
| 부채비율 | 57% | 36% | 36% |

| MPI지표 | MPI 지표 세분 순위 |
| --- | --- |

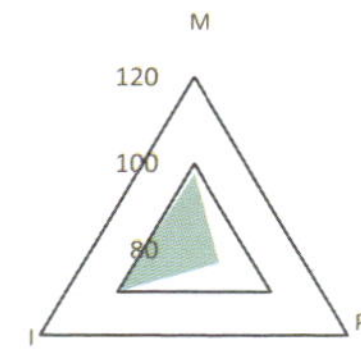 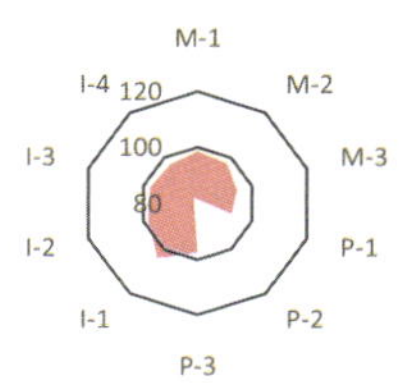

## 71 코리아코스팩

| 항목 / 연도 | 2016 | 2015 | 2014 |
|---|---|---|---|
| 매출액 | 244 | 200 | – |
| 매출증감율 | 22% | | |
| 영업이익율 | 13% | 27% | 0% |
| 영업현금흐름 | 30 | 31 | 0 |
| 부채비율 | 60% | 165% | 0% |

MPI지표     MPI 지표 세분 순위

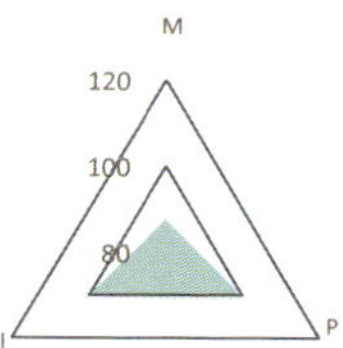
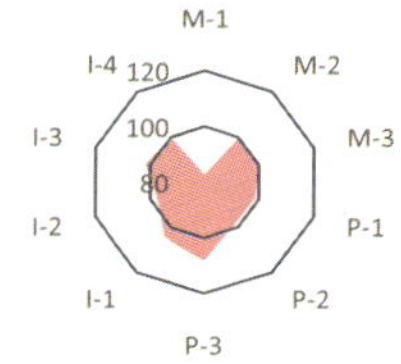

## 74 우원기계

| 항목 / 연도 | 2016 | 2015 | 2014 |
|---|---|---|---|
| 매출액 | 250 | 212 | 177 |
| 매출증감율 | 18% | 20% | |
| 영업이익율 | 11% | 11% | 12% |
| 영업현금흐름 | 30 | 12 | 28 |
| 부채비율 | 56% | 60% | 119% |

MPI지표     MPI 지표 세분 순위

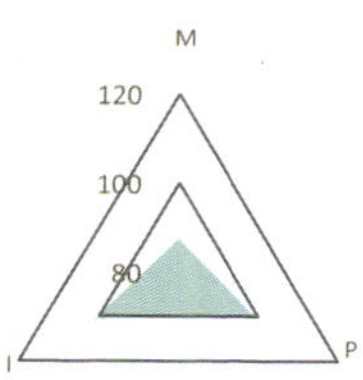
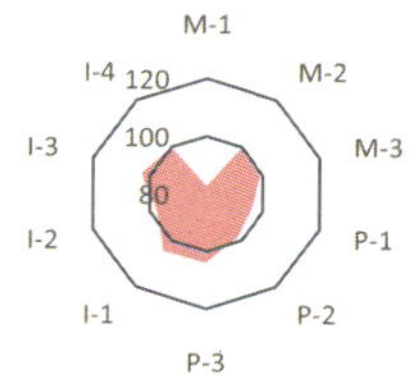

## 72 코바스

| 항목 / 연도 | 2016 | 2015 | 2014 |
|---|---|---|---|
| 매출액 | 225 | 185 | 152 |
| 매출증감율 | 22% | 22% | |
| 영업이익율 | 17% | 13% | 10% |
| 영업현금흐름 | 24 | 21 | 16 |
| 부채비율 | 29% | 28% | 24% |

MPI지표     MPI 지표 세분 순위

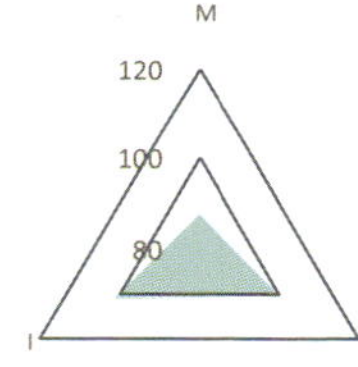
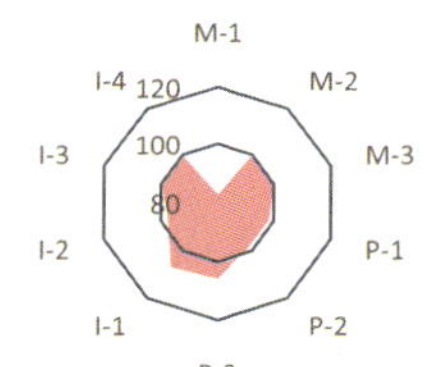

## 75 제이준코스메틱

| 항목 / 연도 | 2016 | 2015 | 2014 |
|---|---|---|---|
| 매출액 | 808 | 80 | 71 |
| 매출증감율 | 910% | 13% | |
| 영업이익율 | 17% | −131% | −283% |
| 영업현금흐름 | 54 | −151 | −57 |
| 부채비율 | 31% | 105% | 53% |

MPI지표     MPI 지표 세분 순위

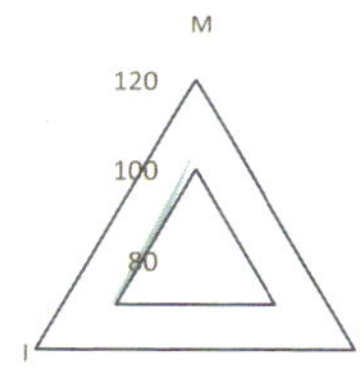
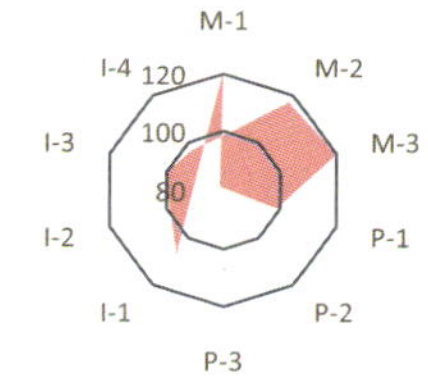

## 73 CSA 코스믹

| 항목 / 연도 | 2016 | 2015 | 2014 |
|---|---|---|---|
| 매출액 | 344 | 199 | 186 |
| 매출증감율 | 73% | 7% | |
| 영업이익율 | −13% | 2% | −2% |
| 영업현금흐름 | −63 | 21 | 4 |
| 부채비율 | 33% | 90% | 90% |

MPI지표     MPI 지표 세분 순위

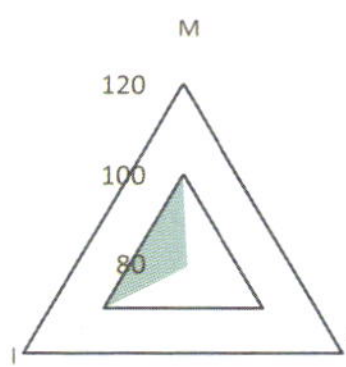
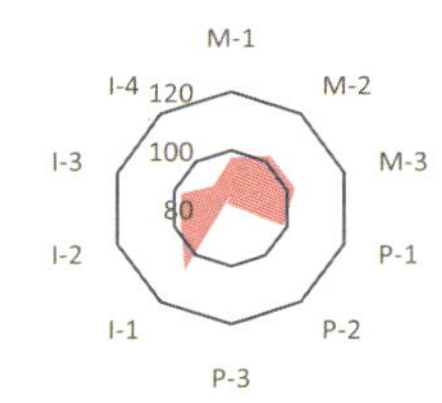

## 76 창신

| 항목 / 연도 | 2016 | 2015 | 2014 |
|---|---|---|---|
| 매출액 | 214 | 264 | 269 |
| 매출증감율 | −19% | −2% | |
| 영업이익율 | 7% | 26% | 34% |
| 영업현금흐름 | 43 | 59 | 60 |
| 부채비율 | 41% | 55% | 114% |

MPI지표     MPI 지표 세분 순위

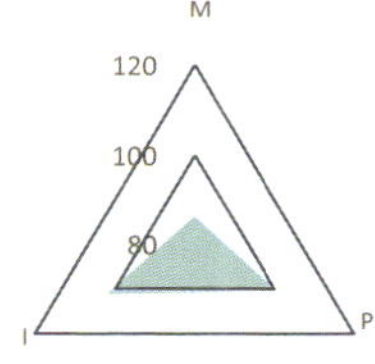
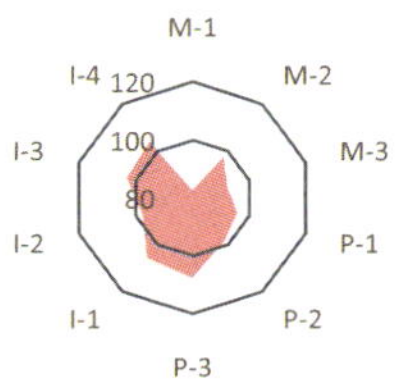

### 77 세화피앤씨

| 항목 / 연도 | 2016 | 2015 | 2014 |
|---|---|---|---|
| 매출액 | 292 | 220 | 200 |
| 매출증감율 | 33% | 10% | |
| 영업이익율 | 8% | 5% | 3% |
| 영업현금흐름 | 33 | 21 | −15 |
| 부채비율 | 81% | 69% | 101% |

MPI지표 · MPI 지표 세분 순위

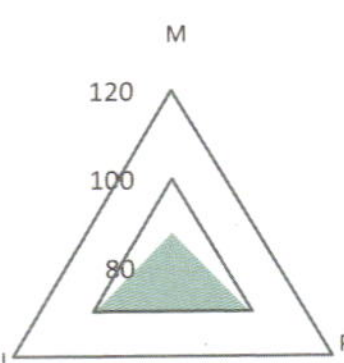
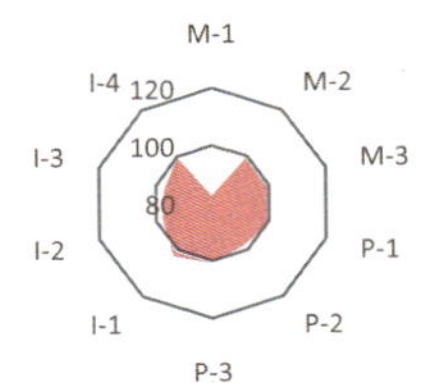

### 80 케이지씨라이프앤진

| 항목 / 연도 | 2016 | 2015 | 2014 |
|---|---|---|---|
| 매출액 | 517 | 524 | 460 |
| 매출증감율 | −1% | 14% | |
| 영업이익율 | −4% | −4% | −12% |
| 영업현금흐름 | −15 | 12 | −36 |
| 부채비율 | 46% | 46% | 32% |

MPI지표 · MPI 지표 세분 순위

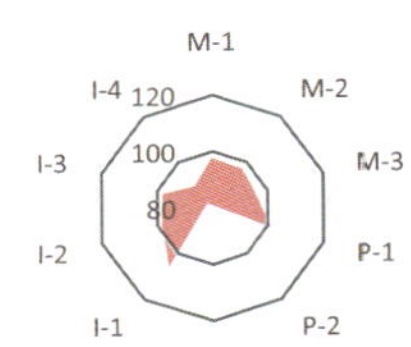

### 78 코스모코스(소망화장품)

| 항목 / 연도 | 2016 | 2015 | 2014 |
|---|---|---|---|
| 매출액 | 823 | 760 | 716 |
| 매출증감율 | 8% | 6% | |
| 영업이익율 | −8% | 2% | −7% |
| 영업현금흐름 | −80 | 28 | 23 |
| 부채비율 | 38% | 134% | −544% |

MPI지표 · MPI 지표 세분 순위

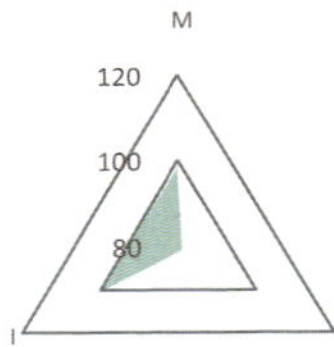
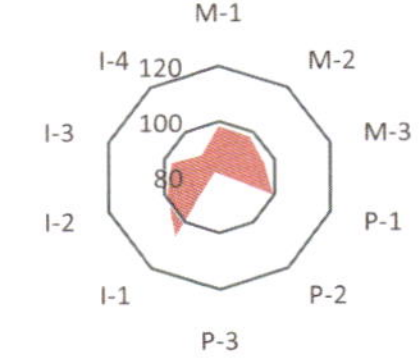

### 81 스킨푸드

| 항목 / 연도 | 2016 | 2015 | 2014 |
|---|---|---|---|
| 매출액 | 1,686 | 1,635 | 1,514 |
| 매출증감율 | 3% | 8% | |
| 영업이익율 | −3% | −8% | −3% |
| 영업현금흐름 | −5 | −89 | −14 |
| 부채비율 | 294% | 173% | 71% |

MPI지표 · MPI 지표 세분 순위

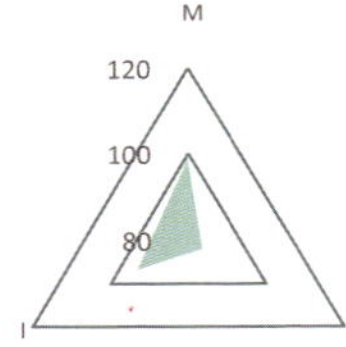
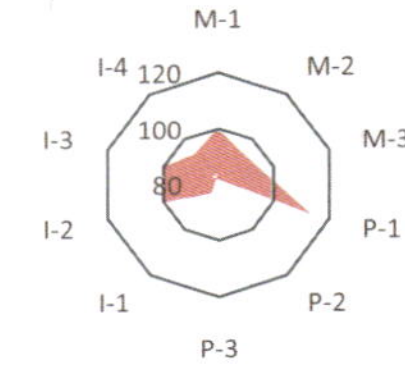

### 79 이넬화장품

| 항목 / 연도 | 2016 | 2015 | 2014 |
|---|---|---|---|
| 매출액 | 237 | 138 | 156 |
| 매출증감율 | 72% | −12% | |
| 영업이익율 | 9% | 1% | 0% |
| 영업현금흐름 | 24 | −1 | −2 |
| 부채비율 | 88% | 88% | 76% |

MPI지표 · MPI 지표 세분 순위

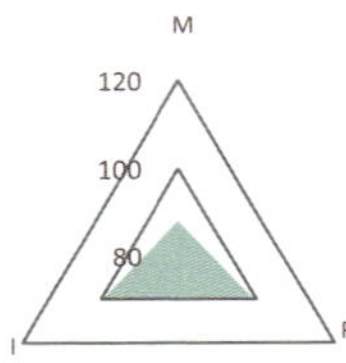
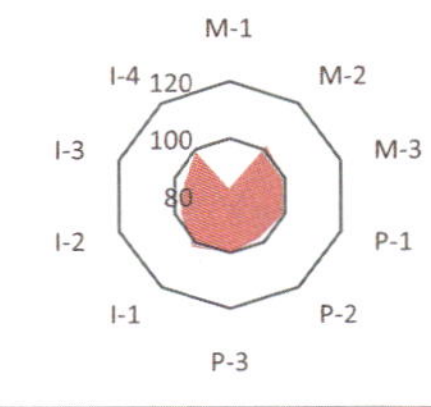

### 82 아이피어리스

| 항목 / 연도 | 2016 | 2015 | 2014 |
|---|---|---|---|
| 매출액 | 655 | 639 | 628 |
| 매출증감율 | 3% | 2% | |
| 영업이익율 | −1% | 0% | 0% |
| 영업현금흐름 | 2 | 3 | 6 |
| 부채비율 | 75% | 78% | 60% |

MPI지표 · MPI 지표 세분 순위

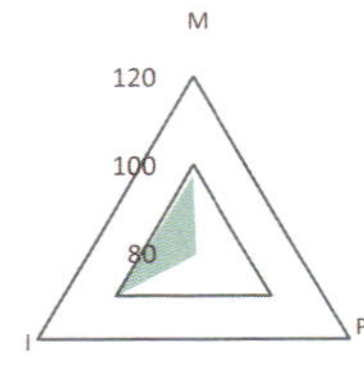
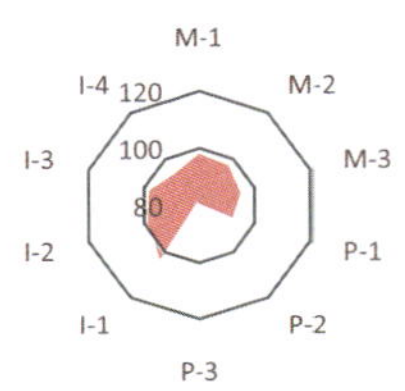

## 83 에이씨티

| 항목 / 연도 | 2016 | 2015 | 2014 |
|---|---|---|---|
| 매출액 | 225 | 175 | 179 |
| 매출증감율 | 29% | -2% |  |
| 영업이익율 | -8% | 9% | 23% |
| 영업현금흐름 | 14 | 16 | 22 |
| 부채비율 | 18% | 9% | 14% |

MPI지표     MPI 지표 세분 순위

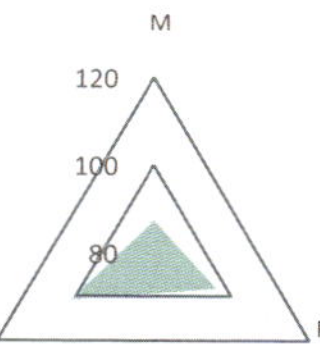 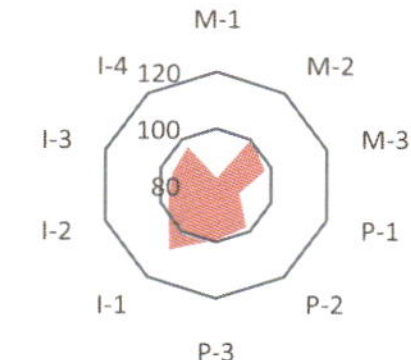

## 86 파이온텍

| 항목 / 연도 | 2016 | 2015 | 2014 |
|---|---|---|---|
| 매출액 | 241 | 70 | 63 |
| 매출증감율 | 244% | 11% |  |
| 영업이익율 | 14% | -14% | 5% |
| 영업현금흐름 | 65 | -9 | -19 |
| 부채비율 | 97% | 237% | 139% |

MPI지표     MPI 지표 세분 순위

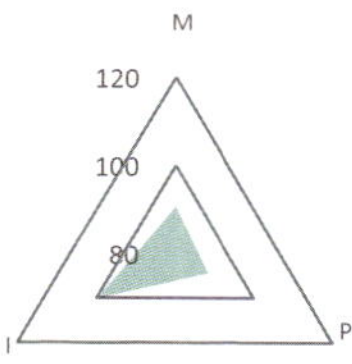 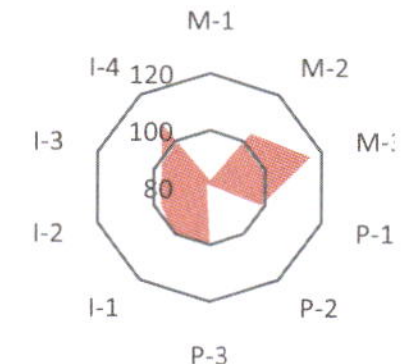

## 84 하나

| 항목 / 연도 | 2016 | 2015 | 2014 |
|---|---|---|---|
| 매출액 | 262 | 251 | 263 |
| 매출증감율 | 4% | -5% |  |
| 영업이익율 | 6% | 3% | 3% |
| 영업현금흐름 | 21 | 21 | 28 |
| 부채비율 | 165% | 148% | 217% |

MPI지표     MPI 지표 세분 순위

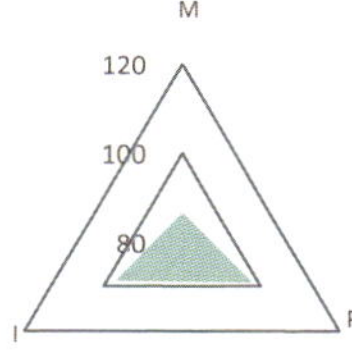 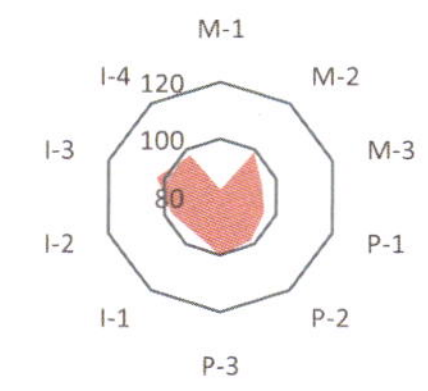

## 87 금비화장품

| 항목 / 연도 | 2016 | 2015 | 2014 |
|---|---|---|---|
| 매출액 | 242 | 276 | 279 |
| 매출증감율 | -12% | -1% |  |
| 영업이익율 | 3% | 3% | 3% |
| 영업현금흐름 | -1 | 17 | 4 |
| 부채비율 | 103% | 104% | 108% |

MPI지표     MPI 지표 세분 순위

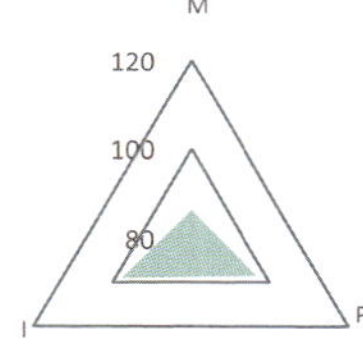 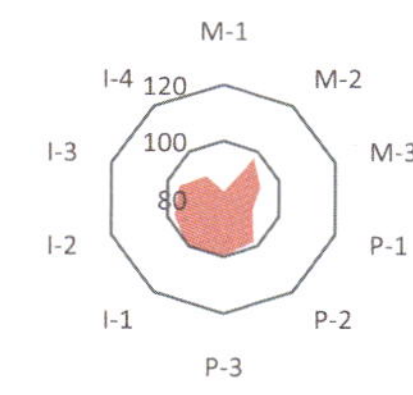

## 85 아폴로산업

| 항목 / 연도 | 2016 | 2015 | 2014 |
|---|---|---|---|
| 매출액 | 290 | 263 | 241 |
| 매출증감율 | 10% | 9% |  |
| 영업이익율 | 5% | 4% | 4% |
| 영업현금흐름 | 28 | 35 | 25 |
| 부채비율 | 192% | 345% | 348% |

MPI지표     MPI 지표 세분 순위

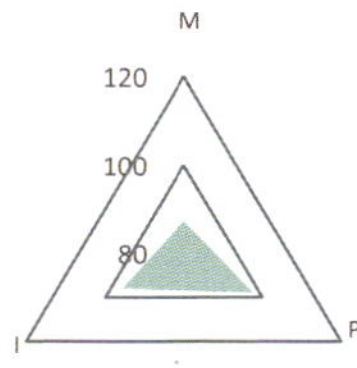 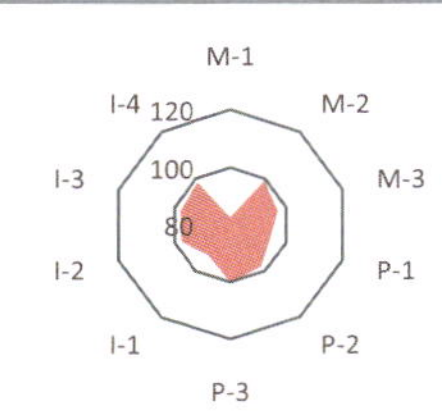

## 88 종우실업

| 항목 / 연도 | 2016 | 2015 | 2014 |
|---|---|---|---|
| 매출액 | 208 | 205 | 205 |
| 매출증감율 | 1% | 0% |  |
| 영업이익율 | 3% | 7% | 5% |
| 영업현금흐름 | 9 | -23 | 10 |
| 부채비율 | 235% | 222% | 256% |

MPI지표     MPI 지표 세분 순위

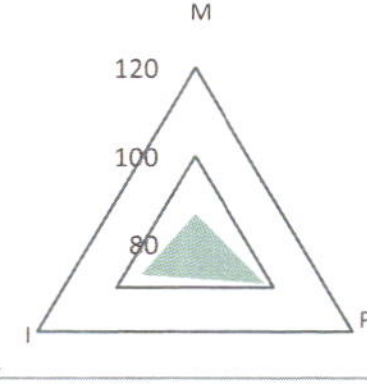 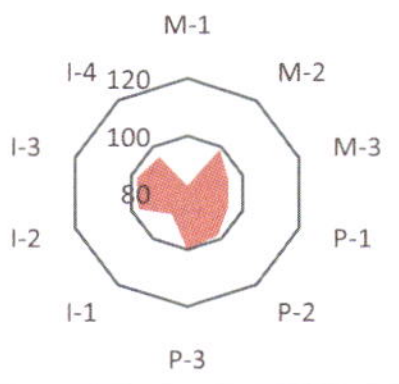

## 89 유씨엘

| 항목 / 연도 | 2016 | 2015 | 2014 |
| --- | --- | --- | --- |
| 매출액 | 291 | 216 | 208 |
| 매출증감율 | 35% | 4% | |
| 영업이익율 | 2% | 2% | 4% |
| 영업현금흐름 | 20 | 13 | 9 |
| 부채비율 | 282% | 193% | 228% |

| MPI지표 | MPI 지표 세분 순위 |
| --- | --- |

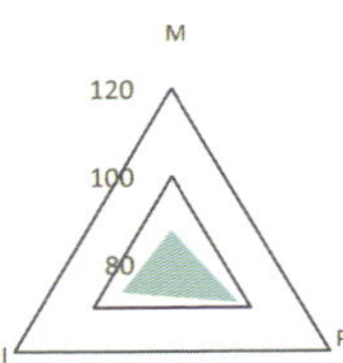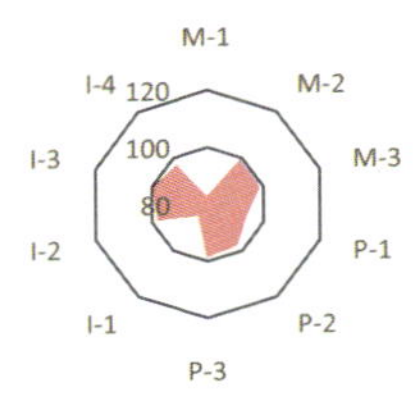

## 92 고운세상코스메틱

| 항목 / 연도 | 2016 | 2015 | 2014 |
| --- | --- | --- | --- |
| 매출액 | 200 | 144 | 119 |
| 매출증감율 | 39% | 21% | |
| 영업이익율 | −3% | 4% | 3% |
| 영업현금흐름 | −2 | 0 | 10 |
| 부채비율 | 116% | 72% | 122% |

| MPI지표 | MPI 지표 세분 순위 |
| --- | --- |

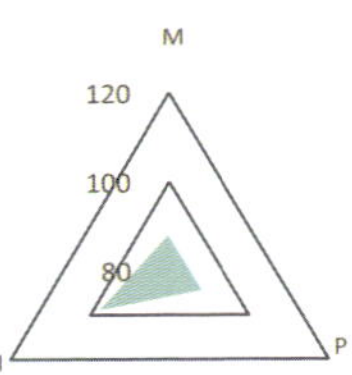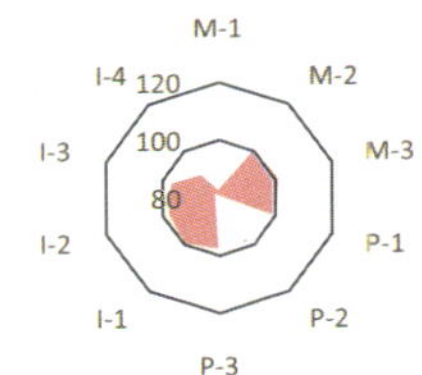

## 90 한국화장품

| 항목 / 연도 | 2016 | 2015 | 2014 |
| --- | --- | --- | --- |
| 매출액 | 213 | 274 | 327 |
| 매출증감율 | −22% | −16% | |
| 영업이익율 | −26% | −16% | −14% |
| 영업현금흐름 | −21 | −202 | −58 |
| 부채비율 | 17% | 16% | 48% |

| MPI지표 | MPI 지표 세분 순위 |
| --- | --- |

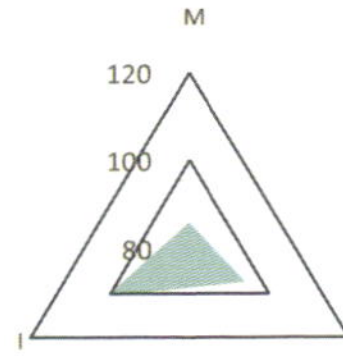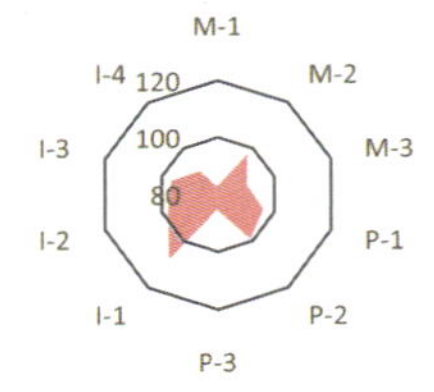

## 93 영일유리

| 항목 / 연도 | 2016 | 2015 | 2014 |
| --- | --- | --- | --- |
| 매출액 | 191 | 171 | 157 |
| 매출증감율 | 12% | 9% | |
| 영업이익율 | 18% | 19% | 15% |
| 영업현금흐름 | 67 | 51 | 41 |
| 부채비율 | 13% | 16% | 17% |

| MPI지표 | MPI 지표 세분 순위 |
| --- | --- |

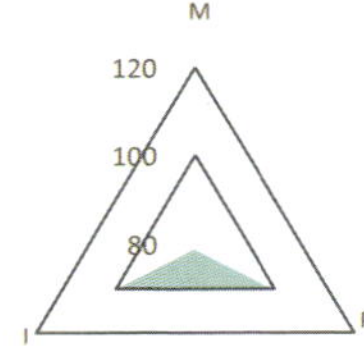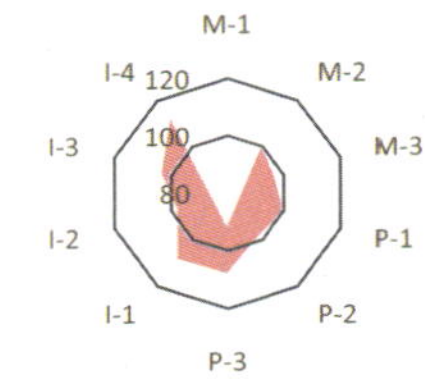

## 91 갈더마코리아

| 항목 / 연도 | 2016 | 2015 | 2014 |
| --- | --- | --- | --- |
| 매출액 | 667 | 667 | 849 |
| 매출증감율 | 0% | −21% | |
| 영업이익율 | −20% | −11% | 2% |
| 영업현금흐름 | 2 | −148 | −152 |
| 부채비율 | 2519% | 1725% | 1167% |

| MPI지표 | MPI 지표 세분 순위 |
| --- | --- |

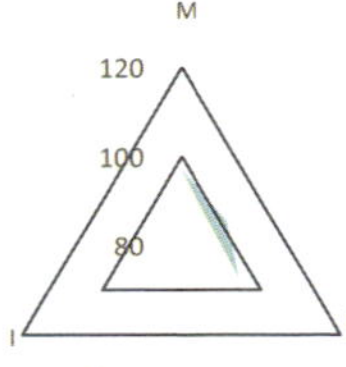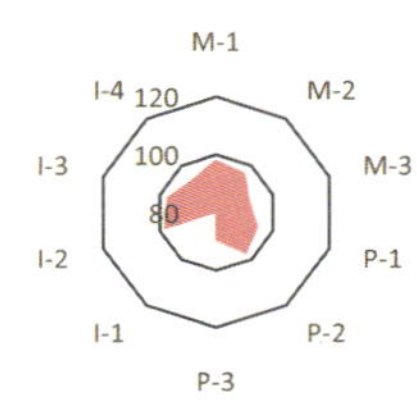

## 94 본느

| 항목 / 연도 | 2016 | 2015 | 2014 |
| --- | --- | --- | --- |
| 매출액 | 150 | 112 | 58 |
| 매출증감율 | 34% | 93% | |
| 영업이익율 | 16% | 12% | 7% |
| 영업현금흐름 | 0 | 7 | 2 |
| 부채비율 | 50% | 57% | 567% |

| MPI지표 | MPI 지표 세분 순위 |
| --- | --- |

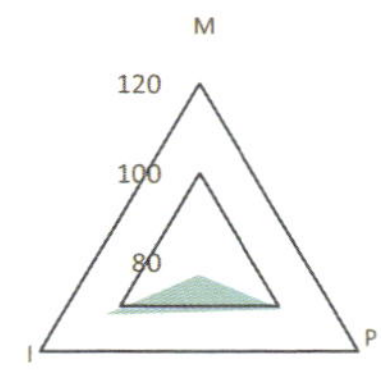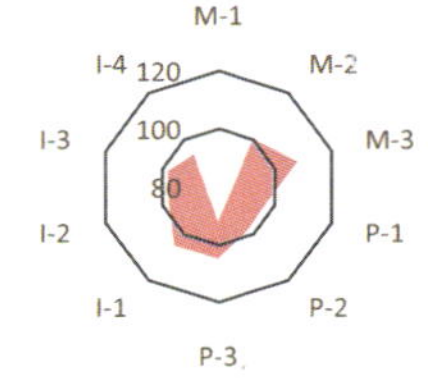

## 95 한국시세이도

| 항목 / 연도 | 2016 | 2015 | 2014 |
|---|---|---|---|
| 매출액 | 926 | 792 | 678 |
| 매출증감율 | 17% | 17% | |
| 영업이익율 | 0% | −2% | −12% |
| 영업현금흐름 | 71 | −39 | 3 |
| 부채비율 | 12100% | −1541% | 3475% |

MPI지표 　 MPI 지표 세분 순위

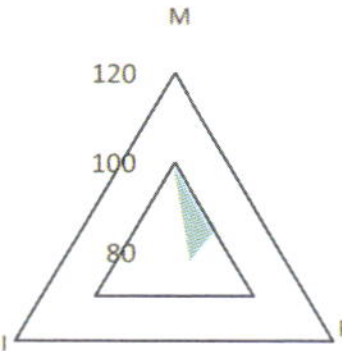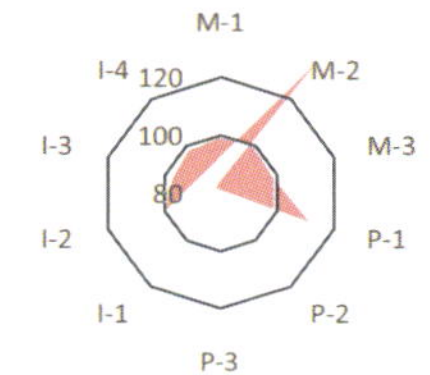

## 98 정민

| 항목 / 연도 | 2016 | 2015 | 2014 |
|---|---|---|---|
| 매출액 | 168 | 159 | − |
| 매출증감율 | 6% | | |
| 영업이익율 | 12% | 16% | 0% |
| 영업현금흐름 | 26 | 15 | 0 |
| 부채비율 | 175% | 141% | 0% |

MPI지표 　 MPI 지표 세분 순위

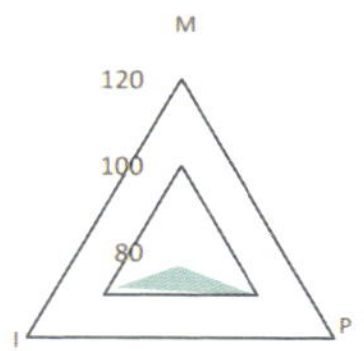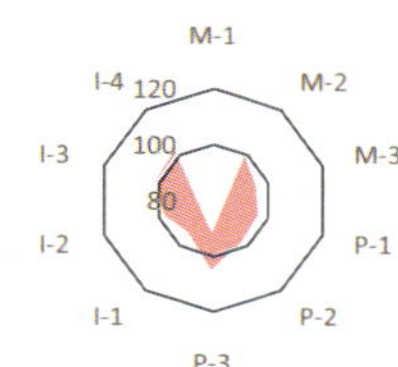

## 96 아이큐어

| 항목 / 연도 | 2016 | 2015 | 2014 |
|---|---|---|---|
| 매출액 | 274 | 189 | 149 |
| 매출증감율 | 45% | 27% | |
| 영업이익율 | −4% | −3% | 11% |
| 영업현금흐름 | −46 | −1 | 5 |
| 부채비율 | 88% | 305% | −626% |

MPI지표 　 MPI 지표 세분 순위

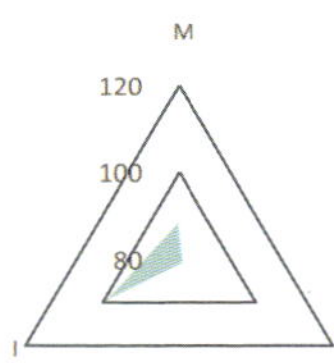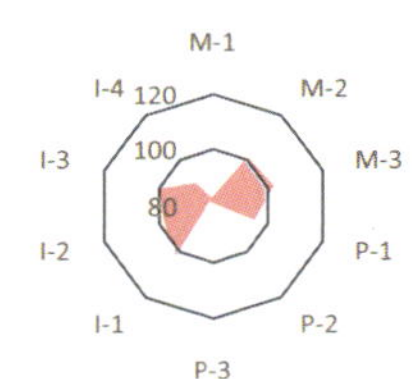

## 99 뉴앤뉴

| 항목 / 연도 | 2016 | 2015 | 2014 |
|---|---|---|---|
| 매출액 | 116 | 108 | 98 |
| 매출증감율 | 7% | 10% | |
| 영업이익율 | −2% | 10% | 26% |
| 영업현금흐름 | 4 | −18 | 23 |
| 부채비율 | 95% | 80% | 106% |

MPI지표 　 MPI 지표 세분 순위

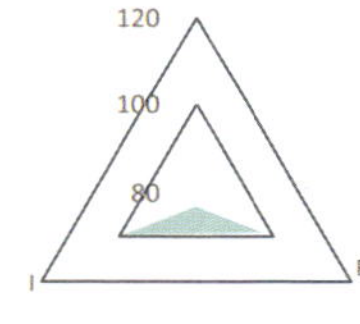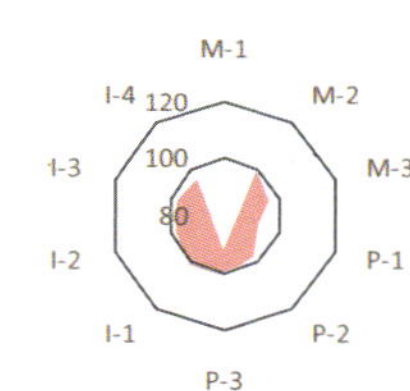

## 97 아름다운화장품

| 항목 / 연도 | 2016 | 2015 | 2014 |
|---|---|---|---|
| 매출액 | 136 | 135 | 126 |
| 매출증감율 | 1% | 7% | |
| 영업이익율 | 8% | 8% | 4% |
| 영업현금흐름 | 17 | 23 | 12 |
| 부채비율 | 82% | 103% | 133% |

MPI지표 　 MPI 지표 세분 순위

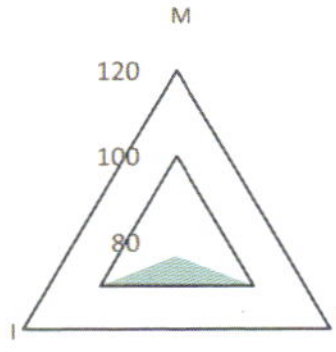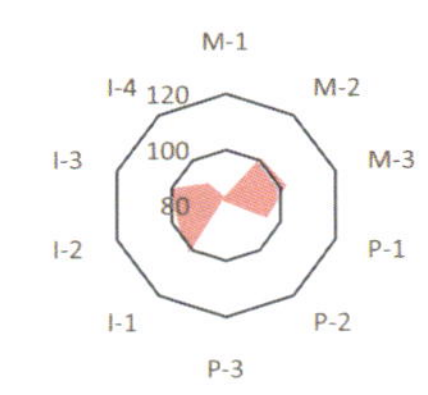

## 100 케미랜드

| 항목 / 연도 | 2016 | 2015 | 2014 |
|---|---|---|---|
| 매출액 | 144 | 114 | 93 |
| 매출증감율 | 26% | 23% | |
| 영업이익율 | 10% | 9% | 10% |
| 영업현금흐름 | 10 | −3 | 0 |
| 부채비율 | 185% | 212% | 224% |

MPI지표 　 MPI 지표 세분 순위

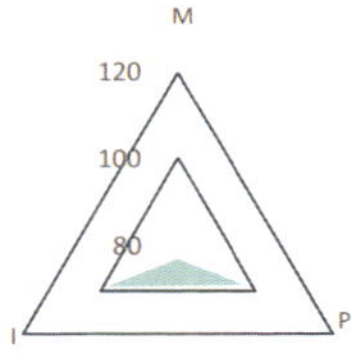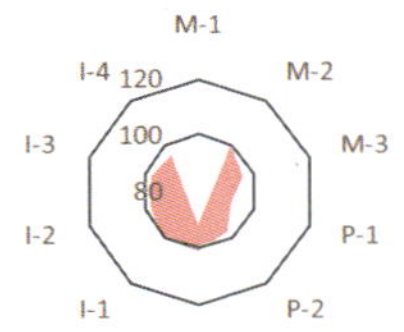

| 기업명 | C-MPI 평가 종합 | | | | C-MPI 평가 세부 | | | | | | | | | | 매출액 | | | 영업이익율 | | |
|---|---|---|---|---|---|---|---|---|---|---|---|---|---|---|---|---|---|---|---|---|
| | RANK | M | P | I | M-1 | M-2 | M-3 | P-1 | P-2 | P-3 | I-1 | I-2 | I-3 | I-4 | 2016 | 2015 | 2014 | 2016 | 2015 | 2014 |
| 아모레퍼시픽 | 1 | 155 | 151 | 135 | 183 | 80 | 98 | 123 | 188 | 107 | 107 | 183 | 97 | 94 | 42,708 | 37,579 | 31,823 | 18% | 18% | 16% |
| LG생활건강 | 2 | 153 | 136 | 130 | 171 | 123 | 99 | 109 | 165 | 107 | 104 | 171 | 97 | 101 | 36,609 | 30,313 | 25,133 | 18% | 15% | 12% |
| 이니스프리 | 3 | 112 | 117 | 108 | 112 | 117 | 101 | 125 | 117 | 110 | 107 | 112 | 99 | 103 | 7,678 | 5,920 | 4,566 | 26% | 21% | 17% |
| 카버코리아(A·H·C) | 4 | 111 | 114 | 106 | 106 | 130 | 120 | 122 | 111 | 113 | 105 | 106 | 97 | 115 | 4,295 | 1,564 | 499 | 42% | 31% | 20% |
| 엘앤피코스메틱(메디힐) | 5 | 111 | 110 | 105 | 105 | 130 | 120 | 109 | 109 | 113 | 107 | 105 | 100 | 104 | 3,958 | 2,049 | 570 | 33% | 26% | 32% |
| 해브앤비 | 6 | 109 | 110 | 103 | 102 | 130 | 120 | 125 | 103 | 111 | 106 | 102 | 96 | 103 | 2,371 | 863 | 335 | 30% | 21% | 13% |
| 한국콜마 | 7 | 107 | 103 | 105 | 109 | 106 | 99 | 95 | 105 | 103 | 105 | 109 | 99 | 97 | 6,195 | 5,065 | 4,390 | 11% | 11% | 10% |
| 코스맥스 | 8 | 108 | 100 | 102 | 107 | 116 | 104 | 93 | 102 | 102 | 99 | 107 | 98 | 96 | ,050 | 3,724 | 2,489 | 9% | 8% | 8% |
| 클리오 | 9 | 106 | 104 | 101 | 101 | 117 | 120 | 110 | 101 | 105 | 103 | 101 | 97 | 95 | 1,964 | 1,069 | 424 | 14% | 21% | 1% |
| 더페이스샵 | 10 | 103 | 106 | 105 | 108 | 82 | 95 | 114 | 103 | 104 | 106 | 108 | 97 | 98 | 5,638 | 5,403 | 5,329 | 10% | 14% | 15% |
| 에스디생명공학(SNP화장품) | 11 | 103 | 106 | 103 | 99 | 103 | 120 | 111 | 101 | 113 | 107 | 99 | 98 | 102 | 1,020 | 746 | 96 | 30% | 36% | 31% |
| 케어젠 | 12 | 99 | 109 | 104 | 98 | 101 | 101 | 125 | 101 | 113 | 109 | 98 | 96 | 116 | 468 | 364 | 285 | 56% | 56% | 56% |
| 잇츠스킨(잇츠한불) | 13 | 98 | 111 | 103 | 102 | 80 | 96 | 110 | 109 | 113 | 108 | 102 | 98 | 94 | 2,674 | 3,095 | 2,418 | 27% | 36% | 41% |
| 에뛰드 | 14 | 102 | 102 | 103 | 103 | 103 | 96 | 110 | 100 | 100 | 105 | 103 | 98 | 100 | 3,166 | 2,577 | 2,810 | 9% | 1% | 4% |
| 씨앤피코스메틱스 | 15 | 100 | 106 | 102 | 98 | 104 | 104 | 125 | 98 | 107 | 107 | 98 | 97 | 99 | 523 | 321 | 256 | 14% | 18% | 20% |
| 애경산업 | 16 | 103 | 101 | 101 | 107 | 92 | 97 | 101 | 100 | 101 | 96 | 107 | 97 | 99 | 5,067 | 4,594 | 4,069 | 8% | 6% | 2% |
| 고세코리아 | 17 | 100 | 104 | 102 | 98 | 105 | 107 | 114 | 99 | 107 | 104 | 98 | 100 | 112 | 527 | 269 | 225 | 26% | 11% | 7% |
| 에이블씨엔씨 | 18 | 101 | 102 | 104 | 105 | 91 | 94 | 109 | 100 | 100 | 106 | 105 | 97 | 98 | 3,835 | 3,561 | 3,985 | 6% | 4% | 1% |
| 네오팜 | 19 | 99 | 106 | 102 | 98 | 100 | 101 | 121 | 99 | 109 | 107 | 98 | 97 | 106 | 422 | 359 | 256 | 24% | 17% | 20% |
| 지디케이화장품 | 20 | 101 | 101 | 103 | 99 | 98 | 113 | 97 | 100 | 108 | 107 | 99 | 103 | 102 | 855 | 809 | 265 | 21% | 19% | 8% |
| 코스메카코리아 | 21 | 102 | 99 | 102 | 100 | 110 | 106 | 95 | 99 | 101 | 107 | 100 | 99 | 96 | 1,521 | 949 | 687 | 7% | 7% | 6% |
| 아모스프로페셔널 | 22 | 99 | 104 | 102 | 99 | 101 | 99 | 108 | 100 | 109 | 108 | 99 | 97 | 101 | 792 | 646 | 546 | 20% | 20% | 21% |
| 연우 | 23 | 101 | 100 | 102 | 102 | 100 | 99 | 95 | 100 | 103 | 106 | 102 | 99 | 99 | 2,350 | 1,990 | 1,687 | 11% | 9% | 7% |
| 콜마비앤에이치 | 24 | 100 | 101 | 104 | 102 | 95 | 97 | 95 | 101 | 105 | 108 | 102 | 100 | 98 | 2,559 | 2,361 | | 14% | 15% | |
| 더샘인터내셔날 | 25 | 104 | 101 | 95 | 100 | 114 | 112 | 107 | 99 | 100 | 89 | 100 | 98 | 101 | 1,400 | 716 | 440 | 15% | −1% | −14% |
| 토니모리 | 26 | 100 | 102 | 102 | 100 | 95 | 96 | 103 | 100 | 102 | 106 | 112 | 97 | 96 | 2,364 | 2,199 | 2,051 | 10% | 8% | 7% |
| 화성화학 | 27 | 100 | 101 | 100 | 99 | 103 | 104 | 97 | 99 | 108 | 102 | 99 | 101 | 101 | 774 | 542 | | 19% | 16% | |
| 케미코스 | 28 | 99 | 103 | 102 | 98 | 100 | 101 | 102 | 99 | 110 | 105 | 98 | 103 | 105 | 398 | 323 | 252 | 20% | 23% | 22% |
| 리치코스 | 29 | 99 | 101 | 102 | 98 | 101 | 104 | 99 | 99 | 108 | 105 | 98 | 103 | 106 | 301 | 232 | 149 | 19% | 17% | 23% |
| 코스온 | 30 | 101 | 99 | 100 | 99 | 101 | 111 | 99 | 99 | 103 | 104 | 99 | 97 | 90 | 772 | 619 | 264 | 11% | 11% | 8% |
| 펌텍코리아 | 31 | 100 | 100 | 99 | 99 | 102 | 104 | 96 | 99 | 103 | 98 | 99 | 103 | 98 | 1,069 | 828 | 547 | 12% | 11% | 8% |
| 한국화장품제조 | 32 | 100 | 99 | 101 | 98 | 103 | 103 | 95 | 99 | 103 | 105 | 98 | 99 | 103 | 649 | 454 | 354 | 10% | 11% | 6% |
| 비에스케이코퍼레이션 | 33 | 98 | 102 | 102 | 99 | 96 | 95 | 110 | 99 | 101 | 108 | 99 | 96 | 100 | 929 | 942 | 931 | 6% | 6% | 9% |
| 네이처리퍼블릭 | 34 | 98 | 101 | 102 | 102 | 82 | 95 | 114 | 98 | 98 | 104 | 102 | 98 | 94 | 2,618 | 2,847 | 2,552 | −4% | 6% | 9% |
| 삼화플라스틱 | 35 | 100 | 100 | 100 | 99 | 100 | 103 | 97 | 99 | 103 | 101 | 99 | 103 | 98 | 932 | 807 | 490 | 11% | 10% | 4% |
| 잉글우드랩 | 36 | 99 | 98 | 101 | 98 | 102 | 102 | 93 | 99 | 103 | 108 | 98 | 97 | 90 | 682 | 517 | | 9% | 10% | |
| 대봉엘에스 | 37 | 99 | 99 | 102 | 98 | 100 | 98 | 94 | 99 | 104 | 108 | 98 | 97 | 97 | 633 | 534 | 476 | 12% | 11% | 10% |
| 한불화장품 | 38 | 97 | 102 | 102 | 99 | 89 | 96 | 95 | 104 | 102 | 105 | 99 | 100 | 101 | 1,017 | 1,231 | 900 | 7% | 10% | 8% |
| SUN(승일) | 39 | 99 | 98 | 102 | 100 | 98 | 96 | 93 | 99 | 100 | 107 | 100 | 98 | 97 | 1,384 | 1,250 | 1,294 | 4% | 6% | 6% |
| KCI | 40 | 98 | 100 | 101 | 98 | 100 | 96 | 93 | 99 | 107 | 107 | 98 | 96 | 95 | 443 | 386 | 391 | 19% | 17% | 8% |
| 제니스 | 41 | 100 | 98 | 100 | 98 | 102 | 106 | 93 | 98 | 101 | 105 | 98 | 100 | 90 | 364 | 244 | | 4% | 9% | |
| 다린 | 42 | 98 | 99 | 102 | 98 | 100 | 97 | 95 | 98 | 103 | 107 | 98 | 100 | 100 | 484 | 426 | 400 | 8% | 11% | 9% |
| 엔코스 | 43 | 100 | 99 | 98 | 98 | 102 | 106 | 96 | 98 | 102 | 97 | 98 | 98 | 96 | 452 | 302 | | 8% | 10% | |
| 코리아나화장품 | 44 | 98 | 100 | 101 | 99 | 91 | 105 | 94 | 99 | 105 | 105 | 99 | 97 | 96 | 1,177 | 1,322 | 958 | 3% | 5% | −5% |
| 엔프라니 | 45 | 98 | 100 | 100 | 97 | 97 | 95 | 105 | 98 | 100 | 103 | 99 | 99 | 96 | 827 | 813 | 800 | 3% | 6% | 7% |
| 코스비전 | 46 | 100 | 97 | 98 | 101 | 99 | 99 | 93 | 98 | 98 | 95 | 101 | 103 | 94 | 1,902 | 1,640 | 1,325 | 1% | 3% | 3% |
| 태성산업 | 47 | 98 | 100 | 99 | 98 | 100 | 97 | 95 | 98 | 104 | 101 | 98 | 99 | 99 | 663 | 572 | 535 | 10% | 14% | 16% |
| 에스트라 | 48 | 99 | 97 | 102 | 99 | 99 | 98 | 94 | 98 | 97 | 107 | 99 | 98 | 96 | 1,033 | 919 | 790 | 2% | 0% | −5% |
| 씨이오인터내셔널 | 49 | 98 | 100 | 101 | 98 | 98 | 96 | 98 | 98 | 103 | 106 | 98 | 96 | 95 | 554 | 552 | 494 | 7% | 11% | 15% |

| 기업명 | C-MPI 평가 종합 | | | C-MPI 평가 세부 | | | | | | | | | | 매출액 | | | 영업이익율 | | |
|---|---|---|---|---|---|---|---|---|---|---|---|---|---|---|---|---|---|---|---|
| | RANK | M | P | I | M-1 | M-2 | M-3 | P-1 | P-2 | P-3 | I-1 | I-2 | I-3 | I-4 | 2016 | 2015 | 2014 | 2016 | 2015 | 2014 |
| 고원화성 | 50 | 98 | 98 | 101 | 98 | 100 | 99 | 94 | 98 | 102 | 105 | 98 | 99 | 97 | 330 | 281 | 238 | 9% | 7% | 10% |
| 리더스코스메틱 | 51 | 96 | 101 | 101 | 99 | 82 | 95 | 98 | 100 | 107 | 103 | 99 | 97 | 104 | 1,141 | 1,587 | 1,099 | 14% | 20% | 18% |
| 제닉 | 52 | 98 | 99 | 102 | 98 | 97 | 95 | 97 | 98 | 100 | 107 | 98 | 98 | 98 | 614 | 629 | 616 | 7% | 5% | 4% |
| 코익 | 53 | 97 | 99 | 101 | 98 | 98 | 94 | 101 | 98 | 99 | 108 | 98 | 97 | 90 | 353 | 369 | 382 | 2% | 3% | 5% |
| 에이텍 | 54 | 99 | 98 | 98 | 98 | 101 | 98 | 95 | 98 | 100 | 97 | 98 | 103 | 98 | 639 | 506 | 505 | 5% | 4% | 5% |
| 한국존슨앤드존슨 | 55 | 99 | 97 | 99 | 100 | 95 | 96 | 95 | 98 | 96 | 98 | 100 | 97 | 97 | 1,402 | 1,351 | 1,297 | 1% | −4% | −3% |
| 서울화장품 | 56 | 98 | 98 | 98 | 98 | 100 | 96 | 94 | 98 | 101 | 99 | 98 | 99 | 95 | 539 | 455 | 494 | 5% | 7% | 9% |
| 클레어스코리아 | 57 | 95 | 103 | 100 | 98 | 80 | 91 | 100 | 101 | 108 | 104 | 98 | 96 | 90 | 659 | 1,665 | 948 | 3% | 37% | 29% |
| 마임 | 58 | 97 | 99 | 100 | 98 | 96 | 91 | 104 | 98 | 98 | 105 | 98 | 97 | 98 | 375 | 465 | 520 | −7% | 8% | 9% |
| 우일씨앤텍 | 59 | 98 | 97 | 100 | 98 | 99 | 96 | 93 | 98 | 103 | 98 | 99 | 99 | 95 | 492 | 462 | 445 | 0% | 3% | 5% |
| 태진화학 | 60 | 98 | 97 | 96 | 98 | 100 | 96 | 94 | 98 | 99 | 92 | 98 | 103 | 97 | 510 | 444 | 445 | 3% | 2% | 3% |
| 참존 | 61 | 97 | 98 | 97 | 98 | 97 | 92 | 102 | 99 | 94 | 97 | 98 | 97 | 90 | 512 | 529 | 644 | 0% | −11% | −8% |
| 신광엠앤피 | 62 | 98 | 98 | 93 | 98 | 101 | 99 | 94 | 98 | 101 | 85 | 98 | 100 | 100 | 400 | 306 | 294 | 9% | 6% | 4% |
| 지에프에스 | 63 | 98 | 97 | 96 | 98 | 99 | 95 | 94 | 98 | 99 | 96 | 98 | 98 | 90 | 355 | 339 | 343 | 7% | 2% | −8% |
| 웰코스 | 64 | 98 | 97 | 94 | 98 | 99 | 97 | 96 | 98 | 97 | 90 | 98 | 97 | 90 | 484 | 451 | 416 | 2% | −1% | 0% |
| 탑코리아 | 65 | 98 | 98 | 89 | 98 | 100 | 97 | 95 | 98 | 100 | 75 | 98 | 103 | 98 | 380 | 309 | 309 | 6% | 4% | 4% |
| 에버코스 | 66 | 99 | 97 | 88 | 99 | 96 | 99 | 94 | 98 | 99 | 73 | 99 | 101 | 90 | 956 | 937 | 690 | 3% | 3% | 2% |
| 제니코스 | 67 | 97 | 97 | 92 | 98 | 97 | 95 | 92 | 98 | 98 | 85 | 98 | 98 | 90 | 333 | 379 | 318 | 1% | 3% | 3% |
| 미애부 | 68 | 97 | 104 | 82 | 98 | 94 | 93 | 125 | 98 | 99 | 61 | 98 | 97 | 90 | 596 | 705 | 716 | 6% | 2% | 1% |
| 에스쁘아 | 69 | 99 | 87 | 101 | 98 | 101 | 101 | 125 | 78 | 75 | 108 | 98 | 96 | 90 | 378 | 300 | | −2% | −10% | |
| 퍼시픽글라스 | 70 | 98 | 87 | 100 | 98 | 97 | 94 | 92 | 78 | 98 | 104 | 98 | 98 | 97 | 617 | 621 | 640 | 3% | 1% | −4% |
| 코리아코스팩 | 71 | 88 | 101 | 101 | 83 | 100 | 100 | 98 | 98 | 108 | 104 | 97 | 102 | 100 | 244 | 200 | | 13% | 27% | |
| 코바스 | 72 | 88 | 100 | 102 | 83 | 100 | 100 | 98 | 98 | 106 | 107 | 97 | 100 | 99 | 225 | 185 | 152 | 17% | 13% | 10% |
| CSA 코스믹 | 73 | 99 | 81 | 100 | 98 | 103 | 103 | 99 | 78 | 75 | 106 | 98 | 98 | 90 | 344 | 199 | 186 | −13% | 2% | −2% |
| 우원기계 | 74 | 88 | 99 | 101 | 83 | 100 | 99 | 96 | 98 | 104 | 104 | 98 | 103 | 100 | 250 | 212 | 177 | 11% | 11% | 12% |
| 제이준코스메틱 | 75 | 105 | 71 | 102 | 99 | 117 | 120 | 99 | 78 | 39 | 106 | 99 | 100 | 97 | 808 | 80 | 71 | 17% | −131% | −283% |
| 창신 | 76 | 86 | 101 | 102 | 83 | 98 | 92 | 96 | 98 | 107 | 106 | 97 | 103 | 104 | 214 | 264 | 269 | 7% | 26% | 34% |
| 세화피앤씨 | 77 | 88 | 99 | 100 | 83 | 101 | 99 | 101 | 98 | 101 | 102 | 98 | 97 | 100 | 292 | 220 | 200 | 8% | 5% | 3% |
| 코스모코스(소망화장품) | 78 | 98 | 81 | 101 | 99 | 98 | 96 | 99 | 77 | 76 | 106 | 99 | 97 | 90 | 823 | 760 | 716 | −8% | 2% | −7% |
| 이넬화장품 | 79 | 88 | 99 | 99 | 83 | 102 | 100 | 99 | 98 | 100 | 102 | 97 | 96 | 99 | 237 | 138 | 156 | 9% | 1% | 0% |
| 케이지씨라이프앤진 | 80 | 98 | 82 | 100 | 98 | 98 | 96 | 101 | 78 | 75 | 105 | 98 | 98 | 90 | 517 | 524 | 460 | −4% | −4% | −12% |
| 스킨푸드 | 81 | 99 | 84 | 93 | 100 | 94 | 96 | 114 | 77 | 76 | 84 | 100 | 100 | 94 | 1,686 | 1,635 | 1,514 | −3% | −8% | −3% |
| 아이피어리스 | 82 | 98 | 81 | 100 | 98 | 98 | 95 | 92 | 78 | 77 | 103 | 98 | 98 | 94 | 655 | 639 | 628 | −1% | 0% | 0% |
| 에이씨티 | 83 | 88 | 96 | 101 | 83 | 100 | 98 | 88 | 98 | 108 | 97 | 96 | 97 | | 225 | 175 | 179 | −8% | 9% | 23% |
| 하나 | 84 | 87 | 98 | 97 | 83 | 99 | 95 | 96 | 98 | 100 | 98 | 98 | 103 | 98 | 262 | 251 | 263 | 6% | 3% | 3% |
| 아폴로산업 | 85 | 88 | 98 | 96 | 83 | 100 | 97 | 94 | 98 | 100 | 93 | 98 | 98 | 99 | 290 | 263 | 241 | 5% | 4% | 4% |
| 파이온텍 | 86 | 91 | 88 | 100 | 83 | 104 | 116 | 99 | 78 | 99 | 101 | 97 | 97 | 108 | 241 | 70 | 63 | 14% | −14% | 5% |
| 금비화장품 | 87 | 87 | 97 | 98 | 83 | 98 | 93 | 91 | 98 | 99 | 100 | 97 | 96 | 90 | 242 | 276 | 279 | 3% | 3% | 3% |
| 종우실업 | 88 | 87 | 98 | 94 | 83 | 99 | 95 | 95 | 98 | 100 | 89 | 97 | 98 | 96 | 208 | 205 | 205 | 3% | 7% | 5% |
| 유씨엘 | 89 | 88 | 97 | 93 | 83 | 101 | 99 | 94 | 98 | 98 | 85 | 98 | 100 | 97 | 291 | 216 | 208 | 2% | 2% | 4% |
| 한국화장품 | 90 | 86 | 94 | 101 | 83 | 97 | 91 | 96 | 99 | 85 | 108 | 99 | 96 | 90 | 213 | 274 | 327 | −26% | −16% | −14% |
| 갈더마코리아 | 91 | 97 | 95 | 68 | 98 | 97 | 92 | 95 | 98 | 89 | 25 | 98 | 97 | 94 | 667 | 667 | 849 | −20% | −11% | 2% |
| 고운세상코스메틱 | 92 | 88 | 88 | 97 | 83 | 101 | 101 | 101 | 78 | 98 | 99 | 97 | 97 | 90 | 200 | 144 | 119 | −3% | 4% | 3% |
| 영일유리 | 93 | 77 | 101 | 104 | 68 | 100 | 100 | 92 | 98 | 108 | 108 | 97 | 103 | 112 | 191 | 171 | 157 | 18% | 19% | 15% |
| 본느 | 94 | 79 | 100 | 100 | 68 | 100 | 108 | 97 | 98 | 105 | 105 | 97 | 98 | 94 | 150 | 112 | 58 | 16% | 12% | 7% |
| 한국시세이도 | 95 | 99 | 84 | 69 | 99 | 100 | 99 | 112 | 78 | 77 | 25 | 99 | 96 | 98 | 926 | 792 | 678 | 0% | −2% | −12% |
| 아이큐어 | 96 | 89 | 81 | 99 | 83 | 101 | 103 | 96 | 78 | 77 | 102 | 98 | 100 | 90 | 274 | 189 | 149 | −4% | −3% | 11% |
| 아름다운화장품 | 97 | 77 | 99 | 100 | 68 | 99 | 96 | 98 | 98 | 101 | 102 | 97 | 98 | 100 | 136 | 135 | 126 | 8% | 8% | 4% |
| 정민 | 98 | 77 | 100 | 97 | 68 | 100 | 96 | 97 | 98 | 105 | 94 | 97 | 101 | 102 | 168 | 159 | | 12% | 16% | |

| 기업명 | C-MPI 평가 종합 | | | | C-MPI 평가 세부 | | | | | | | | | | 매출액 | | | 영업이익율 | | |
|---|---|---|---|---|---|---|---|---|---|---|---|---|---|---|---|---|---|---|---|---|
| | RANK | M | P | I | M-1 | M-2 | M-3 | P-1 | P-2 | P-3 | I-1 | I-2 | I-3 | I-4 | 2016 | 2015 | 2014 | 2016 | 2015 | 2014 |
| 뉴앤뉴 | 99 | 77 | 98 | 99 | 68 | 100 | 97 | 93 | 98 | 101 | 101 | 97 | 97 | 96 | 116 | 108 | 98 | −2% | 10% | 26% |
| 케미랜드 | 100 | 78 | 99 | 96 | 68 | 100 | 100 | 95 | 98 | 103 | 93 | 97 | 97 | 97 | 144 | 114 | 93 | 10% | 9% | 10% |
| 이지코스텍 | 101 | 78 | 97 | 97 | 68 | 100 | 99 | 95 | 98 | 98 | 99 | 97 | 97 | 90 | 120 | 104 | 83 | 4% | −2% | 4% |
| 하우동천 | 102 | 81 | 89 | 101 | 68 | 101 | 120 | 100 | 77 | 102 | 106 | 97 | 99 | 94 | 112 | 58 | 18 | 4% | 17% | 6% |
| 일진코스메틱 | 103 | 76 | 96 | 101 | 68 | 99 | 91 | 92 | 98 | 98 | 107 | 97 | 96 | 96 | 133 | 146 | 200 | 0% | 0% | 5% |
| 민진 | 104 | 77 | 97 | 93 | 68 | 99 | 96 | 94 | 98 | 98 | 86 | 97 | 101 | 99 | 169 | 186 | 151 | 2% | 6% | −9% |
| 엔에스텍(잉글우드랩코리아) | 105 | 76 | 97 | 94 | 68 | 99 | 91 | 94 | 98 | 98 | 90 | 97 | 100 | 90 | 140 | 163 | 194 | −6% | 7% | 11% |
| 셀랩 | 106 | 77 | 96 | 92 | 68 | 99 | 95 | 91 | 98 | 97 | 86 | 97 | 97 | 90 | 149 | 165 | 143 | −4% | 4% | 6% |
| 비앤비코리아 | 107 | 74 | 96 | 99 | 68 | 88 | 87 | 87 | 99 | 97 | 104 | 97 | 96 | 90 | 104 | 504 | 247 | −42% | 42% | 41% |
| 나우코스 | 108 | 88 | 81 | 86 | 83 | 100 | 99 | 93 | 78 | 77 | 71 | 97 | 98 | 90 | 214 | 182 | 148 | −7% | 5% | 5% |
| 콧데 | 109 | 65 | 105 | 102 | 49 | 100 | 104 | 109 | 98 | 113 | 106 | 97 | 97 | 109 | 99 | 67 | 50 | 31% | 28% | 10% |
| 유니레버코리아 | 110 | 98 | 76 | 58 | 98 | 98 | 97 | 93 | 76 | 64 | − | 98 | 97 | 90 | 526 | 505 | 422 | −30% | −18% | −45% |
| 인터코스 | 111 | 67 | 99 | 97 | 49 | 100 | 121 | 96 | 98 | 102 | 97 | 97 | 99 | 94 | 82 | 60 | 17 | 1% | 18% | 6% |
| 썬라이더코리아 | 112 | 63 | 103 | 100 | 49 | 100 | 96 | 104 | 98 | 111 | 102 | 97 | 96 | 105 | 97 | 93 | 91 | 21% | 26% | 27% |
| 사임당화장품 | 113 | 77 | 81 | 97 | 68 | 99 | 94 | 94 | 78 | 77 | 98 | 97 | 96 | 90 | 136 | 150 | 141 | −10% | 5% | 4% |
| 라파스 | 114 | 63 | 101 | 101 | 49 | 98 | 95 | 101 | 98 | 106 | 107 | 97 | 97 | 97 | 91 | 163 | 93 | 1% | 30% | 25% |
| 케비젠 | 115 | 63 | 99 | 101 | 49 | 100 | 96 | 99 | 98 | 102 | 105 | 97 | 97 | 103 | 48 | 46 | | 8% | 9% | |
| 광신포장 | 116 | 63 | 99 | 97 | 49 | 100 | 96 | 97 | 98 | 103 | 94 | 97 | 103 | 101 | 90 | 85 | 83 | 9% | 9% | 16% |
| 씨엠에스랩 | 117 | 78 | 84 | 80 | 68 | 100 | 100 | 114 | 78 | 74 | 56 | 97 | 96 | 90 | 101 | 80 | 65 | −6% | −11% | −2% |
| 우신화장품 | 118 | 64 | 98 | 93 | 49 | 99 | 97 | 95 | 98 | 100 | 86 | 97 | 98 | 97 | 96 | 109 | 77 | 3% | 8% | 3% |
| 오마샤리프화장품 | 119 | 63 | 87 | 98 | 49 | 100 | 94 | 95 | 78 | 98 | 101 | 97 | 99 | 90 | 90 | 86 | 94 | 1% | 2% | 3% |
| 리오엘리 | 120 | 77 | 81 | 68 | 68 | 100 | 98 | 96 | 78 | 77 | 25 | 97 | 96 | 90 | 164 | 143 | | 3% | −10% | |
| 나투젠 | 121 | 64 | 97 | 69 | 49 | 100 | 100 | 94 | 98 | 99 | 25 | 97 | 98 | 99 | 97 | 78 | 66 | 4% | 5% | 0% |
| 유셀 | 122 | 64 | 81 | 92 | 49 | 100 | 98 | 91 | 78 | 78 | 86 | 97 | 96 | 90 | 45 | 40 | | −2% | 3% | |
| 코나드 | 123 | 63 | 77 | 98 | 49 | 99 | 94 | 87 | 78 | 67 | 102 | 97 | 96 | 90 | 40 | 85 | 43 | −40% | 2% | −23% |
| 한국코스모 | 124 | 64 | 80 | 84 | 49 | 101 | 100 | 92 | 78 | 77 | 65 | 97 | 97 | 94 | 92 | 28 | | 1% | −7% | |
| 유쎌 | 125 | 62 | 68 | 99 | 49 | 100 | 87 | 84 | 78 | 39 | 105 | 97 | 96 | 90 | 16 | 25 | 39 | −119% | −72% | 10% |
| 알바이오 | 126 | 61 | 86 | 68 | 49 | 94 | 84 | 93 | 100 | 58 | 25 | 97 | 97 | 90 | 76 | 268 | 297 | −118% | −14% | −22% |
| 아마란스 | 127 | 62 | 80 | 68 | 49 | 98 | 91 | 93 | 78 | 73 | 25 | 97 | 96 | 96 | 68 | 125 | 100 | −10% | −6% | −13% |
| 백옥생 | 128 | 62 | 82 | 57 | 49 | 99 | 89 | 102 | 78 | 75 | − | 97 | 96 | 90 | 38 | 50 | 66 | −11% | −2% | 2% |
| 한생화장품 | 129 | 63 | 75 | 57 | 49 | 100 | 95 | 90 | 78 | 60 | − | 97 | 97 | 90 | 25 | 33 | 24 | −40% | −33% | −38% |

**The Korea Cosmetic News**

# 장업신문

## 한국 화장품 산업의 핵심 미디어 파트너 "장업신문"

### 장업신문

### jangup.com

www.jangup.com

### Kstyle News

www.kstylenews.cn

### All That Beauty

http://cafe.naver.com/mp3musicdownloadcafe

5, Beodeunaru-ro 18-gil, Yeongdeungpo-gu, Seoul, SEOUL 07225 Rep. of KOREA, Tel. 82-2-2636-5727   Fax. 82-2-2634-7097

# Beauty 4.0 소비시대
# 한국 화장품기업 경영아젠다
## 消费时代 Beauty 4.0
## 韩国化妆品企业的经营构图

새로운 산업혁명 4.0 시대에 대한 활발한 논의는 글로벌 Beuaty 시장의 중심부로 나아가는 한국 화장품 산업계 전반의 Grand K-Beauty 미래 전략의 중심 화두가 되고 있다. 현대 마케팅의 시대 정신을 선도해 온 필립코틀러의 근저 마켓 4.0 에 따르면 제품중심의 마케팅(1차산업혁명), 고객중심의 마케팅(2차산업혁명), 인간중심의 마케팅(3차산업혁명) 시대를 거쳐 이제 하이테크와 하이터치가 융합된 마케팅의 시대(마켓 4.0 시대)에 들어섰다고 한다. 산업혁명 4.0 시대 화두와 맞물려 쏟아지고 있는 경영서의 대부분의 핵심 키워드 역시 압축하면 결국 3C로(Communicating, Connecting, Collaborating)로 귀결된다. 이는 우리 화장품산업 생태계의 최근 흐름에서도 당장 준용될 수 있는 경영 기법이자 덕목이다. 사실 이번 분석작업의 결과가 추론하는 일관된 방향은 한국 화장품산업의 미래 경쟁전략의 핵심이 새로운 글로벌 고객과의 효과적인 소통, 비즈니스 영역을 초월하는 유연한 연결, 그리고 제로섬 게임이 아닌 궁극적 수익의 전체 파이가 더 커지는 산업 가치사슬 간의 협업(Value Added Value Chain)의 확장으로 정리된다. 미래는 현재와 맞닿아 있다는 점에서 바람직한 미래의 방향은 제대로 된 현재에 대한 인지를 전제로 한다. 나는 누구? 여기는 어디? 라는 구절은 선거판의 우스갯 만평이 아니다. 신이 건넨 최초의 물음 너 어디있느냐(Where Are You)의 함의는 여전히 유효하다. 나는 누구이며 지금 어디에 위치하고 있는가에 대한 확인은 글로벌 경쟁의 출발선에 선 지금 우리 화장품산업, 기업의 입장에서도 필요한 경영 혁신의 첫 단추이다. 저서 호모데우스(Homo Deus)는 산업혁명 4.0을 관통하는 미래 프리뷰로 최근 화제작이 되고 있다. 산업혁명 4.0을 표현하는 중추적인 논거가 맞닿아 있는 인공지능의 의미 역시 곰곰히 음미해 보면 결국 빅데이터의 알고리즘이나 연산, 그리고 수 많은 경우의 수를 검증 과정으로 스스로 학습을 통해 현재 조건에서 더 나은 미래 조건으로의 진화라는 범주에 있다. 이러한 관점에서 측정가능한 경영성과 지표를 기반으로 현재와 미래를 보다 조밀하게 살피고 나아가는 지속성장가능 우리 화장품기업 경영성과평가 분석 결과는 우리 화장품산업의 새로운 진화적 경영아젠다의 단초를 제시하고 있다.

人们日渐讨论热点的新产业革命4.0时代，对于走向全球 Beuaty市场中心部的韩国化妆品产业来说，也成为整体 Grand K-Beauty未来战略的中心话题。根据引领现代营销时代精神的Philip Kotler的最近著作市场 4.0，产品中心（第一次产业革命），顾客中心（第二次产业革命），以人为本（第三次产业革命），现在进入了高科技和高碰触融合的营销时代（市场4.0时代）。与产业革命4.0时代话题相连的经营书籍，大部分都是围绕3C(Communicating, Connecting, Collaborating)。这是对我们化妆品产业生态界来说也是非常适用当前趋势的经营技法和项目。事

实上本次分析作业结果得出的一贯方向， 是韩国化妆品产业的未来竞争战略核心-与顾客有效的沟通、超越商业领域的柔性连接、还有不是零和博弈而是积极收益整体份额扩大的产业价值链合作(Value Added Value Chain)的扩张。

未来是与现在相连的，从这一点来看值得期待的未来方向是以对目前的认知为前提。我是谁？这里是哪里？这样的句子不是选举时讽刺的漫画时评。在《圣经》中神向人类亚当抛去的第一个问题，是 '为什么你在哪里(Where Are You)'。确认我是谁、现在位置是哪里，对于位于未来出发点的韩国化妆品企业来说是必备的经营革新的新按钮。著作 Homo Deus中提出了贯通产业革命4.0的未来蓝图而成为话题作品。著作《Homo Deus》中对产业革命4.0的未来预测，最近成为了热门话题。文中对产业革命4.0的表达最核心的论据是人工智能，而仔细揣摩可得知结果是大数据的寓言或演算，还有在无数次验证过程中通过学习而推动从现在条件到更好未来的进化。从这种意义上来讲，以可以测定的经营性和指标为基础，准确掌握现在和未来可持续发展的韩国化妆品企业经营成果评价这件工作虽然是绵薄之力，也期待能够成为我们化妆品企业升级新经营模式过程中有价值的工具。

## Customer Driven

소비 산업의 중심 패권이 소비자에게로 넘어간 것은 이미 오랜전이다. 우리 화장품 산업의 경우도 물로 예외가 아니다. 메이커, 브랜드, 유통, 고객으로 소비 현상은 흐르는 듯 보여지지만, 그 소비의 물길은 물론, 그 세기나 규모 또한 고객의 수요와 요구에 의해 철저히 형성되는 고객중심 화장품산업 생태계(Customer Driven Power Shift) 구조로 지배되고 있다. 2016년 발표된 WWD Global TOP 100 Beauty 기업 중 최상위 그룹인 TOP 10의 면면이 이를 반증한다. 부동의 글로벌 리더 Loreal group을 필두로 Unilever, Procter & Gamble, Estee Lauder, Shiseido, Beiersdorf, 아모레퍼시픽, kao, LVMH, Coty Inc. 의 가장 기본적인 성장동인 또한 고객관점 가치로부터 비롯된 것이다. 이번 본서에서 공유된 한국 화장품기업 경영성과 평가에서도 최근 3개년 매출액 기준 시장점유비 및 CAGR TOP 10 리딩 기업의 면면 역시 최종 소비자 관점 가치확장을 바탕으로 견인된 성과의 결과이다.

消费产业核心霸权向消费者移交，已经是很长一段时间了。我们化妆品产业自然也不例外。消费现象似乎是按照生产商、品牌、流通、顾客这样流动，不过以顾客为中心的化妆品产业生态界(Customer Driven

Power Shift)结构，完全是依据消费趋势、强度或规模、顾客需求而形成的。2016年发表的WWD Global TOP 100 Beauty企业中，最高层的前十名企业都证明了这一点。屹立不动的全球领导者 Loreal group，还有 Unilever, Procter & Gamble, Estee Lauder, Shiseido, Beiersdorf, 爱茉莉太平洋, kao, LVMH, Coty Inc.等它们最基本的发展动力，都是来源于顾客观点价值。在本书分享的韩国化妆品企业经营成果评价中，从最近三年销售额基准的市场占有比及 CAGR TOP10上榜企业的各方面也是证明为以消费者观点价值确定为基础的成果。

## Data Driven

날이 갈수록 더욱 까탈스런 모습으로 화장품산업 전문기업과 전문가를 곤혹스럽게 몰아치고 있는 현대 화장품 전문가소비자(prosumer)는 그 정체를 규명하기가 더욱 어려워지고 있다. 사실 가중되고 있는 화장품산업의 불확실한 미래에 대한 두려움은 곧 우리의 미래 고객들에 대한 불확실성을 의미하는 것이다. 소비자는 행동이 아닌 말로 먼저 표현하지는 않는다. 결국 소비자는 데이터를 통해 그 정체를 노출하게 된다. 고객의 수요나 욕구를 파악한다는 것은 곧 데이터에 담긴 그 결과의 의미를 추출해 낸다는 것이다. Number talks 시대의 새로운 경영 패러다임이 요구되고 있다.

现代化妆品专业消费者（prosumer），以更加挑剔的面貌让消费者产业专门企业和专门家陷入困惑，而它的真面目也不是那么容易看清。事实上现在对于化妆品产业未来不稳定性增加的恐惧，也意味着对我们未来顾客的不确定性。消费者从行动，而不是从话语来表达。结果消费者通过数据显现出它的本体。掌握顾客的需求或者欲求，这正是提取数据结果的意义所在。 Number talks时代的新经营模式应运而生。

## Global Standard

한국 화장품산업의 미래는 한국 내수시장이라는 제한된 범주로 더 이상 가능하지 않다. 한국 화장품 기업의 미래 또한 단위 기업의 규모 차원을 막론하고 글로벌 화장품소비 시장에서의 잠재기회수요의 획득 없이는 성립되기 어렵다. 한국 내수시장에서만 통용되고 가능한 내수형 관행이나 기업경영모듈만으로는 글로벌시장 확장 로드맵이 신기루마냥 그저 기대로만 머물 가능성이 높다. 한국 화장품산업 생태계 전반의 유연성이 보다 확대되어야 한다. K-Beauty의 글로벌시장 수요확장의 가능성은 소수 재품, 소수 브랜드, 단발적인 K-이슈잉 정도로 달성될 수 없다. 세계 그 어느 화장품소비 지역 시장보다 수준 높은 고객기반을 통해 다져진 우리나라 화장품산업 생태계의 축적된 경쟁역량은 보다 유연한 가치사슬 구조와 다양한 유통채널에 최적화된 효과적인 공유마케팅을 통해 더욱 견고하고 지속성장 가능한 K-Beuaty 로 발현될 것이다.

韩国化妆品产业的未来，已经打破了局限于韩国内需市场的范畴。无论是韩国化妆品企业的未来还是单位企业规模，无法掌握全球化妆品消费市场的潜在机会需求的话将无法成立。只是通过在韩国内需市场通用和可能的内需型惯例或者企业经营模块的话， 全球市场扩张的路线图很可能只停留在海市蜃楼般的期待。韩国化妆品产业需要进一步扩大生态界整体的灵活性。K-Beauty的全球市场需求扩张的可能性，以少数产品、少数品牌、一时的 K-话题性是无法达成的。比世界上任何化妆品消费地域市场要拥有更高水准顾客基础的韩国化妆品产业生态界积蓄的经营力量，通过更加灵活的价值链结构和多样流通渠道最合适的共享市场，实现更加坚固、可持续反正的K-Beuaty。

## Retail pumping

현대 소비산업 가치사슬 구조의 정점은 고객이다. 가치사슬 구조에서 상대적인 힘의 역학구조는 정확하게 고객과의 거리에 비례한다. 현대 소비산업에서 유통이 날이 갈수록 강조되는 이유도 다름 아닌 그것이 가치사슬 구조에서 고객과 가장 가까이 맞닿아 있기 때문이다. 적어도 우리 소비산업 부문의 시각에서 판단하면 온라인 혁명은 모름지기 다름아닌 유통의 혁명이다. Retail transforms Beuaty 라는 명제가 가능한 시대이다. 제품성 일방의 비즈니스 모델 구현의 제한성에서 벗어나 Retail 채널에 최적화된 제품개발. 마케팅의 경쟁력이 요구된다. 다양한 O2O, 라이프스타일 소비집약형 유통 뿐만이 아니라 새로운 미래유통 쿼징 등 빠르게 진화하고 있는 잠재기회 유통채널에 대한 보다 저극적인 활용전략이 요구되고 있다.

现代消费产业价值链结构的顶峰是顾客。价值链结构中相对实力结构，准确来说是与顾客的距离成反比。在现代消费产业中日渐重视流通的理由，不是别的而是在价值链结构中与顾客距离最近。至少从我们消费产业部门的视角来判断的话，网络革命务必是流通的革命。是 Retail transforms Beuaty命题成为可能的时代。摆脱产品性一般商务模式实现的局限性，要求的是零售渠道最合适的产品开发、营销的竞争力。不仅是多样的 O2O、生活方式消费集约型的流通，还有未来流通的新跨径等快速进化中的潜在机会流通渠道，需要的是更加积极的灵活战略。

# 한국 화장품기업 해외시장 성과현황
## 韩国化妆品企业的海外市场成果现状

---

한국 화장품 산업의 글로벌 경쟁역량 위상은 이미 보통 명사로 자리매김된 K–Beauty라는 별칭으로 웅변된다. 한국 화장품 소비시장의 역동성과 속도는 어느 덧 중국 등 아시아권 일부 지역에서만이 아니라 소위 화장품 산업 선진 소비지역 고객들도 주목하는 K–Beauty의 차별적 강점으로 부각되고 있다. 이는 물론 무엇보다 K–Pop, K–Drama 등 한류의 확산에 힘입은 바 크지만 그 못지않게 까탈스럽고 변덕스러우며 요구 수준이 높은 한국 Prosumer의 화장품 Hyper소비 문화의 역할 또한 빠뜨릴 수 없는 경쟁력의 원천이다. 한국 화장품 산업의 미래 잠재 경쟁역량의 가치는 최근 확대되고 있는 글로벌 리딩 기업이나 글로벌 화장품 전문 투자사의 한국 화장품 기업에 대한 잦아진 투자 사례들로 반증된다. 한국 소비시장에서 통하면 글로벌 시장에서 통할 수 있다는 기대가 보편화되고 있다. 더불어 한국 화장품 소비시장이 갖는 아시아 지역시장의 교두보로서 가치 또한 우리의 짐작 이상으로 높은 것도 사실이다. 아직은 초기 단계이기는 하나 이러한 관점에서 한국 화장품 수출추이 현황에 대한 이해는 현안이 되고 있는 K–Beauty 산업의 글로벌시장 확대 전략의 유용한 참조지표가 될 것이다.

韩国化妆品产业的全球经营实力的地位，可以用成为一般专有名词的 K-Beauty来表示。韩国化妆品消费市场的动态和速度，不知不觉超越中国等亚洲圈部分地区，成为所谓化妆品产业新晋消费地区顾客青睐的 K-Beauty。这自然是与 K-Pop, K-Drama等韩流的扩张脱不开干系。不过还得归功于非常挑剔、变幻无常的韩国Prosumer的化妆品Hype文化的作用，还有不可或缺的竞争力源泉。韩国化妆品产业的未来潜在竞争实力的价值，已经由最近扩增的全球领先企业或者全球化妆品专业投资者对韩国化妆品企业的青睐范例中得到验证。在韩国消费市场中行得通的话，在全球市场也可以的期待成为普遍现象。同时韩国化妆品消费市场，作为亚洲地域市场跳板的价值事实上已经超出我们的预想。虽然现在处于初级阶段，从这样的观点的出发，对韩国化妆品出口趋势现状的理解，可以成为悬案未决的K-Beauty产业的全球市场扩张战略的有用性参考指标。

### 해외지역 성과현황 추이[海外地区成果分析现状趋势]

2016년 HS코드 330499(화장품) 기준 미화 30억을 훌쩍 상회하는 수출규모. 지난 최근 3년간 CAGR(Compound Average Growth Rate) 48%. 최근 우리나라 소비재산업 수출 부문에서 유례가 없는 빼어난 약진이다. 이미 2016년 현실로 부각된 THADD 등 제반 악재에도 불구하고 상당한 선전이 가능했음은 우리나라 화장품 산업의 수출 경쟁력이 금융시장 등 관련 시장의 우려 견해보다는 비교적 견고하다는 의미이다. 이슈 회자의 빈도 측면 모두인 듯 예단되는 중국 시장의 의존도 또한 지표 자체의 결과를 보면 일반의 체감치와는 다소 거리가 있다. 2016년 기준 전체 화장품 수출 중 금액 기준 중국 시장으로 수출 비중은 약 38%이다. 2017년 5월까지의 누계 기준으로 한국의 화장품 수출 성과지표는 전체 지역시장 기준 전년 동기대비 19%의 신장세를 나타내고 있다. 물론 이는 최근 3개

년 CAGR 48%나 2016년의 41%라는 초우량 지표에 비해서는 상당히 낮아진 수준이나, 시장 일각의 괴담처럼 해외 시장의 괴멸소실과는 거리가 멀다. 특히 최근 한중 정치 외교적 갈등한안 사태의 직격탄에 노출된 중국지역시장 수출의 경우만 하더라도 예년 대비 현저히 낮아진 수준이기는 하나 엄연히 11%라는 성장지표를 시현하고 있음에 주목할 필요가 있다.

국가 기관차원의 통계를 잠시 배제하고 개별 기업 단위의 기업성과 지표를 통해 우리나라 화장품 재화의 수출 현황을 추론해 보자. 연결재무제표 기준 아모레퍼시픽과 LG생활건강 Big2의 수출 및 해외지역 시장 매출액의 규모가 무려 2.8조 원. 3개년 CAGR 30%에 이른다. 이 2.8조 원 규모 중 중국 시장에 대한 비중은 전체대비 약 60%에 육박하는 약 1.7조 원에 이르고 3개년 CAGR은 거의 50%에 이른다. 2016년 WWD선정 글로벌 Beauty기업 TOP 7에 오른 아모레퍼시픽 등 우리나라 화장품 대표 기업들에 대한 글로벌 화장품 산업계의 준수한 평가가 결코 과장된 결과가 아님을 다시한번 확인하게 된다. 개별재무제표 기준 개별 기업단위 기업성과 지표의 추이는 대표기업 Big의 그것과 크게 다르지 않다. 다만 2017년 1/4분기 일부 확인된 기업의 성과지표를 보면 전년 동기 기준 증감율에서 현저히 낮아진, 심지어 역신장의 경우 또한 드물지 않게 확인되고 국가차원 전체 통계추이와 체감도에서 다소 차이가 확인된다.

2016年HS code 330499（化妆品）基准为30亿美元的出口规模。过去三年的CAGR (Compound Average Growth Rate) 为48%。最近在韩国消费资料产业出口部门中出现了前所未有的大跃进。2016年出现THADD等天灾人祸后，经过相当程度宣传韩国化妆品产业出口竞争实力，相比金融市场等相关产业的担忧，显得更加稳定些。在话题循环的频度方面，所有人都预期的依赖中国市场，不过按照指标整体结果来看与一般的体感值稍有偏差。2016年基准整体化妆品出口中中国市场输出比重大约为38%。截止到2017年5月为止，韩国化妆品出口成果指标表示整体地域市场基准去年同比增加19%。自然最近三年CAGR的48%或者是2016年的41%这个超优良指标略低，或者说这样的数据像市场冰山一角的怪谈，还算不上海外市场的毁灭性打击。尤其是最近因为中韩政治外交上面的摩擦，中国地区市场出口的情况要比往年出现明显下降，不过还是要注意到坚挺在11%的增长率。我们暂时先不考虑国家机关方面的统计，只是通过各别企业单位的企业成果指标来看一下韩国化妆品财物的出口现状。合并财务报表基准中爱茉莉太平洋和LG生活健康两大企业的出口及海外地区市场销售额规模足足有2.8兆韩元，3年CAGR达到了30%。在这2.8兆韩元数值中，中国市场的比重逼近60%，大约为1.7兆韩元，三年CAGR几乎为50%。爱茉莉天平洋等韩国化妆品代表企业2016年WWD评选出全球Beauty企业第七名，再次验证了全球化妆品产业的评价绝非夸张不实的结果。各别财务报表基准中企业单位企业成果指标的趋势，大致上与代表企业不相上下。不过从2017年1/4季度确定的企业成果指标中可以看出，相比去年增减率明显下降，甚至出现负增长的情况，这一点与国家层次的统计趋势和体感度多少有些不同。

## 중국시장 성과현황[中国市场成果现状]

우리나라 화장품 수출부문의 최대 지역시장인 중국 시장의 중요도나 가치는 이 지역시장을 제외하고 수출전략을 논하기가 불가능하리만치 그 비중과 영향이 매우 높음은 부인할 수 없다. 이렇게 중요한 최대 전략 수출지역 시장이 유례가 없는 위기를 맞고 있고 이는 지금 이순간에도 여전한 진행형이다. 대중국 수출 시장에 대한 지속성장 가능 확대전략에 대한 논의 자체가 얼어붙어 있다. 그런데 조금 시선을 돌려 온라인 역직구 대중국 수출관련 통계를 보면 그 추이는 완전히 다른 양상이 된다. 이미 2016 우리나라 화장품 수출의 약 절반 정도가 온라인 역직구 채널에 의한 것이었다. 더구나 대중국 수출의 경우 그 비중은 훨씬 높다. 논제의 더 중요한 초점은 그 규모나 비중이 아닌 견고한 성장세에 있다. 앞이 보이지 않는다는 2017년 한국 화장품 대중국 수출 전선에서 2017년 ¼분기 누계 온라인 역직구를 통한 대중국 수출은 전년대비 70%라는 여전한 고성장세를 유지하고 있음에 주목해야 한다. 요란한 세계 지정학적 이슈로부터 자유로운 고객의 가치우위 선택이 가능한 국경을 초월하는 새로운 유통채널의 위력과 가치를 체감하게 하는 결과이다. 이런 점에서 수출 부문 역시 다양한 유통 채널의 발굴과 견고한 파트너쉽의 확보는 우리가 목을 매는 양질의 제품, 양질의 한류 기반 이슈잉, 양질의 바이어, 양질의 관시의 확보 이상으로 중요한 전략의 중심 축이 된다는 것을 이해해야 한다. 중국 소비자들의 K-Beauty에 대한 호의도는 한국 화장품 제품에 대한 선호 자체라기 보다는 한국의 소비 라이프스타일 모방 소비의 가장 상징적인 구현이라는 점에서 인접 소비재 산업과의 Collaboration 역시 강력하게 추천되는 대목이다. 흔히 중국 시장은 전국구가 없다고 한다. 중국 시장 전체를 우리의 시장 마냥 하나의 단위로 전제하는 오류에서 벗어나 다양한 유통채널, 다양한 파트너쉽, 다양한 Collaboartion의 적극적인 활용이 요구된다. 이미 중국 소비시장에서 K-Beauty 확장의 아젠는 양질의 제품이 아닌 양질의 마케팅으로 그 중심축이 이동되고 있기 때문이다.

韩国化妆品出口部门的最大地域市场-中国市场的重要度或价值，没有这一部分地域市场的话基本不太可能谈论出口战略的程度，是占据非常重要地位的。像这样极其重要的最大出口市场，遇到了前所未有的危机，而在现在也是持续中。对大中国出口市场的可持续发展扩张策略的谈论本身都被冻结。不过稍微转移下视线看一下网上逆向直购的中国出口关联统计，完全出现了相反的居民。2016年韩国化妆品出口的一半程度都是通过网上直购渠道实现的。另外大中国出口情况的比重要更加高一点。论题的更重要焦点不是这个规模或比重，而是稳定的增长势头。在前面没有显现的2017年韩国化妆品大中国出口前线上，2017年第一季累计通过网上直购达成的出口，与去年同比维持了70%的高增长率，这一点也值得主义。从嘈杂的世界地理政治学话题中摆脱的顾客价值优势选择成为可能，这是超越国境体验新流通渠道的势力和价值的结果。从这一点来看，我们可以理解到出口部门果然是发掘多样流通渠道，确保坚定的合作关系，并且决定我们成败的优质产品、韩流话题和优质买

手、优质关系的确保等成为战略的中心轴。中国消费者对K-Beauty的好感度，与其说是对韩国化妆品产品本身喜爱，不如看做是对韩国消费生活方式模仿的最象征性的表现，与相邻消费资料产业的Collaboration确实是最值得推荐的项目。中国市场是没有全国选区。也就是说要摆脱中国市场只是一个整体的单位这样的错误认识，需要积极利用多样流通渠道、合作关系和多种Collaboration。因为在中国消费市场中，K-Beauty扩张构图的中心轴已经从优质产品转向为优秀的市场营销。

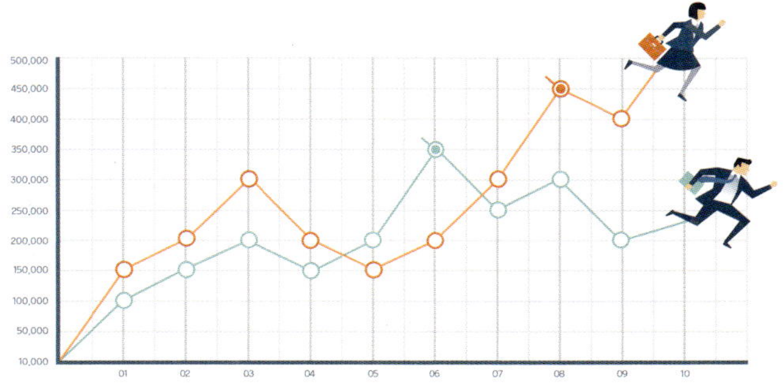

## 해외수출도표그래프

(단위 : 매출, 억원, %)

| 개별재무제표기준 | 해외 | | | 중국 | | | 해외 | | | 중국 | | |
|---|---|---|---|---|---|---|---|---|---|---|---|---|
| | 2016 | 2015 | 2014 | 2016 | 2015 | 2014 | 2016 | 2015 | 2014 | 2016 | 2015 | 2014 |
| 아모레퍼시픽 | 4,257 | 1,959 | 1,659 | 2,081 | 913 | 773 | 32% | 117% | 18% | | 128% | 18% |
| LG생활건강 | 2,767 | 1,931 | 1,511 | 1,370 | 645 | 270 | 6% | 43% | 28% | −18% | 113% | 139% |
| 이니스프리 | 1,417 | 689 | 177 | 1,231 | 568 | 151 | | 106% | 289% | | 117% | 276% |
| 더페이스샵 | 1,194 | 1,202 | 1,100 | 687 | 696 | 536 | | −1% | 9% | | −1% | 30% |
| 엘앤피코스메틱(메디힐) | 415 | 280 | | 392 | 206 | | | 48% | | | 90% | |
| 에이블씨앤씨 | 789 | 631 | 536 | 516 | 491 | 376 | 37% | 25% | 18% | 34% | 5% | 31% |
| 에뛰드 | 244 | 181 | 146 | 115 | 91 | 67 | | 35% | 24% | | 26% | 36% |
| 잇츠한불 | 220 | 214 | 165 | | | | −35% | 3% | 30% | | | |
| 네이처리퍼블릭 | 291 | 350 | 285 | | | | −7% | −17% | 23% | | | |
| 토니모리 | 436 | 278 | 213 | | | | 1% | 57% | 31% | | | |
| 클리오 | 723 | 134 | 69 | | | | | 440% | 94% | | | |
| 코리아나화장품 | 130 | 93 | 61 | | | | −9% | 40% | 52% | | | |
| 에스디생명공학(SNP화장품) | 444 | 134 | | | | | | 231% | | | | |
| 제이준코스메틱 | 157 | | | | | | | | | | | |
| 스킨푸드 | 180 | 220 | 264 | 153 | 192 | 239 | | −18% | −17% | | | |
| 해브앤비 | 129 | 8 | | 48 | 8 | | | | | | | |
| 연결재무제표 기준 | | | | | | | | | | | | |
| 아모레퍼시픽해외법인 | 18,559 | 13,674 | 9,292 | 12,546 | 9,012 | 5,513 | | 36% | 47% | | 39% | 63% |
| LG생활건강 해외지역판매 | 9,248 | 7,653 | 7,076 | 3,978 | 2,933 | 1,991 | 22% | 21% | 8% | 40% | 36% | 47% |

source ; 각사 공시자료

## 한국 화장품 수출현황 HS Code 330499 기준

(단위 : USD 백만)

| 항목 | 2011 | 2012 | 2013 | 2014 | 2015 | 2016 | 2017.5월누계 | CAGR 3년 |
|---|---|---|---|---|---|---|---|---|
| 수출 소계 | 613 | 734 | 928 | 1,444 | 2,245 | 3,168 | | |
| 증감율 | | 20% | 26% | 56% | 55% | 41% | 19% | 48% |
| 중국 수출 | 178 | 186 | 254 | 494 | 965 | 1,194 | | |
| 증감율 | | 4% | 37% | 94% | 95% | 24% | 11% | 55% |
| 비중 | 29% | 25% | 27% | 34% | 43% | 38% | 37% | |

source ; 한국무역협회 수출입통계 (K–Stat)

## 온라인 역직구 수출

(단위 : USD 백만)

| 항목 | 2011 | 2012 | 2013 | 2014 | 2015 | 2016 | | CAGR 3년 |
|---|---|---|---|---|---|---|---|---|
| 소계 | | | | 234 | 651 | 1,489 | | |
| 증감율 | | | | | 179% | 129% | 70.7% | 152% |
| 중국 | | | | 185 | 569 | 1,357 | | |
| 증감율 | | | | | 208% | 139% | 71.2% | 171% |
| 비중 | | | | | | | | |

source ; 통계청

〈2017년 한국 화장품산업 경영백서〉
한국 화장품산업 변화 주도할 지속성장 100대 기업

# CHAPTER 2.
# 한국 화장품산업 변화 주도할 기업

# 아모레퍼시픽 | 爱茉莉太平洋

아모레퍼시픽의 엄청난 위용은 2017년 WWD global Beauty 100대 기업 평가에서 당당히 TOP 7 등극으로 웅변된다. 한국 지역시장 대표기업의 차원을 넘어 이제 당당히 세계 화장품 소비시장에서 자웅을 겨루며 K-Beauty 선단을 선도하고 있다. 한국 화장품 산업의 역사는 곧 아모레퍼시픽의 역사라 해도 과언이 아닐만큼 아모레퍼시픽의 빛나는 질주는 우연히 또는 어느 순간 갑작스레 탄생된 결과가 아니다. 최근 화제가 되고 있는 근저 축적의 시간에서 정의된 표현대로 아모레퍼시픽의 독보적 성과의 결과는 일관되게 오랜 기간 축적된 스케일업(scale up) 과정으로 가능하게된 성과 산물이다. 4차 산업혁명이란 조어 속에 현기증 가득한 새로움의 홍수에서도 궁극적인 결과의 산물은 이처럼 본질가치의 충일이 바탕임을 일깨워준다.

아모레퍼시픽의 연결재무제표 기준 화장품사업부문의 판매유통 채널별 구성에서 다시 한번 견고한 고객가치 지향적인 가치사슬의 단단함을 확인하게 된다. 새로운 트렌드와 새로운 화장품 소비시장의 구조 변화에 기민한 대응은 당연한 전략 최적화의 전제이기는 하다. 하지만 동시에 자신의 경쟁우위 역량에 대한 통찰을 기반으로 한 차별적인 make strong stronger 전략의 일관성 또한 견고한 지속 성장의 진정한 리더쉽으로 요구되는 덕목이다. 아모레퍼시픽의 빼어난 성과는 전문가 책임경영진, 화장품 관련 일괄 가치사슬로 구성된 관련기업 수직계열 집적화, 상당한 규모의 차원에서도 유연성을 유지하고 있는 조직 프로세스, 꾸준한 R&D 투자로 함축된다. 더불어 글로벌 소비시장 경쟁관점 유효 역량의 확보라는 글로벌 스탠다드 준거 성장 전략의 비전 또한 빼 놓을 수 없는 아모레퍼시픽의 핵심 경쟁역량이다. 인적역량, 조직역량, 밸류체인역량, 브랜드역량, 미래투자역량, 재무건전성 역량 모두에서 초우량 화장품 기업의 기준을 만족하고 있는 아모레퍼시픽의 선전은 새로운 K-Beauty 글로벌 리더쉽과 함께 상당기간 지속될 것으로 기대된다.

---

威风凛凛的爱茉莉太平洋，在2017年Global Beuaty100大企业评价中荣获第七名。跨越韩国地区代表企业，现在已经可以在国际化妆品市场一决雌雄，向世人宣传着K-Beauty的魅力。毫不夸张的可以说韩国化妆品产业的过去也就爱茉莉太平洋的历史，爱茉莉太平洋的快速发展不是偶然，不是在某一瞬间爆发的结果。最近成为热门话题以储蓄时间定义的爱茉莉太平洋，取得的独具一格成就正是因为长久以来积蓄的 scale up 过程而实现的。像第四次产业革命的新造语一样，在令人炫目的变幻莫测中取得了积极成果，正是告诉我们本质价值在于基础。

爱茉莉太平洋的合并财务制表基准，从化妆品事业部门销售流通渠道构成中，我们可以再次确认到以顾客价值为中心价值链的稳固。对新趋势和新化妆品消费市场结构变化的敏锐应变是最佳战略的前提。但是同时对自身竞争实力的洞察力也是make strong stronger战略的一贯性或者稳定发展真正要求的项目。爱茉莉太平洋的卓越成果可以归功于专家责任制经营团队、以化妆品相关联价值链构成的系统集成化、相当规模层面仍保持灵活性的组织体系、还有持久不断的R&D投资。同时在确保全球市场竞争有效实力方面，不仅是国际标准发展战略的蓝图，也是爱茉莉太平洋核心竞争实力。爱茉莉太平洋在人力、组织实力、价值链、品牌实力、未来投资实力、财务稳健性等方面都满足最优秀化妆品企业标准，期待着它的前进与新K-Beauty全球领导力一路同行。

| 개별기업 합산 기준 | 매출액 | | 영업이익율 | | | 부체비율 | | |
|---|---|---|---|---|---|---|---|---|
| 계별기업 | 2016 | 3개년CAGR | 2016 | 2015 | 2014 | 2016 | 2015 | 2014 |
| 아모레퍼시픽 | 42,708 | 16% | 18% | 18% | 16% | 21% | 20% | 22% |
| 이니스프리 | 7,678 | 30% | 26% | 21% | 17% | 26% | 35% | 48% |
| 에뛰드 | 3,166 | 6% | 9% | 1% | 4% | 52% | 68% | 86% |
| 코스비전 | 1,902 | 20% | 1% | 3% | 3% | 162% | 77% | 314% |
| 아모스프로페셔널 | 792 | 20% | 20% | 20% | 21% | 16% | 19% | 19% |
| 퍼시픽글라스 | 617 | −2% | 3% | 1% | −4% | 57% | 36% | 36% |
| 에스쁘아 | 378 | 26% | −2% | −10% | | 18% | 22% | |
| 에스트라 | 1,033 | 14% | 2% | 0% | −5% | 24% | 22% | 29% |
| 소계 | 58,274 | 17% | 17% | 17% | 14% | 24% | 23% | 26% |
| 연결 기준 | | | | | | | | |
| 아모레퍼시픽 | 56,454 | 21% | 15% | 16% | 15% | 33% | 32% | 34% |

## 사업부문별 매출구성 연결 기준

| | 2016 | 2015 | 2014 | 3개년CAGR |
|---|---|---|---|---|
| 화장품사업부문 | 51,493 | 42,658 | 34,074 | 23% |
| MC & 설록 | 4,960 | 5,008 | 4,665 | 3% |

## 해외시장 진입확장 현황 연결기준, 내부거래등 연결조정분 포함

| 매출액 | 2016 | 2015 | 2014 |
|---|---|---|---|
| 수출 | 4,155 | 3,399 | 1,650 |
| 해외법인 | 18,559 | 13,674 | 9,292 |
| 매출비중 | | | |
| 수출 | 7% | 7% | 4% |
| 해외법인 | 30% | 27% | 23% |

## 판매유통채널 현황 연결기준, 화장품사업부문 범위

| 유통채널 | 2016 | 2015 | 2014 |
|---|---|---|---|
| 전문점 | 9% | 11% | 13% |
| 할인점 | 3% | 4% | 5% |
| 온라인 | 8% | 10% | 12% |
| 인적판매 | 12% | 14% | 16% |
| 백화점 | 6% | 7% | 9% |
| 면세점 | 29% | 25% | 21% |
| 기타 | 2% | 1% | 1% |
| 해외법인 | 32% | 28% | 24% |

# LG생활건강 | LG生活健康

2017년 WWD global Beuaty 100대 기업 평가 17위에 랭크된 LG생활건강은 우리나라 대표 화장품 기업 아모레퍼시픽과 더불어 오늘날 K-Beauty를 견인해온 양축으로 강견한 성장을 이어가고 있다. 일반적으로 화장품등 소비자밀착형 소비재 산업에서 LG와 같은 거대 종합그룹사에 뿌리를 두고 있는 대형 기업이 이 같은 준수한 성과를 시현한 경우가 사실 그리 흔하지 않다. 왜냐하면 그 어느 산업 부문보다 소비산업 생태계의 변화가 빠르고 제반 경기 변화 민감도가 높은 화장품 산업 속성에 만족하는 빠른 의사결정과 새로운 비즈니스 전략의 구현이 태생적으로 거대 조직 여건에서 그리 수월하지 않기 때문이다. 하지만 지닌 3개년 LG생활건강은 성장, 수익, 회전효율 등 비즈니스 경영 핵심 성과 지표 모두에서 초우량 전문기업의 수준을 능가하는 빼어난 결과로 화장품 같은 소비자 밀착형 소비재 산업은 대기업형 비즈니스 모델의 우선순위가 아니라는 고전적인 통설을 고쳐 쓰게 하고 있다. 세계 화장 소비산업 생태계의 경쟁 모드는 전통적인 브랜드 파워 기반의 서열 구조를 기초로 작동되어 왔다. 하지만 최근 수 년 동안 급속하게 변화하고 있는 라이프스타일 지향적 융합소비 패턴의 확장과 온라인 등 초국경 유통채널의 확산으로 이제까지의 비교적 안정적인 브랜드 서열 중심 경쟁스쿼드에 상당한 변화가 진행되고 있다. 단지 브랜드 지명도나 이미지 가치에 대한 똑똑해진 글로벌 소비자들의 조건없는 추종은 점점 기대하기 힘들어지고 있다. 이러한 화장품 소비패턴의 변화 과정에서 제품가치, 사용만족도, 구매 혜택과 같은 구체적인 실체 경쟁력에서의 상대우위를 기반으로 LG라는 글로벌 신뢰가능 기업 이미지와 함께 제안되는 LG생활건강의 고객가치제안 전략은 날이 갈수록 그 위력을 더하고 있다. 3%를 넘나드는 R&D 투자를 통한 꾸준한 제품 역량의 축적, 제품 생산에서부터 최종 소비자 판매유통에까지 이르는 안정적인 뷰티소비산업 수직계열화 구조는 한국은 물론 글로벌 뷰티 소비 산업에서의 더 나은 LG생활건강의 약진이 더욱 기대된다.

---

2017年 WWD global Beuaty 100大企业评选中，LG生活健康被评为了第17名，与韩国代表化妆品企业爱茉莉太平洋一同成为了当今引领K-Beauty的两匹领头羊。一般来说在化妆品等消费者密集型生产资料企业中，像LG这样综合企业取得优异成绩是非常少见的。因为面临消费产业生态界的快速变化和经济变化敏感度非常之高，化妆品部门要比其他部门相比需要非常快速的决策系统和相应新商务战略实施的组织条件，而大公司很难具备这样的条件。不过从增长、收益、周转率等商务经营核心成果指标中可以看出，在过去三年间LG生活健康取得了不亚于卓越的专业企业水准，化妆品这类消费者密集型消费资料产业不存在像大企业的优先竞争这样的老生常谈。世界化妆品消费产业生态界的竞争模式，是以传统品牌实力的顺位结构为基础。但是最近几年来随着变幻莫测的生活方式指向型综合消费模式不断扩，还有网上等超越国境的流通渠道扩张，导致了处于相对安全位置的品牌排名发生了不小的变化。全球顾客只是单纯对品牌知名度或形象价值的追随，已经不再有效。在这样的化妆品消费模式的变化过程中，LG的产品价值、使用满意度、购买优惠等具体实际竞争实力中都处于优势，而LG生活健康正式借着LG的全球信赖形象提出的顾客价值提案战略，日益发挥重要作用。通过超过3%的R&D投资，LG生活健康从积蓄产品实力、产品生产到最终消费者销售流通实现了安定的美容消费产业垂直系统结构，期待着它不仅在韩国还有在国际美容消费市场中取得更好的飞跃。

| 개별기업 합산 기준 | 매출액 | | 영업이익율 | | | 부체비율 | | |
|---|---|---|---|---|---|---|---|---|
| 게별기업 | 2016 | 3개년CAGR | 2016 | 2015 | 2014 | 2016 | 2015 | 2014 |
| LG생활건강 | 36,609 | 21% | 18% | 15% | 12% | 65% | 102% | 119% |
| 더페이스샵 | 5,638 | 3% | 10% | 14% | 15% | 38% | 35% | 46% |
| 씨앤피코스메틱스 | 523 | 43% | 14% | 18% | 20% | 27% | 23% | 20% |
| 제니스 | 364 | 49% | 4% | 9% | | 51% | 28% | 122% |
| 소계 | 43,134 | 18% | 17% | 15% | 13% | 62% | 91% | 108% |
| 연결 기준 | | | | | | | | |
| LG생활건강 | 60,941 | 14% | 14% | 13% | 11% | 72% | 99% | 124% |
| 음료제외 | 47,499 | 17% | | | | | | |

## 사업부문별 매출구성 연결 기준

| | 2016 | 2015 | 2014 | 3개년CAGR |
|---|---|---|---|---|
| (생활용품) | 15,944 | 15,971 | 15,019 | 3% |
| (화장품) | 31,555 | 24,490 | 19,559 | 27% |
| | 47,499 | 40,461 | 34,578 | 17% |

## 해외시장 진입확장 현황 연결기준, 음료부문 제외 내부거래등 연결조정분 포함

| 매출액 | 2016 | 2015 | 2014 | |
|---|---|---|---|---|
| 해외매출 | 2016 | 2015 | 2014 | |
| 매출액 | 11,176 | 8,599 | 7,441 | 23% |
| 매출비중 | 22% | 20% | 21% | |

## 판매유통채널 현황 연결기준, 음료부문 제외

| 유통채널 | 2016 | 2015 | 2014 |
|---|---|---|---|
| (LG _화장품) | | | |
| 백화점, 면세점, 방문판매 등 | 75% | 69% | 56% |
| 보떼, 할인점, H&B 등 | 16% | 23% | 34% |
| 수출 등 | 10% | 8% | 10% |
| (LG_생활용품) | | | |
| 대리점, 특판,온라인 등 | 44% | 41% | 40% |
| 할인점, 체인슈퍼, 편의점 등 | 37% | 38% | 41% |
| 기타 | 19% | 21% | 19% |
| (더페이스샵) | | | |
| 직영 및 위탁점 | 48% | 48% | 49% |
| 가맹점 | 31% | 34% | 36% |
| 수출 등 | 21% | 18% | 16% |

# 카버코리아(A.H.C) | **CARVER KOREA**

화장품 비즈니스 가치에 대한 엄청난 가치를 구체적인 결과로 입증한 카버코리아의 최근 3개년 경영성과지표는 단연 압권이다. 2016년 성과지표 기준 비상장 기업의 가치산정법에 의한 카버코리아의 기업가치는 물경 6,000억원을 육박하고 있다. 지난 2016년 화장품 업계 뿐만이 장외 시장의 주요 이슈로 주목되었던 60% 지분 기준 4,300억원에 이른 것으로 알려진 Cosmetics Issuer Holdings Designated Activity Company의 지분 인수가 결코 과장된 것이 아님을 알 수 있다. 이들 인수 주체의 주요 구성원이 골드만삭스와 베인캐피탈이라는 세계 굴지의 투자사임을 감안하면 더더욱 카버코리아에 대한 엄청난 평가가치를 짐작하게 한다. 단기간 소위 이 같은 가치의 원천이 된 A.H.C 신드롬을 가능하게 한 원동력은 무엇일까? 이는 이론의 여지는 있겠지만 좀 압축적으로 정의하자면 개별고객 맞춤이란 컨셉 전략의 승리이다. 화장품 소비산업 부문만이 아니라 현대 소비재 산업의 제 1 화두는 단연 Mass Customization이다. 자칫 이를 잘못 이해하면 대량 맞춤이란 제조 프로세스로 오인하기 쉽지만, 이는 제조 과정이 아닌 소비의 과정에서의 맞춤을 지칭함에 유의해야 한다. 즉 사람마다 모두 다르게 타고나는 피부와 그에 따른 피부 고민은 한 가지의 특별한 원료나 공법만으로 해결되는 것이 아니라, 검증된 과학을 바탕으로 차별적 시용이라는 최적의 사용법의 어드바이스 제공이 더욱 중요하다는 것이다. 이런 점에서 스파와 클리닉을 기반으로 출발된 A.H.C의 성장 과정은 이 부분에서의 차별적 강점을 자연스레 확보할 수 있었던 것으로 분석된다. 다시 말하면 제품 물성의 탁월함 뿐만이 아니라 화장품 사용 관리효과의 극대화라는 진일보된 무형의 가치를 A.H.C에 담아내고 설득하는 데 성공했다는 평가이다. 이 같은 맞춤형 가치에 대한 A.H.C의 차별적 제품물성가치 이상의 부가가치 창출 선점의 위력은 2016년 영업이익율 42%라는 전무후무한 성과결과로 반증된다. 이 같은 차별적 경쟁역량은 날이 갈수록 점증하고 있는 전문가형 화장품 소비패턴의 확대와 더불어 상당기간 유효한 강점으로 카버코리아의 남다른 성장을 견인하게 될 것으로 기대된다.

A.H.C의 이슈잉 전략은 단순한 가십의 나열이 아니라 정교한 스토리를 담고 있다. 이는 또한 개별 소비자의 영역에서는 일반 소비자와 전문 소비자를(prosumer) 자임하는 얼리어답터의 자격을 검증하는 지식의 목록이 될 만큼 상당히 정교한 전파 시나리오가 담겨있다. 스타마케팅의 경우만 해도 차원이 다른 접근으로 뉴스의 전면을 장식하고 있다. 최근 3개년 초호조세를 기록한 초우량 경영성과로 가능해진 풍부한 투자여력을 기반으로 최근 글로벌 셀리브리티 앤 해서웨이의 모델 기용은 카버코리아의 위상을 단번에 글로벌 차원으로 진입하게 하였다. 이 같은 행보는 카버코리아의 중국을 초월하는 진정한 글로벌 소비시장 공략의 강한 의지를 짐작하게 대목이다. 지난 해 광군제 기간 마스크팩 판매 100만장 돌파는 카바코리아의 엄청난 중국 소비자의 호의도를 반증하는 결과이다. 사실 이 같은 결과는 주지하듯 사전에 충분한 물량 준비와 반복된 사전 마케팅의 지원 없이는 이루어지기 불가능하다. 충분한 소비수요에 대한 검증과 기동적 대처 그리고 결과에 대한 확신 등을 보면 카버코리아의 경쟁역량이 이미 뛰어난 경영성과 지표 수준을 훨씬 상회하는 매우 상당한 수준에 이르고 있

음을 알 수 있다. A.H.C의 제품 사용접근성 마케팅의 우수성은 메인 제품라인이 아닌 Fun 요소가 충일된 서브제품 라인에서 더욱 잘 발현되고 있다. 화장품과 같은 소비자밀착형 소비재 산업의 경우 이와 같은 효과적인 몸통흔들기 전략은 자주 브랜드 전체 친밀성을 고양시키는데 매우 효과적이다. 예를 들면 스틱형 선블럭 제품의 응용은 카버코리아의 소비자에 대한 높은 이해 수준을 가늠하게 한다. 지난 연말 한국조폐공사와의 위변조방지 보안기술 공동개발 협약의 경우도 카버코리아의 뛰어난 마케팅 차별화 커뮤니케이션 역량의 단면이다. 외면의 형식은 위변조 방지를 강조하지만, 고객을 향한 커뮤니케이션의 핵심은 위변조 들끓는 내재된 A.H.C만의 절대상위가치 리더쉽의 확인이다. 제품, 브랜드, 이미지 이 모두를 일관되게 관통하는 A.H.C만의 고유 스토리와 마케팅 몽타쥬의 정교한 결합은 물론 A.H.C가 지향하는 목표 고객에 대한 충분한 이해와 분석을 전제로 하고 있음은 물론이다. 이 같은 결과 세계의 유수 투자사들이 최고의 투자대상으로 지목하는 미래가 현재보다 더욱 기대되는 초우량 화장품기업으로 자리매김된 것이다.

--------------------------------------------------

从以具体结果来验证化妆品商务价值来看，CARVER KOREA最近3年的经营成果指标是具有压倒性地位。按照2016年成果指标基准非上市企业的价值核算方法，CARVER KOREA的企业价值令人吃惊接近6000亿韩元。在2016年不仅是化妆品企业，还有成为场外市场高达60%持股基准4300亿韩元也成为热门话题，从中可以看出Cosmetics Issuer Holdings Designated Activity Company的股份收购绝非不是夸张。考虑到收购主体的主要成员-高盛和贝恩资本这样的世界优秀的投资者，更加可以验证出CARVER KOREA的高价值评价。在短时间内产生所谓的价值源泉-A.H.C综合症，使之成为可能的原动力是什么？相比理论用更加精炼的一句话来整理的话，则是针对每位顾客的概念胜利。不仅是化妆品消费产业部门，如今消费资料产业的第一课题也自然是Mass Customization。如果不能正确理解的话，大量定制就会容易被误认为是制造程序，需要特别注意的是重点不是制造程序而是消费过程实现的定制。也就是说每个人都拥有特别的皮肤对皮肤的担忧不尽相同，所以说只用一种特别的原料或者制作方法来满足所有是不现实的，必需以得到验证的科学为基础选取最合适使用方法和提供建议。从这个观点来看，以spa和clinic为基础推出的A.H.C，它的发展过程被分析为正好是确保了这一部分的差别化优势。即不仅是产品性的卓越，还有化妆品使用管理效果的极大化，A.H.C包含的这些升级的无形价值成为成功的基石。像这样定制型价值确保了A.H.C的差别化产品性价值以上的附加价值的创收，这一点从2016年营业利润率为42%这一前所未有的成果中得到验证。而日益增强的差别化竞争实力，确保专家型化妆品消费模式的扩大，同时在相当期间也成为有效优势，期待着可以成为引领CARVER KOREA与众不同的发展。

A.H.C的话题战略不是单纯的花边新闻罗列，而是讲述精致的故事。也就是说在个人消费者领域，可以成为检验一般消费者和专门消费者(prosumer)的early adopter资格，拥有非常卓越的剧本。明星营销的情况‧以不同层次来装饰新闻的正面。最近三年超好税收的优良经营成功‧使得活跃的投资成为可能‧并以此为基础最近采用国际大腕明星模特‧使得CARVER KOREA的地位瞬时跨到国际领域。像这样CARVER KOREA表现出了超越中国真正走向了国际消费市场的意图。去年光棍节期间只是面膜销量就突破100万张的CARVER KOREA‧是其获的中国消费者好感度的验证。事实上众所周知取得这样的结果‧如果没有事前充分的数量准备和反复的营销支援的话‧不太容易实现。从对消费需求的充分验证和灵活处理还有对结果的确信这些方面可以看出‧CARVER KOREA的竞争实力已经非常卓越‧经营成果指标也提高到相当的水平。A.H.C的产品使用接近性营销的优势在于充实Fun要素的子产品线‧而不是主产品线。像化妆品这样的消费密集型产业中‧摇动身体的策略反而对提高品牌整体亲密性非常有效。例如使用stick型的防晒霜产品‧可以看出对CARVER KOREA消费者有着非常透彻的理解。去年年末与韩国造币公社一起合作共同开发防伪措施安全技术‧CARVER KOREA展现出了卓越的营销差别化沟通实力。从外形上强调防伪‧不过对于顾客的沟通核心则是在于确认防伪必要性的A.H.C的独有绝对价值。产品、品牌、形象等一览一身的A.H.C‧将自己专有故事和市场营销蒙太奇技法相结合‧可以看出它是以对目标顾客群体充分的理解和分析为前提。像这样的成果‧充分可以成为世界优秀投资公司选定的最佳投资对象‧该企业定位为超优良化妆品企业‧未来将会比现在更加值得期待。

## 영업이익율

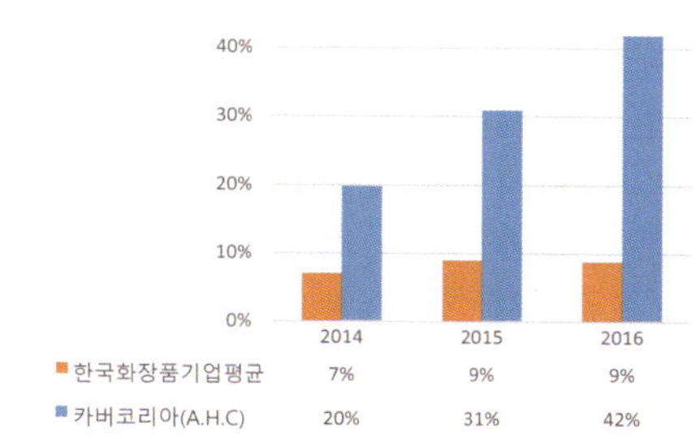



## 순이익율

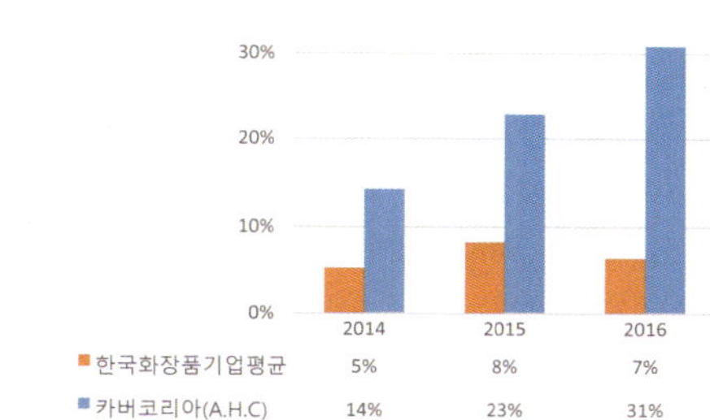



## 초우량기업 경영실적요건 충족
### 매출액과 영업이익

(단위 ; 억원)

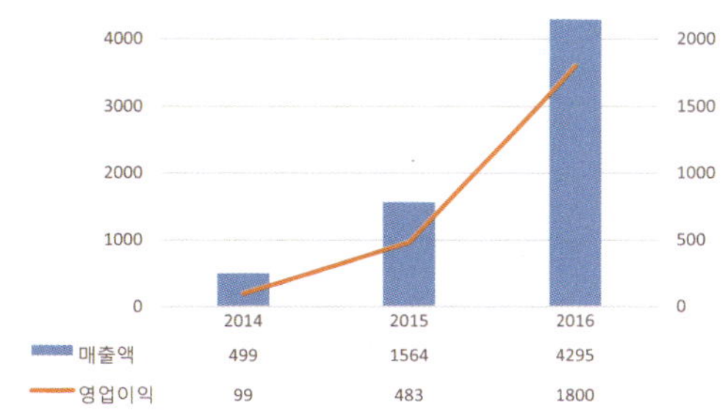



## 부채비율

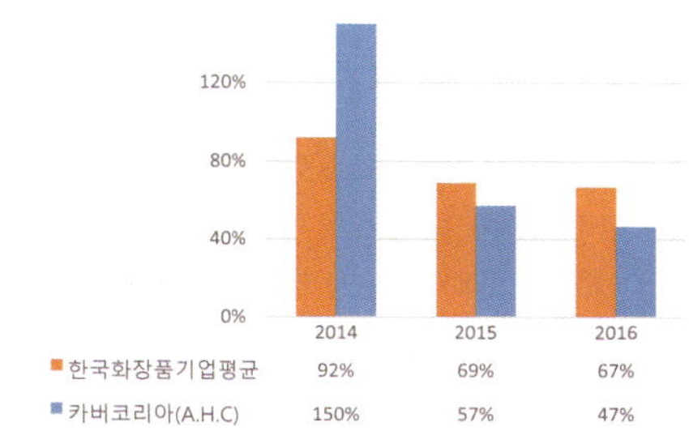



## 마켓쉐어 확대

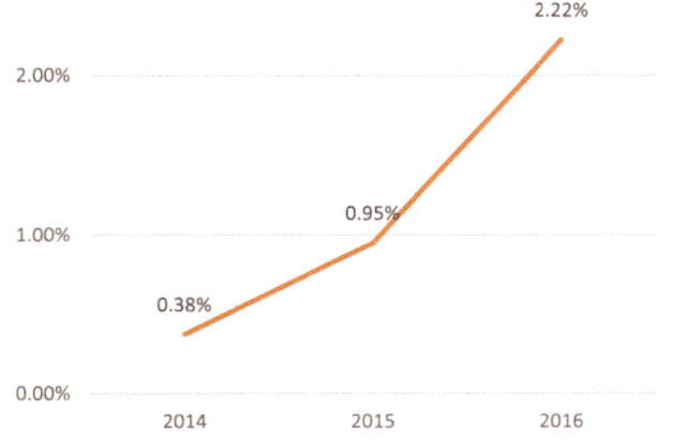



## 영업현금흐름비율

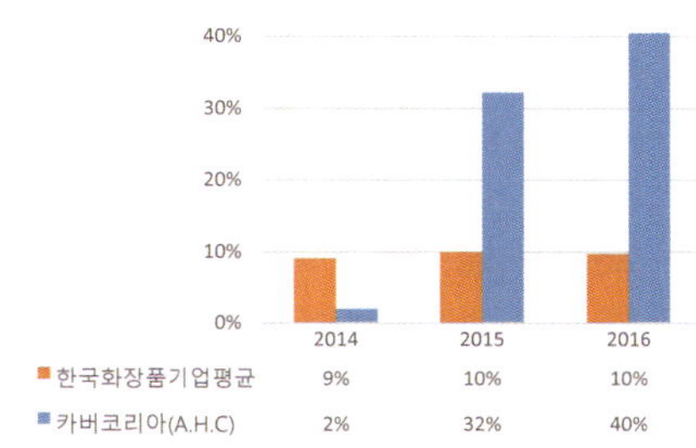

# 엘앤피코스메틱(메디힐) | **L&P Cosmetics**

메디힐 브랜드 이 한 마디이면 엘앤피코스메틱의 기업 위상을 가늠할 수 있을 것이다. 중국 시장에서의 선풍적 열풍은 단적으로 중국 패션기업 랑시(Lancy Fashion)의 9.8%에 이르는 선제적 지분참여로 웅변된다. 2016년 기해외수출 매출의 비중은 약 10% 내외로 확인되고 있으나 화장품 업계 일각의 견해에 따르면 실제 소비 지역 시장 기준으로 환산하면 매출의 절반 이상이 중국 지역 소비시장의 수요 충족에 따른 것으로 추론된다. 사실 화장품 소비시장의 중심부에서 다소 벗어난 주변 시장 정도로 인지되던 마스크팩 아이템의 이 같은 선전은 소위 전문가의 최고 기대치 조차도 훨씬 상회하는 것으로 그 누구도 이 같이 엄청난 결과를 미처 예견하지 못했던 게 사실이다. 바르는 화장품 일색의 시장 지배구조에서 붙이는 화장품 기업으로 우뚝 선 엘앤피코스메틱의 오늘은 거의 전설이 되고도 남을 메디힐의 폭발적인 성장으로 가능하였다. 일견 매우 단순하고 간단한 듯 보이는 마스크팩의 영역에서 엘앤피코스메틱의 차별적 가치설파 전략은 화장품과 의약품의 접목이라는 코스메슈티컬(cosmeceutical) 컨셉으로 정리된다. 흔히 범용적 브랜드 소비제품 영역에서 소위 빅모델 전략이 자주 경쟁전략의 선두에 자리매김 되기에 메디힐 또한 외견상으로는 현빈 등 셀럽 기반 마케팅이 전부인양 오해하기 쉽다. 하지만 작은 차이가 명품을 만든다는 유명광고 카피마냥 메디힐은 한장의 차이가 피부의 차이를 만든다는 차별적 가치 컨셉을 성공적인 마케팅으로 녹여내고 있다. 최근 THADD 등 일련의 불가항력적 사태와 기업공개 일정의 순연 등으로 그 동안의 범접할 수 없는 최고의 성과 과정에도 불구하고 지금 현재시점 일각의 우려가 제기되고 있는 것도 사실이다. 하지만 메디힐로 함축되는 엘앤피코스메틱의 브랜드 파워는 이미 단지 중국 시장에서의 선풍이나 일시적 급등 차원에 제한되는 수준을 훌쩍 넘어선 것으로 평가된다. 직간접적인 영향에서 결코 자유로울 수 없는 우리나라 화장품 산업의 대외 환경조건의 엄존에도 불구하고 가치 있는 곳에 수요가 있다라는 시장경제의 정리가 유효하다면 더불어 이제까지의 성장을 견인했던 화장품 전문기업 경영의 내공이 유지된다면 엘앤피코스메틱의 성장 가도는 여전히 기대해도 좋을 것으로 판단된다.

엘앤피코스메틱에 대한 과하다 싶은 잠재 투자자들의 과잉 관심 양상은 그 만큼 엘앤피코스메틱 메디힐이 갖는 폭발적인 성장 잠재력에 대한 기대의 반증으로 이해해야 될 것이다. THADD 라는 대중 교역사 이래 최대의 난제앞에서도 적어도 지금까지 엘앤피코스메틱의 행보는 여전히 단단하고 굳건하다. 이는 다수 소비재 브랜딩의 기업들이 노출하였던 브랜드 인기의 거품 수준과는 달리 메디힐의 브랜드 파워는 이미 하나의 장르에서 보통명사로 착근될만큼 목표시장에서 상당한 경쟁력을 이미 선취하고 있기에 가능하다. 최근 체결된 삼성화재와의 동반성장 협약 MOU만 하더라도 글로벌 시장에서 통합 수 있는 글로벌 경쟁력 넘버원이라는 메디힐의 브랜드 파워를 전제로 이루어진 결과임은 두 말할 필요가 없을 것이다. 흔히 대그룹 기업에 비해 상대적으로 규모가 작은 화장품과 같은 대중 소비재 전문기업의 기업문화 사례가 화제가 되는 경우는 매우 드물다. 그런데 인재가 경쟁력의 핵심이란 화두와 함께 예시되는 기업문화의 복지 측면에

서 단골로 등장하는 기업이 바로 다름아닌 엘앤피코스메틱이다. 일하기 좋은 회사, 직원이 행복한 회사의 가치아래 구글과 함께 자주 '사람이 경쟁력이다'라는 경영코드의 예시로 소개되고 있는 엘앤피코스메틱의 기업문화는 그 자체로 시사하는 바 크다. 성장과 성과의 혜택이 공유되는 엘앤피코스메틱의 앞선 기업경영 문화는 또 다른 경쟁력의 핵심이다. 흔히 금융시장에서 기업의 가치를 평가할 때 CEO의 역량을 중요하게 반영하여 CEO주가란 말이 자주 거론되기도 한다. 이와 같이 최근에는 우량 기업의 투지 지표 중 하나로 기업 구성원의 만족이나 충성도를 이에 못지 않게 살피고 반영하는 경우가 점점 늘어가고 있다. 이런 관점에서 엘앤피코스메틱의 기업가치는 외견으로 드러난 가시적인 성과지표 이상이 될 것임은 재론의 여지가 없다. 이와 같이 고객만족 가능 전문기업 역량과 사람이 중심이 되는 기업문화로 무장된 엘앤피코스메틱의 궤적은 한국 중국을 넘어 글로벌 넘버원이라는 구체적 비전의 성취 역시 결코 멀지 않음을 기대하게 한다.

以一句话来总结的话，就是MEDIHEAL品牌确保了L&P Cosmetics的企业地位。不仅在中国市场获得了火爆人气，还参与了中国时尚企业朗姿(Lancy Fashion)9.8%股份。2016年海外出口销售比重约10%，不过以化妆品业界来看消费区域市场一半以上都是中国地区消费市场需求来填满的。事实上面膜被看做是稍微远离化妆品消费市场中心地区的周边市场，而此品牌的火热已经超出了专家最高期待值，成为出人意料的一匹黑马。从涂抹式化妆品市场支配中，作为敷贴式化妆品企业独具风格的L&P Cosmetics的今天，正是因为如同传奇般的MEDIHEAL爆红才成为可能。在也许看起来非常简单的面膜领域中，L&P Cosmetics的独特价值突破战略可以总结为，一种结合化妆品和医药用品的cosmeceutical概念。在常见品牌消费产品领域中，所谓big model战略经常被当做竞争战略的首选，而从外观上等同于玄彬等明星效果的营销被当做了MEDIHEAL的全部。但是即使是以微妙差异创造名品，模仿知名广告，而MEDIHEAL以微小差异就决定皮肤的不同，这样的差别化价值概念成为成功营销的关键。最近因为萨德等一系列不可抗力，还有企业公开日程的顺延等，即使之前达到了前所未有的辉煌，现在也不得不担忧。但是以MEDIHEAL为代表的L&P Cosmetics品牌力被评价为不局限于中国市场，已经跨越了暂时的惨淡局面。韩国化妆品产业的外部环境从直接影响中无法自由脱身，但是如果说有价值存在的地方就有需求这样的真理继续有效的话，同时引领之前成长的化妆品企业经营实力仍然不减退的话，那么L&P Cosmetics的可持续发展仍然是非常值得期待的。

对于L&P Cosmetics来说，可能认为比较夸张的是潜在投资者过剩的关心现象，这一点反而可以理解成为他们对L&P Cosmetics的MEDIHEAL品牌拥有爆发性增长潜力充满期待。自从THADD以来民间交易遇到了历史上最大的难关，不过知道目前为止L&P Cosmetics的活动还是保持稳定。这与多数消费资料品牌化企业显现出的品牌泡沫般人气不太一样，MEDIHEAL的品牌力已经成为一个领域的专有名词一般，在目标市场拥有相当强的竞争实力。最近与三星火灾签订的伙伴发展MOU协定，这自然有利于增强MEDIHEA的品牌实力，成为国际竞争力的佼佼者。一般来说相对大企业来说，规模较小的化妆品之类的大众消费资料专门企业文化成为典范的实在是不多见。不过随着 '人才是竞争力核心' 话题展现出了L&P Cosmetics的企业文化，并且在福利层面经常上榜。在适合工作的公司，职员感到幸福的企业价值下，L&P Cosmetics企业文化，经常与google一起被人提及为竞争力这一经营指标的典范。共享成长和成果的L&P Cosmetics，以它的企业经营文化成为了另一个竞争力核心。经常我们评论金融市场企业价值的时候，CEO的重要地位不容置疑，CEO股价经常被提及。同时最近在优良企业投资指标中其中企业构成员的满足度或忠诚度，已经成为必须需要考虑和反响的情况也逐渐增多。因此L&P Cosmetics的企业价值无需质疑的是从外观可见的成果指标。同时以顾客满足的专业企业力量和以人为本的企业文化来武装的L&P Cosmetics，超越韩国和中国成为国际市场的佼佼者的梦想已经在不远的前方等待着。

## 중국 패션기업 지분참여

## 해외시장 진입확장 현황

| 매출액 | 2016 | 2015 | 증감율 |
|---|---|---|---|
| 중국 | 393 | 207 | 90% |
| 기타국외 | 22 | 74 | −70% |
| 소계 | 415 | 281 | 48% |
| 해외매출 비중 | 10% | 7% | |

## 한국화장품기업 경영지표 평균

| 항목 / 연도 | 2016 | 2015 | 2014 |
|---|---|---|---|
| 매출액 | 3,958 | 2,049 | 570 |
| 매출증감율 | 93% | 259% | |
| 영업이익율 | 33% | 26% | 32% |
| 영업현금흐름 | 734 | 509 | 143 |
| 부채비율 | 22% | 36% | 68% |

## 초우량기업 경영실적요건 충족
### 매출액과 영업이익　　　　　　　　　(단위 ; 억원)

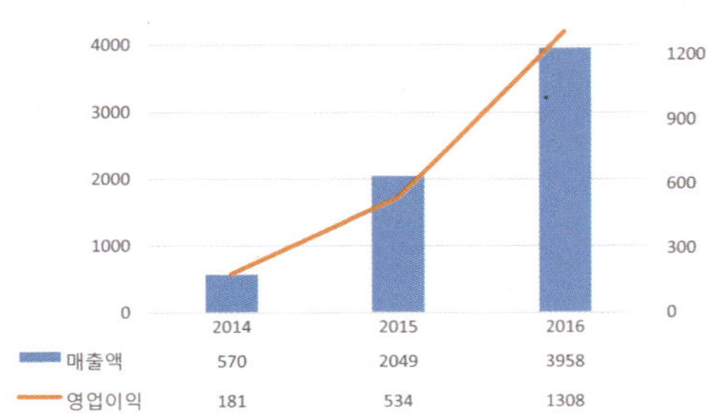


## 마켓쉐어 확대

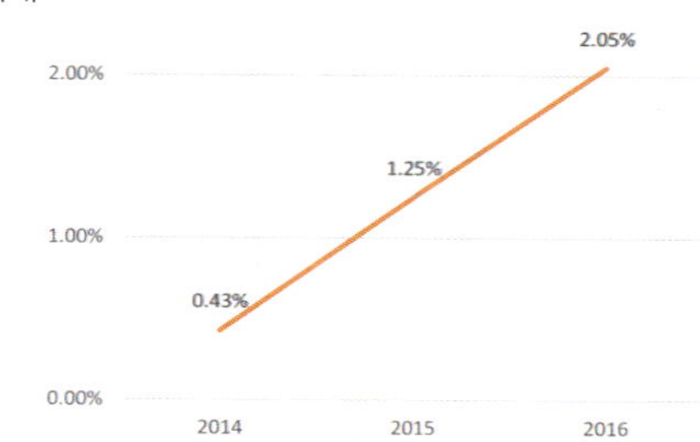


## 영업이익율

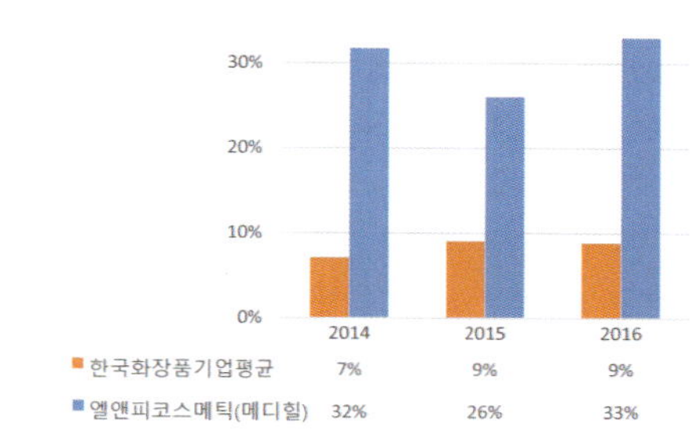


## 순이익율

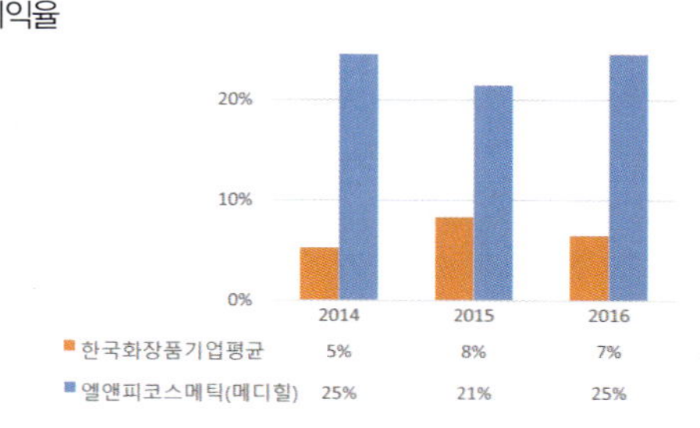


## 부채비율

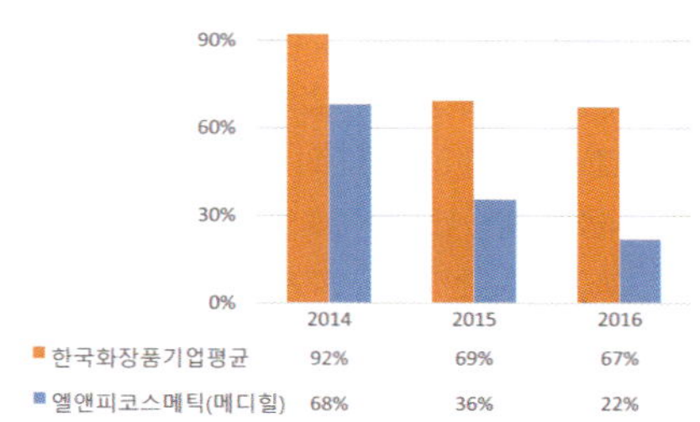


## 영업현금흐름비율

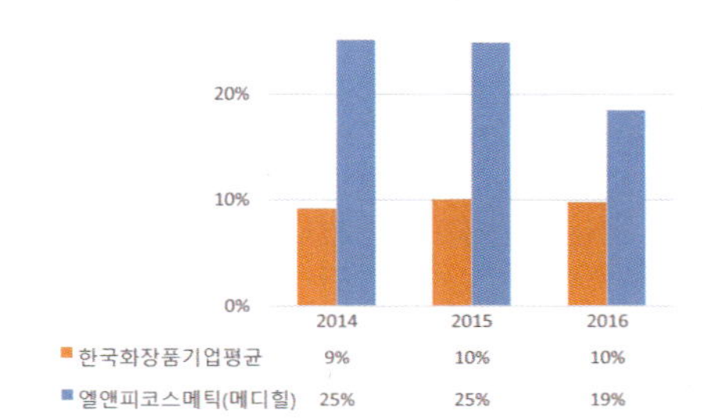

# 한국콜마 | 韩国科玛

한국 화장품 산업의 글로벌 경쟁력의 핵심은 한국 화장품 산업의 지식집약적 제조산업 기반이다.

4차산업 혁명시대 정보화 관련 용칭의 홍수에서 흔히 제조 또는 굴뚝과 같은 고전적인 산업 가치의 대표 명칭은 생각보다 자주 배제되고 심지어 의도적으로 기피되기까지 하는 지경으로 내몰리고 있다. 하지만 주지하듯 제조업의 기반 없는 밸류체인에서의 부가가치 구현은 좀 과한 표현이 될 지 몰라도 자주 신기루와 같은 허상이 될 위험에 늘 노출되어 있는 게 현실이다. 이러한 관점에서 글로벌 뷰티 소비시장에서 약진을 거듭하고 있는 다수 한국 화장품 기업의 선전은 한국콜마와 같은 상당한 수준의 제조인프라의 지원 없이는 가능하지 못했으리라 판단된다.

한국콜마는 화장품 부문에서 5,000억원을 육박하는 외형에 이르고 있다. 사실 제조업의 매출 외형은 근본적으로 판매유통 기업의 매출외형 그것과는 가치평가 비교속성 차원이 다르다. 이는 한국콜마와 같은 제조기업의 매출외형에 대한 가치가 단지 수치로 표현된 체감가치 그 이상이라는 의미이다. 한국 화장품기업 TOP 100 평가분석 작업에서 세부 업종의 속성을 100% 반영할 수 없는 평가방법론의 한계에도 불구하고 전체 평가 순위 TOP 10에 위치하고 있다는 것은 실로 대단한 결과이다. 한국콜마의 빼어난 경영성과는 단적으로 금융시장에서의 높은 기업가치평가의 결과로 웅변된다. 사실 한국 소비재산업 부문에서 제조기업의 타이틀로서 이 같이 높은 평가가 금융시장 참여자에게 수용되는 경우가 그리 흔하지 않다. 그 만큼 화장품 산업생태계 내부에서 한국콜마의 위상은 절대적이라는 반증이다. 한국콜마의 글로벌 경쟁역량은 이미 전체 매출외형의 10%를 상회하는 해외고객사들의 지속적인 확장에서 확인된다. 뿐만 아니라 중국 등 해외 지역시장에 준거하는 역외 계열 제조기업의 선전 또한 주목하지 않을 수 없는 차별적 강점이다. 결코 가볍지 않은 대단위 투자의 지속에고 불구하고 10% 내외의 준수한 영업이익율의 견지, 대단위 매출외형 규모에서도 20%를 넘나드는 최근 3개년 CAGR, 그리고 꾸준한 해외 고객사 확충을 위한 역외 계열제조기반의 성공적인 안착과 확장은 지금보다 더욱 견고하고 빼어난 한국콜마의 미래 행보를 기대하기에 충분할 것으로 판단된다.

径庭。这意味着对像科玛这样制作企业的销售情况价值评判，不仅仅只是数据表现的体感价值。对韩国化妆品企业TOP100的评价分析，正是突破那些无法百分百反映出细分业态属性的评价方法论的局限，而在这样的评价分析中占据TOP10是一件非常不容易的事。韩国科玛的卓越成果可以从金融市场的高企业价值评价中可以再次验证。事实上在韩国消费资料产业部门中，像这样在金融市场取得这么高评价的制造企业非常稀少，这也反证出韩国科玛在化妆品产业生态内部的重要地位。而且从整体销售占比增加到10%的海外业务中，也可以确认到韩国科玛的国际竞争实力。除此之外在中国等海外地区成立了域外旗下制造企业，这也是不可多得的优势。即使在持续不断毫不轻松的投资下仍保持在10%左右的营业利润率，在大规模销售的基础上仍然创下近20%的3年CAGR，还有持续扩充海外顾客企业与域外制造企业的成功着陆，这些都成为韩国科玛未来发展的重要基石。

**사업부문별 매출구성**    연결 기준

|  | 2016 | 2015 | 2014 | 3개년CAGR |
|---|---|---|---|---|
| (화장품) | 4,537 | 3,746 | 3168 | 20% |
| (제약) | 1,653 | 1,315 | 1106 | 22% |
| 소계 | 6,190 | 5,061 | 4,274 | 20% |

**해외시장 진입확장 현황**    화장품 부문 only

| 해외매출 | 2016 | 2015 | 2014 |
|---|---|---|---|
| 매출액 | 433 | 251 | 213 |
| 해외매출비중 | 10% | 7% | 7% |

**해외법인 종속기업 실적**

| 매출액 | 2016 | 2015 | 2014 |
|---|---|---|---|
| Kolmar Cosmetics (Beijing) | 520 | 370 | 270 |
| Seokoh, Inc(미국) | 136 |  |  |

韩国化妆品产业的国际竞争实力的核心，是韩国化妆品产业的知识集约型制造产业。

在第四次产业革命信息化的洪水中，我们经常所说的制造或像烟囱一样屹立不倒的传统产业价值等这些代表名词，甚至于有意避开被排斥在外。但是众所周知如果制造业缺乏价值链作为基础的话，它的附加价值实现也许毫不夸张的可以说，经常显露出如同海市蜃楼般幻象的危险性。因此我们可以判断出在国际市场上活跃的这些韩国化妆品企业，如果没有像韩国科玛这样相当规模的制造基础来支持的话，一切都不太成为可能。

韩国科玛的化妆品部门规模达到近5000亿韩元。事实上制造业销售规模，基本上与销售流通企业的销售情况从价值评价比较属性层面就大相

# 에스디생명공학(SNP화장품) | **SD BIOTECH**

2016년 에스디생명공학의 경영성과지표의 탁월성은 한마디로 성장,수익,안정 등 경영성과 평가 전 영역에서의 균형으로 정의될 수 있다. C–MPI 평가 순위에서 시장지배력 부문에서 13위, 수익역량 부문에 9위, 회전율과 부채비율 등 안정성 부문에서 17위 라는 고른 상위 포지셔닝은 에스디생명공학의 탄탄한 기업경영 내공을 웅변하고 있다. 에스디생명공학의 대표브랜드 SNP가 표방하듯 빛나는 피부, 건강한 피부, 순수한 피부는 화장품에 기대하는 모든 소비자의 소망의 압축이기도 하다. 이 같은 브랜드 네이밍의 뜻이 함축하는 화장품 기본 가치가 충만한 제품 본질의 우수성은 2015년 캐릭터마스크팩을 필두로 송승헌, 문채원 등 빅스타 셀리브리티 전략의 효과적인 연계로 초단기간 일정 부문 아이템 중심의 단발성 화장품 기업이 아닌 total skin solution 종합 화장품 기업의 면모를 갖추기에 이르렀다. 이 같은 호조의 성장세를 바탕으로 지정학적 리스크의 최고점에서도 거뜬히 2017년 전반기 화장업계의 대표주자로 금융시장 IPO가 실행될 수 있었다. 이 같은 정면돌파에 대한 찬반 양론이 여전히 쌍립하고 있기는 하지만 분명하게 확인되는 양상은 에스디생명공학의 지정학적 리스크를 상회하는 뛰어난 경쟁력과 경영진의 미래 포트폴리오에 대한 확신이다. 이는 이미 여러 차례 금융 투자자들의 주목과 상황 개선 기대에 따른 급반등에서 확인된다. 시장의 상황과 업종의 경기가 우량 개별 기업의 경우 그 명운과 반드시 일치하지 않는다는 경영계 담론이 확인되는 대목이다. 에스디생명공학의 중국시장 확대 진입의 효율성은 최근 성공적으로 마무리되고 있는 중국 우량 파트너사와의 전략적 협업체계의 구축으로 더욱 탄력을 받을 것으로 기대된다. 에스디생명공학은 제품라인의 다양화 포트폴리오의 성공적인 안착의 경우에서 처럼 활용가능 전개유통의 다양한 포트폴리오 전략에서도 한발 빠른 유연성을 유지하고 있다. 다수의 화장품 기업들이 온라인인가 또는 오프라인인가 라는 식의 이분적 선택 앞에서 머뭇거리는 것과 달리 막힘없는 옴니채널 전략의 열린 전개로 성장의 가속도를 잃어버리지 않고 있다. 에스디생명공학의 성장사에서 목격되는 이 같은 경영전략의 유연성이야말로 어찌보면 오늘의 결과가 가능했던 차별적 기업 경쟁력이자 여전한 미래성장의 최고 자원으로 판단된다.

2016年SD BIOTECH的经营成果指标的优越性，用一句话来总结就是成长、收益、安稳等经营全领域均衡。在C-MPI评价排名中，市场支配力方面为13位，收益力方面为9位，周转率和负债率等安稳性方面则是占据17位，这样的高端定位则显示出SD BIOTECH坚实的企业经营实力。SD BIOTECH代表品牌SNP，标榜的是会发光的皮肤，健康的皮肤，纯净的皮肤，浓缩了消费者对化妆品的所有期待。像这样从品牌名称就充分蕴含着化妆品基本的价值和产品的优越性，在2015年卡通形象的面膜成为话题，宋承宪、文彩媛等超级明星的策略起效，发展成为不是超短期间瞬间性化妆品企业，而是total skin solution综合化妆品企业。以这样持续的增长势头为基础，即使是在地政学危机的最高点，也突然作为2017年前半年化妆品企业的代表股实现了金融市场IPO。像这样关于正面冲突仍然是存在毁誉参半，不过非常明确可以确定的是SD BIOTECH

已经具备跨越地政学危机的卓越竞争实力和对经营团队构图未来的信心。这是通过众多金融投资者们的关注和在期待情况改善时出现的强力反弹中可以得到确定。市场情况和业界景气，这与单个优秀企业的命运不总是一致的。通过最近成功完成的与中国优秀伙伴公司的战略性合作，SD BIOTECH的中国市场扩张事业的有效性进一步成为可能。SD BIOTECH一直维持产品线的多样化构图和流通多样构图战略的灵活性。多数化妆品企业在是网上还是实体这样的二者选一面前犹豫不决，与此不同该企业毫无迟疑实施全零售战略，保持稳定的增长速度。从SD BIOTECH的发展史中可以得出，经营战略的灵活性才是使今天成果成为可能的企业差别化竞争实力，也是未来发展的最高资源。

## 사업부문별 매출구성

(단위: 억원, %)

| 구분 | 2016 | 2015 | 2014 | 3개년CAGR |
|---|---|---|---|---|
| 마스크/팩 | 932 | 712 | 81 | 239% |
| 기초스킨케어 | 87 | 16 | 4 | 352% |
| 기타 | 28 | 18 | 12 | 57% |
| 소계 | 1,047 | 746 | 97 | 229% |

## 해외시장 수출 현황

연결기준(단위: 억원, %)

| 구분 | 2016 | 2015 | 2014 | 3개년CAGR |
|---|---|---|---|---|
| 수출매출액 | 365 | 134 | 8 | 575% |
| 해외법인매출 | 79 | | | |
| 소계 | 444 | 134 | 8 | 645% |
| 해외시장 매출비중 | 42.4% | 18.0% | 8.3% | 126% |

## 연구개발조직현황

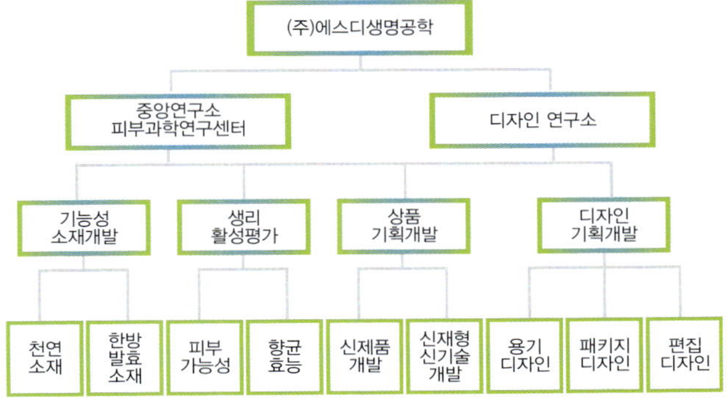

# 잇츠한불 | **ITSHANBUL**

2006년 코스메슈티컬이란 슬로건을 처음으로 전면에 내세우며 컨셉 브랜드샵으로 소개된 이래 Clinic + Skin = Solution이란 명료한 메시지로 오늘에 이른 잇츠한불의 성장 여정은 그 어느 화장품 기업보다 역동적이고 인상적이다. 일반적인 스토어브랜딩 제품들의 가격기반 고객소구 정책과는 달리 이 같이 뚜렷한 효용가치 포지셔닝 전략은 달팽이크림의 신드롬과 함께 단기간 오늘의 잇츠한불의 위치를 가능하게 하였다. 지금까지의 눈부신 성장은 2017년 한불화장품과의 합병을 통해 더욱 배가될 것으로 전망된다. 왜냐하면 잇츠스킨은 단순 판매 영역의 스토어브랜딩 화장품 기업의 한계를 초월하는 보다 안정적이고 특화된 제조기반의 결합으로 Made in Korea 뿐만 아니라 Made in China by Korea 라는 효과적인 투트랙 전략이 가능해지기 때문이다. 사실 달팽이크림 신드롬마냥 하나의 특정 제품 고유명사 영역이 보통명사의 영역으로 자리매김 된다는 것의 의미는 상상 이상으로 엄청난 결과의 반증이다. 이는 잇츠한불이 일관되고 정교하게 선도하고 있는 소위 Clinical Skin Solution Cosmetic 가치 포지셔닝 전략을 가능하게 한 원동력이다. 현대 소비산업의 영역은 화장품 소비산업 뿐만이 아니라 거의 전방위적으로 날이 갈수록 인접 관계 영역과의 경계가 사라지고 보완 가치들의 결합이 더욱 활발해지고 있다. 예술영역과 과학영역의 황금률적 결합이 패션산업의 핵심경쟁역량으로 각광받고 있듯이 화장품 산업의 경우에서도 보건영역과 미용영역의 효과적인 융합은 미래 화장품 소비산업의 대표적인 화두임은 재론의 여지가 없다. 이 같은 관점에서 잇츠한불의 코스메슈티컬 컨셉의 선점 확대의 과정은 여전한 진행형으로 더욱 더 그 위력을 배가할 것으로 기대된다. 혁신의 비밀은 상식의 결합에 있다고 한다. 우리 시대 혁신아이콘의 대표로 자주 거론되는 애플의 위닝샷으로 개별 기술의 혁신이 아니라 고객의 상식적인 바램이 효과적으로 연동되고 구현되는 고객 가치융합 생태계의 구현이 주목되는 것처럼 잇츠한불의 차별적 가치제언 (Value Proposition) 전략은 그 다음 행보가 더욱 기대된다. 잇츠한불의 이 같은 비전의 실현은 특히 2017년 5월 한불화장품과의 전략적 합병을 통해 제조에서 유통에 이르는 화장품 전문기업의 일괄 체계의 완성으로 한층 더 가까운 미래로 다가오고 있다.

在首度全面出现‘Cosmeceutical’口号的2006年之际，ITSHANBU通过品牌概念店被广为所知。以‘Clinic + Skin = Solution’明确信息为原则，它的发展历程比任何化妆品企业都要令人印象深刻。与一般品牌化产品的价格战顾客策略不同，从像蜗牛霜的热潮这样的品牌明确效益价值定位战略之中，可以看出当今ITSHANBUL的价值。通过与2017年HANBUL化妆品的合作，效果加倍达到现在的成就。伊思（Itsskin）超越了一般销售领域的化妆品企业品牌化的局限，以相对安稳独特的制造为基础确保了Made in Korea与Made in China by Korea的有效双轨战略成为了可能。事实上蜗牛霜这一特定产品固有名称变为普遍名词，获得了意想不到的重要意义。这也就是使ITSHANBUL一贯坚持并强调的所谓Clinical Skin Solution Cosmetic价值定位战略成为可能的原动力。现在的消费产业领域不仅仅是化妆品消费产业，基本是向全方位方向，与邻近

领域的界限日渐模糊起来，互补价值的结合也更加成为大势所趋。艺术领域与科学领域的黄金比例结合，在时尚产业的核心竞争力方面备受关注。毫无疑问在化妆品产业领域将保健和美容效果加以融合，成为未来化妆品消费产业的代表性话题。因此ITSHANBUL的‘Cosmeceutical’概念抢占领先并扩大的过程目前仍然是现在进行时，期待会发挥更大威力。另外我们常说创新的秘密在于常识的结合。也就是说我们时代经常被认为是创新标志代表的-苹果的winning shot，不是单个技术的创新，而是将顾客常见的诉求更加有效的再现，最大程度实现顾客价值融合生态界，因此考虑到ITSHANBUL的独特价值提议（Value Proposition）战略，对它的未来行动非常值得期待。

## 사업부문별 매출구성 (단위; 억원, %)

| 부문 | 2016 | 2015 |
|---|---|---|
| 스킨케어 기초 | 1,875 | 2101 |
| 스킨케어 베이직 | 588 | 763 |
| 베이스 메이크업 | 125 | 151 |
| 포인트 메이크업 | 44 | 39 |
| 기타 | 42 | 41 |

**스킨케어 기초** | 토너, 로션, 세럼, 크림, 세트
**스킨케어 베이직** | 마스크, 선케어, 클렌징, 팩
**포인트메이크업** | BB크림, 컨실러, 파운데이션, 파우더, 팩트. 프라이머 등
**베이스메이크업** | 아이케어, 립케어, 네일케어, 치크, 하이라이터 등
**기타** | 옴므라인, 바디라인, 베이비라인, 헤어라인, 향수, 잡화 등

## 해외시장 진입확장 현황 (단위; 억원, %)

| 구분 | 2016 | 2015 | 2014 | 2013 |
|---|---|---|---|---|
| 수출매출액 | 220 | 214 | 165 | 51 |
| 수출비중 | 8.2% | 6.9% | 6.8% | 9.8% |

## 해외시장 소비추정 현황 (단위; 억원, %)

| 구분 | 2016 |
|---|---|
| 수출대행 | 925 |
| 면세점 | 578 |
| 소계 | 1,503 |
| 전체매출대비비중 | 56% |

## 주요 유통전개 현황 (2015년말 기준)(단위; 개)

| 구분 | 2015 |
|---|---|
| 국내 | 272 |
| 국내면세점 | 36 |
| 해외면세점 | 24 |

## 디자인어워드 현황

Red Dot Award 8품목 | 2014년 수상
Red Dot Award 2품목 | 2015년 수상
IF Design Award, Reddot Design Award | 2016년 수상

# 코스메카코리아 | COSMECCA KOREA

최근 3개년 매출외형 CAGR 55%, 매출이익율 7% 수준 견지. 코스메카코리아의 성장, 수익의 대표 경영성과 지표만으로도 소위 강소기업의 면모가 짐작된다. 60%를 육박하는 경이로운 성장세는 물론 최근 더욱 확장되고 있는 스토어브랜드숍 부문과 해외 지역시장 고객사의 수요 확장에 힘입은 바 크다. 새로운 시장의 기회는 언제나 엄존하지만 그 기회를 자기의 것으로 획득하는 것은 또 다른 차원이다. 그런 점에서 코스메카코리아의 최근 경영 행보는 자신의 강점과 시장의 기회에 대한 정확하고 냉정한 이해와 판단으로 성취된 정교한 비즈니스 전략의 결과물로 이해된다. 코스메카코리아는 세계 화장품기업의 한국 ODM/OEM 제조사에 대한 기대가 R&D 기술의 축적, 글로벌 시장을 선도하는 제품력, 중국 진출에 유리한 지리적 위치 및 중국 소비자들의 한국 화장품에 대한 긍정적인 인식 등으로 점증되리란 점을 정확하게 꿰뚫고 있었다. 더불어 그 동안 단단한 글로벌 SCM 구조의 변화를 허락하지 않던 일본 화장품 제조기업의 일본 대지진 사태 이후의 경쟁가치 균열 또한 자신의 상대가치 경쟁향상의 조건으로 제안하는 영민함도 함께 발휘되었음도 물론이다. 강소기업의 전략은 결코 규모에 있지 않음을 코스메카코리아는 잘 보여주고 있다. 전체 매출 외형의 근간을 차지하고 있는 대표 아이템 비비크림, 톤업크림과 DPF(Dust Protection Factor)기술의 표방 등은 일반 제조기업에서 보기 힘든 소비자 효익관점 가치 제안에 더욱 가깝다. 흔히 제품성의 강조에서 자칫 전문가 조차도 이해하기 힘든 화학식이 난무하는 경우다 결코 드물지 않은 제조산업 현장에서 이 같이 간결하고 힘 있는 가치표현 메시지의 선취는 코스메카코리아의 뛰어난 마케팅 역량을 가늠하게 한다. 코스메카코리아의 조직 30%를 상회하는 막대한 R&D 투자의 결과도 이 같은 적절한 밸류체인 니즈기반 공략 전략의 지원이 없었다면 지금과 같은 호성적은 구현되기 힘들었을 것이다. 마케팅이 뛰어난 전문 화장품 제조기업 코스메카코리아의 강점은 명실상부 최종 소비자가 정점에서 호령하는 새로운 화장품 산업이 요구하는 고객가치 선도 전문 제조기업으로서의 차별적 경쟁역량으로 성장의 핵심동력이 될 것이다.

---

从以具体结果来验证化妆品商务价值来看，CARVER KOREA最近3年的经营成果指标是具有压倒性地位。按照2016年成果指标基准非上市企业的价值核算方法，CARVER KOREA的企业价值令人吃惊接近6000亿韩元。在2016年不仅是化妆品企业，还有成为场外市场高达60%持股基准4300亿韩元也成为热门话题，从中可以看出Cosmetics Issuer Holdings Designated Activity Company的股份收购绝非不是夸张。考虑到收购主体的主要成员-高盛和贝恩资本这样的世界优秀的投资者，更加可以验证出CARVER KOREA的高价值评价。在短时间内产生所谓的价值源泉-A.H.C综合症，使之成为可能的原动力是什么？相比理论用更加精炼的一句话来整理的话，则是针对每位顾客的概念胜利。不仅是化妆品消费产业部门，如今消费资料产业的第一课题也自然是Ｍａｓｓ Customization。如果不能正确理解的话，大量定制就会容易被误认为是制造程序，需要特别注意的是重点不是制造程序而是消费过程实现的定

制。也就是说每个人都拥有特别的皮肤对皮肤的担忧不尽相同，所以说只用一种特别的原料或者制作方法来满足所有是不现实的，必需以得到验证的科学为基础选取最合适使用方法和提供建议。从这个观点来看，以spa和clinic为基础推出的AHC，它的发展过程被分析为正好是确保了这一部分的差别化优势。即不仅是产品性的卓越，还有化妆品使用管理效果的极大化，AHC包含的这些升级的无形价值成为成功的基石。像这样定制型价值确保了AHC的差别化产品性价值以上的附加价值的创收，这一点从2016年营业利润率为42%这一前所未有的成果中得到验证。而日益增强的差别化竞争实力，确保专家型化妆品消费模式的扩大，同时在相当期间也成为有效优势，期待着可以成为引领CARVER KOREA与众不同的发展。

## 사업부문별 매출구성 （개별 기준）

| | 2016 | 2015 | 2014 | 3개년CAGR |
|---|---|---|---|---|
| 기초화장품 | 1,055 | 601 | 373 | 68% |
| 색조화장품 | 585 | 360 | 290 | 42% |
| 기타 | 11 | 30 | 20 | −26% |
| 소계 | 1,651 | 991 | 683 | 55% |

## 해외시장 진입확장 현황 （화장품 부문 only）

| 수출매출 | 2016 | 2015 | 2014 |
|---|---|---|---|
| 수출매출액 | 535 | 243 | 106 |
| 수출비중 | 32% | 25% | 15% |

## 해외법인 종속기업 실적

| 매출액 | 2016 | 2015 | 증감율 |
|---|---|---|---|
| COSMECCA SUZHOU,LTD | 223 | 72 | 210% |
| Seokoh, Inc(미국) | 136 | | |

# 잉글우드랩 | **Englewood LAB**

잉글우드랩은 그 기업명에서 체감되듯 최고 경쟁역량은 Glocal (Global + Local) 제품최적화 개발역량이다. 다시 말하면 잉글우드랩의 강점은 글로벌 트렌드의 제 1선의 첨단성을 유지하면서도 지역 특화 시장의 특성에 정통한 지역 차원별 제품 특성별 전문가 기업들간의 결합 인프라로 정의된다. 잉글우드랩에 대한 업계의 평가는 2015년 잉글우드랩코리아의 설립과 동반하여 333 강점으로 표현되곤 한다. 3국의(미국, 일본, 한국) 글로벌 생산·연구기지 기반, 화장품업계 내노라하는 총합 경력 100년을 넘는 뷰티산업 전문가 축을 이루는 CEO들. 그리고 이들의 탁월한 경험자산과 지식역량을 밑탕으로 구현되는 기초·색조·모발·바디케어에 이르는 제품영역의 완벽한 포트폴리오이다. 사실 연구개발 영역만의 탁월성이 곧 비즈니스 성과를 100% 보장하는 것은 아니다. 하지만 초기술 단계의 특화된 뷰티산업 영역의 이노베이션 기술의 발현은 엄청난 부가가치의 가장 확실한 자원으로 작용된다는 점은 우리 화장품 산업의 경영사에서 자주 확인된다. 이런 관점에서 이노베이션의 총아로 주목되고 있는 잉글우드랩의 기업 고유 DNA와 최고경영자의 면면은 새로운 글로벌 뷰티산업 경쟁력 확장 차원에서 더욱 주목되고 있는 이유이기도 하다. 마케팅 부문에서 익히 그 역량을 인정받고 있는 잉글우드랩 최고경영진과 더불어 색조부문의 최고 전문가 집단이기도 한 잉글우드랩코리아의 최고경영진의 가장 이상적인 결합은 세계 화장품 경쟁시장에 충분히 만족되는 성과 시너지로 발현되리라 믿어진다. 특히 최근 더욱 완결된 체제로 구성된 색조부문의 제품화 인프라의 확충으로 새로운 세계 화장품 소비제품 시장의 리더쉽의 힘찬 날개짓이 가능하게 되었다. 사실 그 동안 우리나라 화장품 기업의 적지 않은 사례에서 충분한 제품력과 기술력의 충분한 토대없는 급성장의 경우 마치 웃자란 생물의 경우마냥 위기관리 역량에서 다소의 어려움을 노출하는 경우도 드물지는 않았다. 이 같은 소위 outgrown의 역습에서 자유로운 글로벌 시장에서의 차원 다른 잉글우드랩의 성장이 기대되는 이유가 바로 이 같은 탄탄한 전문가 역량기반 차별적 경쟁력의 충분한 확보에 방점이 있다. 미주시장기반, 일본시장기반, 한국시장기반 모두의 장점이 잘 정련되어 맞물린 협력 기업 네트워크 차원, 최고경영진 인적 네트워크 차원 모두에서 매우 유기적으로 결합된 이상적인 Collaboration 경쟁우위 체제는 머지않아 우리나라 화장품산업의 새로운 선도주자로 자리매김 될 것이라 기대된다.

---

Englewood LAB.从企业名称就可以看出Englewood Korea最高竞争力在于Glocal (Global + Local) 产品最佳化的开发实力。也就是说 Englewood LAB 的优势是保持引领全球趋势第一线的尖端性，同时依照地域特殊市场的特性拥有推出地区正统差别化产品的基础设施。对于 Englewood LAB 的业界评价经常为 '333' 来表示。三国（美国、日本、韩国）全球生产研究基地，化妆品业界综合经历超百年的美容产业专家3人的CEO,再加上基础+彩妆·毛发+身体护理整体领域拥有完美的结构。事实上只是研究开发领域的优越性是不能保证100%的商务成果。但是在超级技术阶段的特别化妆品产业领域，纳米技术的发现确实是创收了巨大的附加价值。因此作为纳米的宠儿， Englewood LAB 的企业属性和最强经营者的各个方面，都是作为期待全球美容市场竞争力扩张的理由。在营销部门获得认证的 Englewood LAB 拥有最高经营团队，在彩妆部门也是最专业团队的Englewood Korea结合最高经营团队达到了最理想状态，相信可以满足在世界竞争市场中的协同作用。特别是最近非常热门的化妆品部门，产品化基础设施扩充为其成为全球化妆品消费产品市场的引领者奠定了坚实基础。事实上在此之前从韩国化妆品企业的大量事例中可以看出，如果没有充足产品力和技术力作为基础的话，即使取得了疯长也在危机处理方面漏洞百出。因此像这样outgrown的逆袭，Englewood LAB 在自由化全球市场取得不同层次发展，这之所以值得期待正是因为它拥有的坚实专业力量和得到充分保障的差别化竞争实力。美洲市场基础、日本市场基础、韩国市场基础等将所有优势-企业社交资源、最高经营图团队人才资源等有机结合形成了理想的Collaboration体系，这是我们对不久的将来，韩国化妆品企业成为世界市场的领导者充满期待的重要支撑。

### 잉글우드랩의 Technical sales 전문조직 특성

잉글우드랩은 'Account Executive' 조직 및 'Marketing & Sales' 조직을 활용하여 제품 생산 전 과정에 있어 고객사와 원활한 커뮤니케이션을 유지하고 있다. Account Executive 조직은 고객사로부터 의뢰가 들어오면 연구개발부서와 협업하여 제품을 개발하고, 고객사의 요구 및 제반 사항을 고려한 최적 일정을 수립하며, 전반적인 생산계획을 관리하고, 이해당사자 간 커뮤니케이션을 조율하는 역할을 수행한다.

#### Account Executive조직의 Project Manager

- 기존 프로젝트의 총괄 및 새로운 프로젝트를 런칭하고, 모든 제반 일정과 관계자들 간 네트워크를 관리하는 역할을 담당.
- Project Manager 당 할당되어 있는 고객사가 구분되어 있으며, 이하 담당직원의 경우 해당 고객사들을 보다 세부적으로 관리하고 실무적인 커뮤니케이션을 수행.

#### Marketing & Sales

- 신규 고객사 확보를 위한 영업은 'Marketing & Sales' 조직 및 CEO, COO등이 주도적으로 수행.
- 고객사에 제품 및 솔루션을 선제적으로 제안하여 신규 고객사를 확보하는 역할을 수행.
- 확보지식 기반 처방과 시장에 출시되어 있는 처방을 비교, 최적의 이용한 제품 개발 아이디어를 고객사에 제안.
- 또한 고객사와 지속적인 커뮤니케이션을 유지하면서 브랜드 전략이나 신규 원료를 제안하는 등 고객사에 있어 컨설턴트 역할을 수행.

# 펌텍코리아 | **PUMTECH KOREA**

최근 3개년 매출외형 CAGR 40%. 최근 한국 제조부문 기업의 경영환경에서 이 같은 고성장의 사례를 찾아 보기가 거의 불가능하다. 더구나 이 같은 높은 성장세가 10%를 상회하는 높은 영업이익율을 견지하는 가운데 구현되었다는 점은 더더욱 주목된다. 품질이 곧 신뢰라는 지극히 당연한 기업의 대표 명제가 표현하듯 펌텍코리아의 차별적 기술우위 역량은 수백 건을 상회하는 지적재산권으로 대변된다. 펌텍코리아의 성장 가도와 핵심 경쟁역량을 반추하면 마치 IT산업 부문이나 항공산업 부문 등 첨단산업 부문의 핵심 소재기업의 경쟁역량 속성에 버금가는 첨단성을 확인하게 된다. 적어도 펌텍코리아가 고객사에 제공하는 제품은 일반적인 자재의 범주에 머무르지 않는다. 화장품 제품, 화장품 브랜드 모두를 포괄하는 가치를 담아내는 최종 표현물로 정의함이 더욱 타당할 것이다. 이 같은 절대적인 소비자 사영 편익 기술 가치 기반 경쟁력을 바탕으로 가능할 수 있었던 빼어난 경영성과 지표는 금융시장에서 기대하는 IPO 기대주 1순위 기업으로 늘 거론되고 있다. 펌텍코리아의 상당한 기술 경쟁력은 해외 거래선의 진용에서 다시 한번 확인된다. 2017년 WWD 글로벌 Beauty 기업 TOP 100 평가에서 선두를 고수하고 있는 에스테로더를 위시한 다수의 세계 톱랭커들이 주요 고객사들이다. 최고가 아니면 상담 자체가 불가능한 이들 글로벌 리딩 화장품 기업들의 선택은 다름 아닌 펌텍코리아가 아니면 가능하지 못한 배타적 기술우위 제품과 제품개발 역량에 대한 확고한 신뢰 때문임은 재론의 여지가 없다. 이러한 관점에서 펌텍코리아의 기업가치 평가 수준은 첨단소재 기업의 수준에 버금가는 것으로 인정되고 있다. 이 같은 절대 경쟁력의 확보는 최고 경영진을 비롯한 최고 수준의 전문가 조직과 매출액의 10%를 넘나드는 엄청난 R&D 투자가 지원되었기 때문에 가능하였다. 화장품 제품 물성의 보편 상향 평준화로 날이 갈수록 화장품 전문 용기의 역할 비중이 더욱 높아가고 있다. 이러한 관점에서 펌텍코리아의 엄청난 성장 잠재력은 더욱 배가되며 기업가치 또한 더욱 높아질 것으로 판단된다. 펌텍코리아의 남다른 경쟁력과 성장 궤적은 우리나라 소비산업계가 그토록 소망하는 디자인코리아 전략의 가장 이상적인 교과서로 삼아도 좋을 듯하다.

---

最近3年销售规模CAGR为40%。从最近韩国制造部门的经营环境上看，很难找到像这样高生长的案例。另外高生长率的同时营业利润率也增长至10%，这一点也特别值得注意。在品质等于信赖这样的代表命题下，PUMTECH KOREA差别化技术优势，则是拥有了数百件的知识产权。从PUMTECH KOREA发展情况和核心竞争实力中，可以确认到不亚于IT产业部门或航天产业部门等这些尖端产业消费资料企业竞争力的尖端性。至少PUMTECH KOREA向顾客公司提供的产品不局限于一般材料范围。化妆品产品和化妆品品牌可以定义为包含所有价值的最终表现物。以绝对消费者私营优惠技术的竞争力为基础，卓越经营成果指标在金融市场经常被视为IPO潜力股的第一位企业。PUMTECH KOREA的相当技术竞争力在海外交易线的阵营也可以再次得到确认。在2017年WWD全球Beauty企业TOP100评选中，以占据鳌头的esteelauder为首的多数世界

上位圈都是该企业的顾客公司。不是最好连商谈也不可能，获得这些世界顶级化妆品企业的选择，毫无以为是得益于PUMTECH KOREA独有的技术优势产品和产品开发实力获得了对方的信赖。从这一观点来看PUMTECH KOREA企业价值评价水准不亚于尖端材料企业。绝对竞争实力的确保是因为最高经营团队，还有最高水准专家组织和高达销售额10%左右的 R&D投资，才使其成为可能。化妆品产品属性的一般倾向和偏向性，化妆品容器的作用比重也不断增加。因此PUMTECH KOREA的发展潜力加倍，企业价值也不断在增加。PUMTECH KCREA的与众不同竞争力和发展轨迹，在韩国消费产业界正好可以当做design Korea战略最理想的教科书。

경영건전성 확대
매출액과 영업이익 (단위 ; 억원)

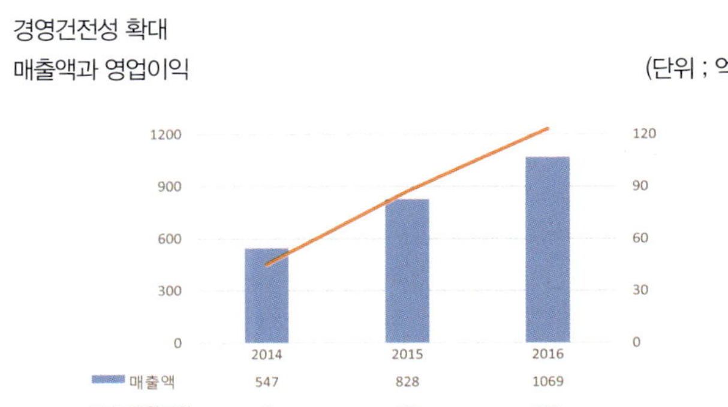


순이익

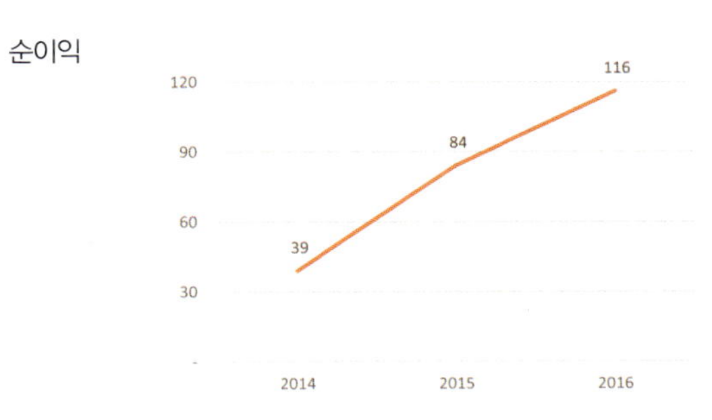


부채비율

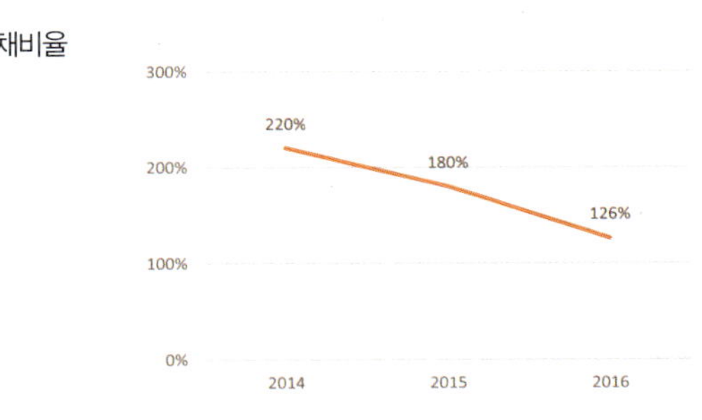

# 아폴로산업 | APOLLO产业

지난해 연말 한국산업단지공단이 선정한 한국의 글로벌 선도기업 육성대상 창의혁신 50대 기업에 아폴로산업이 선정되어 대내외 주목을 받았다. 수출비중이 높고 성장가능성과 혁신역량을 보유한 기업의 발굴이라는 선정 취지를 반추하면 아폴로산업의 특화된 경쟁역량을 가늠할 수 았다. 아폴로산업의 기업경영 내 구성은 최근 3개년 경영성과지표를 통해 다시 한번 확인된다. 화장품 제조나 판매유통 기업의 외형과는 맞비교가 무의미할만큼 거리가 있는 규모이지만, 화장품 산업생태계 내부에서 평가되는 플라스틱 성형 사출 부문에서의 경쟁력 만큼은 절대적인 것으로 평가되고 있다. 이 같은 경쟁력의 확보는 제공하는 제품 자체에 대한 기술과 경험은 물론 공급가치사슬 고객사의 경쟁시장 속성과 요구에 대한 상당한 수준의 이해가 전제되고 있음은 물론이다. 어느 산업부문이나 그 전체 산업군의 경쟁력은 부문별 산업계열의 최저 수준에 수렴한다는 가설을 반추하면 아폴로산업과 같은 각 부문의 양질 기업의 존재는 참으로 중요하다. 날이 갈수록 분화와 융합의 양 날개는 한편으로는 양 극단으로 멀어지듯 보이나 결국 전문 특화의 강점과 효과적인 가치사슬 융합이라는 과정을 통해 보다 높은 최종 결과가치 생성 패러다임이 강조되고 있다. 이러한 관점에서 한국 화장품 산업 생태계에서의 아폴로산업과 같은 저문 특화 부문기업의 존립은 매우 중요한 우리나라 화장품 산업 전반의 핵심 경쟁요소가 된다. 최근 상생적 협력관계라는 새로운 협업 문화의 정립이 강조되고 있다. 현장의 의견에 따르면 일정 부문에 있어서는 상쟁적 협력관계를 확대하고자 하여도 그에 만족하는 수준의 협력 파트너사를 발굴하기가 쉽지 않다고 한다. 모든 것을 자기 내부의 과정에 담으려고 하는 우리나라 대기업의 경영 풍토 속에서도 굳건하게 존립하며 성장하고 있는 아폴로산업의 현재 모습은 다수 전문 부문 중소기업의 귀감이 되기에 부족함이 없다. 이런 관점에서 특화된 경쟁역량으로 무장된 양질의 전문 부문기업 아폴로산업의 지속적인 전진행보는 높은 평가를 받기에 충분하다.

在去年年末韩国产业园区工团评选的韩国全球领先企业培养对象，创意革新50大企业中，APOLLO产业荣誉当选成为关注的焦点。从发掘那些出口比重高、拥有发展可能性和革新实力企业的评选标准上面可以看出，APOLLO产业的竞争实力不容小觑。APOLLO产业的企业经营持久性，通过最近三年经营成果指标可以再次确认。将化妆品制造和销售流通企业的规模进行任意比较是毫无意义的，因此从化妆品产业生态圈内部评价的塑胶、整形、注塑部门的竞争实力是绝对优势。像这样确保竞争实力是需要以对产品本身的技术和经验，还有供应价值链顾客公司的竞争市场属性和要求等，相当程度的高度理解为前提的。如果将任何产业部门或者整体产业群的竞争实力都设定为各部门产业体系的最低水准的话，APOLLO产业像这样各部门优质企业的存在是在是非常重要。日渐分化和融合的两翼，向极端推动的同时，结果通过专业特殊化的优势和有效价值链融合的过程，需要更加强调的是最终成果价值生产模式。从这一观点来看，在韩国化妆品产业生态界中像APOLLO产业这样的专业特化部门企业的存在，成为韩国化妆品产业整体非常重要的竞争要

素。最近所谓互助合作关系要求的是新的协力合作。根据现场意见在一定部门扩大互助合作关系，不过发掘可以满足需求的合作伙伴不是件容易的事。在想要包揽所有东西的韩国大企业中，一直保持稳定发展的APOLLO产业的现在面貌多少可以算得上专业部门中小企业楷模。所以说以特别竞争力量武装的优质专业部门企业APOLLO产业的未来值得期待

경영건전성 확대
매출액과 영업이익 （단위 ; 억원）

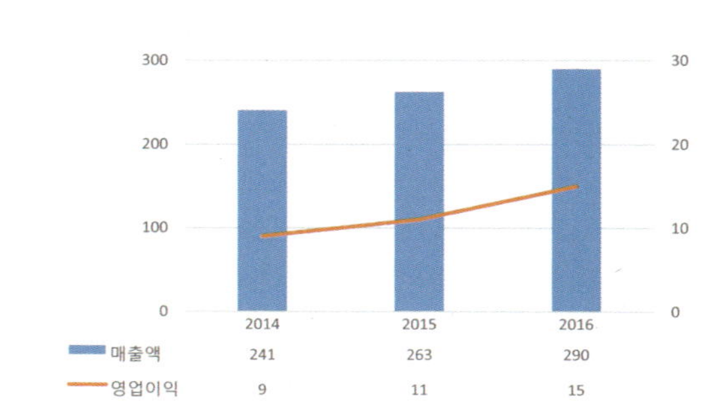


재고자산회전율

8.0
7.0
6.0
5.0
4.0
5.0
6.1
7.6
2014 2015 2016

부채비율

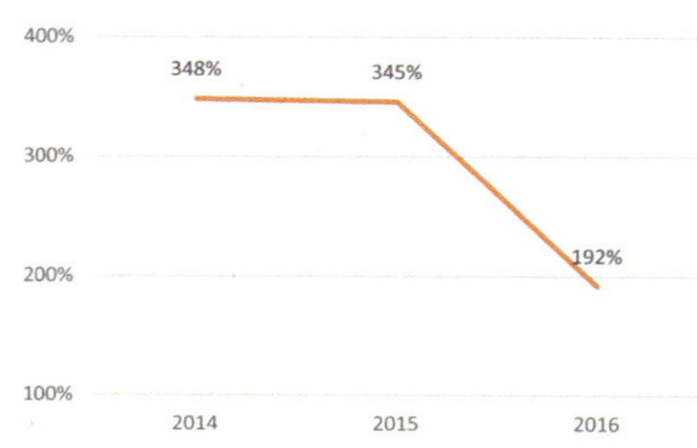